KB069486

교사를 위한 블렌디드 러닝 기반

PBL 수업의 이해와 실제

박길자 · 정보배 · 장재혁 · 배성만 · 박해진 · 송혜진 · 박해원 공저

PROBLEM-BASED LEARNING

학지사

| 머리말 |

지금, 세계는 디지털 기술의 발달로 누구나 언제 어디서든 원하는 방식으로 온라인에 연결이 가능한 초연결 사회로 전환되어 가고 있다. 디지털 기반 사회에서 학습자들은 정보와 콘텐츠를 수동적으로 소비만 하는 존재가 아닌, 능동적으로 생산·유통하는 주체로 전환되고 있으며, 이를 뒷받침할 인프라 또한 빠르게 마련되어 가고 있다. 이러한 상황에서 온라인 환경의 장점인 접근성과 편리성, 과제 수행의 용이성과 오프라인 수업의 장점을 결합할 수 있는 블렌디드 러닝 기반 수업은 학습자들의 미래 역량 강화에 기여할 수 있을 것이라 확신한다.

블렌디드 러닝 기반 수업은 비록 팬데믹이라는 교육 외적 상황에 의해 확산되었으나, 포스트 코로나 시대에는 더욱더 발전적인 방향으로 변모되어 갈 것이라 전망된다. 그것은 지금껏 우리가 논의하고 상상해 온 미래 교육의 중요한 플랫폼을 구현할 수 있게 하기 때문이다. 지금, 학교 현장에는 블렌디드 러닝 수업을 지속할 수 있는 블렌디드 교실이 구축되고 있다. 블렌디드 교실은 다양한 콘텐츠와 에듀테크를 통합적으로 활용할 수 있는 통합 플랫폼의 구축으로 나아가고 있다. 블렌디드 교실에서 학생들의 미래 역량을 강화할 수 있는 최적의 수업 방법이 PBL(Problem-Based Learning) 수업이다. PBL 수업과 블렌디드 환경을 결합한 '블렌디드 러닝 기반 PBL 수업'은 학생이 디지털 사회의 주체로 성장하는 데에 도움을 줄 것이다.

블렌디드 러닝 기반 PBL 수업은 급격하게 변화하는 미래 사회가 학습자들에게 요구하는 딥러닝과 딥협업 역량을 키우는 데 가장 적합한 최적의 방법이다. 특히, 학습자들이 과제를 수행하기 위하여 정보를 수집·분석하여 문제를 해결하고 새로운 지식을 구성하며, 더 나아가 새로운 가치를 창출할 줄 아는 진정한 의미의 딥러닝(최근에 유행하는 것처럼 기계가 뇌와 같은 방식의 고차원적인 사고를 하도록 만드는 인공지능과 학습 알고리즘을 말하는 딥러닝의 의미와는 달리, 다양한 정보에 근거하여 깊이 배우고 비판적으로 사고하여 스스로 지식을 구성할 수 있는 학습) 역량을 갖추는 데 도움을 줄 것이다. 또한 과제를 공동으로 해결하는 과정에서 상호 협력과 소통을 통해 문제를 창의적으로 해결하여 결과를 창출해 내는 딥협업 역량 또한 강화해 줄 것이다.

그렇다면 블렌디드 러닝 기반 PBL 수업을 어떻게 설계할 수 있을까? 온라인 환경과 오프라인 환경의 장점을 융합하여 학습 효과를 극대화하고, 학생의 역량을 강화할 수 있는 블렌디드 러닝 기반 PBL 수업 설계와 수업 실행은 어떻게 가능할까? 블렌디드 러닝 기반 PBL 수업을 고등학교 교과에 어떻게 적용할 수 있을까? 이러한 질문에 대한 답을 찾기 위해서 본「수업·평가혁신 연구회」는 2020년부터 2년 동안 '블렌디드 러닝 기반 PBL 수업 설계와 실행 방안'을 연구하여 수업에 적용해 보았다. 그 결과 학습자들이 딥러닝과 딥협업을 경험하면서 정보처리 역량, 비판적 사고, 창의적 사고, 문제 해결력, 의사소통 능력, 메타인지 능력 또한 함께 길러진다는 사실을 경험할 수 있었다. 이러한 일련의 과정을 정리하여 블렌디드 러닝 기반 PBL 수업에 관심을 가진 분들과 우리의 경험을 공유하고자 이 책을 출간하게 되었다. 이 책은 다음과 같이 구성되었다.

제1부 '블렌디드 러닝에 대한 이해'에서는 블렌디드 러닝의 의미, 포스트 코로나 시대에도 블렌디드 러닝이 지속되어야 하는 이유, 블렌디드 러닝 기반 수업 구성 요소에 대한 내용을 중심으로 블렌디드 러닝에 대한 기본적인 이해를 돕고자 했다.

제2부 '블렌디드 러닝 기반 PBL 수업'에서는 PBL의 의미, 목적, 특징, 절차와 활동 내용을 중심으로 PBL 수업을 살펴보았다. 또한, 블렌디드 러닝 기반 PBL 수업이 필요한 이유를 살펴보고, 블렌디드 러닝 기반 PBL 수업 모형을 설정하였다. 그리고 블

렌디드 러닝 기반 PBL 수업 설계, 실행, 성찰의 단계를 제시하여 설계 단계에서 교육과정 재구성, PBL 문제 개발, 교수·학습과정안, 평가 계획, 블렌디드 수업환경 구성에 대해 살펴보았다. 실행 단계에서는 문제 제시 및 문제 확인, 문제 해결을 위한 탐색 활동, 문제 해결안 도출 및 보고서 작성과 발표, 평가와 성찰을 중심으로 내용을 정리했다. 성찰 단계에서는 수업 전 과정에서 학생의 역량이 어떻게 강화되었는지에 대한 반성적 성찰을 중심으로 내용을 정리하였다.

제3부 '블렌디드 러닝 기반 PBL 수업 실천'에서는 고등학교 국어, 영어, 수학, 사회, 과학, 미술 교과에서 진행된 블렌디드 러닝 기반 PBL 수업 설계, 실행, 성찰을 중심으로 정리했다. 수업 설계에서는 PBL 수업 절차에 따라 교육과정을 분석하여 PBL 문제 개발, 교수·학습과정안 설계, 수업환경을 중심으로 블렌디드 러닝 기반 PBL 수업을 구성했다. 수업 실행에서는 PBL 수업 절차에 따라 학생 중심 활동 과정을 문제 제시 및 문제 확인, 문제 해결을 위한 탐색 활동, 문제 해결안 도출, 문제 해결안 발표, 평가 및 성찰을 중심으로 내용을 정리했다. 수업 성찰에서는 블렌디드 PBL 수업 후 학생들의 역량 강화 부분을 중심으로 내용을 정리하였다.

제4부 '블렌디드 러닝 기반 PBL 수업 실현 에듀테크'에서는 현장 교육에서 활용하고 있는 에듀테크를 기능별로 분류하여 제시했다. 필자들이 실제로 수업에서 활용한 화상수업, 협업 문서 작성 및 발표, 평가, 설문, 피드백에 활용한 에듀테크를 특징과 활용 방안을 정리하여 제시했다.

이 책을 통해 블렌디드 러닝 기반 PBL 수업을 시도하고자 하는 교사들이 '수업 설계-실행-성찰' 과정에 대한 아이디어를 참고하여 더 발전적인 수업을 만들어 가기를 희망해 본다. 존 듀이(John Dewey)는 "교육의 참된 목적은 각자가 평생 자기 자신의 교육을 계속할 수 있게 하는 데 있다"라고 했다. 또한, "어제 가르친 그대로 오늘도 가르치는 건 아이들의 내일을 빼앗는 것이다"라고 했다. 교사 또한 자기주도적 역량을 갖도록 스스로를 교육해야 할 뿐만 아니라, 급격히 변화하는 사회에 맞춰 수업에 대한 전문성을 지속적으로 추구해 가야 한다. 포스트 코로나 시대에도 팬데믹 이전에 가르친 방식 그대로 학생들을 가르칠 수는 없다. 교사는 디지털 네이티브인 학생들이 수업의 주체가 되어 딥러닝과 딥협력 역량을 강화해 갈 수 있도록 블렌디드 환경을 조성하여, 학생들의 문제 해결 활동을 촉진하는 학습 조력자가 되어야 할 것이다.

2023년 2월
저자 일동

| 차례 |

제17장 **블렌디드 러닝을 위한 에듀테크 활용 사례 · 261**

제1부

블렌디드 러닝에 대한 이해

블렌디드 러닝에 기반한 PBL 수업을 실행하기 위해서는 블렌디드 러닝이 무엇인지에 대한 이해가 우선되어야 한다. 제1부에서는 블렌디드 러닝의 의미, 포스트 코로나 시대에도 블렌디드 러닝이 지속되어야 하는 이유, 블렌디드 러닝 기반 수업 구성 요소에 대한 내용을 소개함으로써 블렌디드 러닝에 대한 기본적인 이해를 돕고자 한다.

제1장
블렌디드 러닝이란
무엇인가

코로나19라는 팬데믹 상황에서 온라인 수업과 오프라인 수업의 결합을 통해 학습 효과를 높이려는 노력으로 교육 관계자들의 주목을 받게 된 것이 블렌디드 러닝이다. 이 장에서는 블렌디드 러닝이 교육 현장에서 교육자들의 관심을 받게 된 이유와 블렌디드 러닝의 의미가 무엇인지에 대해서 살펴보고자 한다.

코로나19 상황이 시작되고 우리나라를 포함한 세계 대부분의 국가에서 학생들은 갑작스레 학교에 갈 수 없게 되었다. 세계의 교육 관계자들은 예고 없이 닥친 팬데믹 상황에서도 교육 정상화를 위해 많은 노력을 했고, 장기간 수업 결손을 막기 위한 대안으로 다양한 형태의 원격 수업을 시도했다. 핀란드나 싱가포르 같은 몇몇 교육 선진국을 제외하고, 대다수 국가에서는 코로나19 위기 상황에 대처할 수 있는 원격 수업으로의 전환 과정이 순조롭지 못했다. 우리나라는 2020년 4월 9일부터 온라인 개학을 했고, 2020년 5월 20일 고3부터 순차석으로 등교 수업을 신행했다. 그러나 팬데믹이 장기화되면서 다시 온라인 수업과 오프라인 수업이 반복되었다. 온라인 수업과 오프라인 수업의 반복은 2021년까지 지속되었다. 그러다가 2022년에는 등교 수업으로 교실 중심의 오프라인 수업을 진행하면서 온라인 환경을 적극적으로 활용하고 있다. 이제 블렌디드 러닝은 교실 속에서 일상화되고 있다.

팬데믹 초기에 교사들은 팬데믹 상황이 곧 끝날 것으로 보고, 임시방편으로 EBS 콘텐츠 활용 수업과 과제 제시형 중심의 수업을 이어 갔다. 그러나 팬데믹은 계속되었고, 임시방편으로 운영된 온라인 수업은 학습의 질 저하와 학습 격차 문제를 야기한다는 사회적 우려를 낳았다. 그러한 문제점을 보완한 실시간 쌍방향 수업에 대한 요구도 커져 갔다. 교사들은 온라인 수업에서 진행한 교과 내용을 바탕으로, 오프라인 수업에서 학생들과 상호작용하며 부족한 부분에 대한 피드백을 제공하는 방법으로 온라인 수업과 오프라인 수업을 연계해 갔다. 코로나19가 지속되자, 온라인 수업과 오프라인 수업을 결합해서 학습의 효율성을 높이려는 블렌디드 러닝에 대한 교사들의 관심도 높아져 갔다. 그 과정에서 블렌디드 러닝을 기반으로 한 다양한 수업들이 시도되었고, 어느 정도 긍정적인 효과도 거두었다. 코로나19 종식 이후의 포스트 코로나 시대에도 오프라인 수업을 중심으로 블렌디드 러닝의 필요와 관심은 지속될 것이며, 블렌디드 러닝 기반의 다양한 수업들이 시도될 것으로 전망된다.

2020년, 미래앤이 전국 초·중·고 교사 2,000명을 대상으로 '온라인 수업 서비스를 위한 설문조사'를 실시한 결과, 포스트 코로나 시대에 적절한 수업으로 '온라인 수업과 오프라인 수업이 적절하게 보완되는 블렌디드 러닝'이 대세가 될 것이라는 반응이 56.9%로 나타났다. 그와 동시에, 온라인으로 가정에서 공부하고 오프라인 수업에서 창의적으로 과제를 해결하는 학생 참여형 수업으로 예전부터 관심을 모았던 '거꾸로 교실(Flipped Learning)' 형태의 수업 방식도 활성화될 것이라는 응답 역시 13.2%로 나타났다. 응답자의 약 70%가 포스트 코로나 시대에 블렌디드 러닝과 거꾸로 교실 등의 수업 방식이 자리 잡을 것이라고 전망한 것이다. 물론 기존의 전통적인 수업 방식으로 돌아갈 것이라는 응답도 27.7%를 차지했다.

그렇다면 블렌디드 러닝이란 무엇인가? 블렌디드 러닝은 코로나 상황에서 새롭게 등장한 개념은 아니다. 블렌디드 러닝이란 말은 이미 교육 현장에서 사용되고 있었고, 수업에서 다양한 방식으로 시도되고 있었다. 이 시기에는 주로 오프라인 공간을 중심으로 온라인 환경을 보조적으로 활용하여 학습 환경을 풍부하게 하려는 전략적 활용의 의미가 강했다. 그러나 코로나19 상황에서의 블렌디드 러닝은 온라인 수업과 오프라인 수업을 유기적으로 연계하여 학습 효과를 높이기 위해 콘텐츠나 에듀테크를 적극 활용하여 원격 수업과 오프라인 수업을 병행하면서 온라인과 오프라인 환경의 혼합이 더욱 긴밀하게 연계되었다. EBS(2020)는 '미래 교육 플러스: 수업의 진화 블렌디드 러닝'에서 블렌디드 러닝을 "학습 효과를 극대화하기 위해 온라인 학습과 오프라인 학습의 장점을 혼합한 학습 방식"이라 정의했다. 유수연(2020)은 "학습 효과를 극대화하기 위해 온라인과 오프라인 교육, 그리고 다양한 학습 방법을 혼합하는 것"이라 했다. 코로나19 상황에서 다양한 콘텐츠와 에듀테크를 활용하는 블렌디드 러닝이 가능하게 된 것은 그동안 발달해 온 디지털 기술과 에듀테크의 발달과도 밀접한 관련성을 갖는다.

이상의 내용을 종합해 보면, 블렌디드 러닝이란 "온라인 환경과 오프라인 환경의 장점을 결합하여 학습의 효과를 극대화하려는 학습 방식"이라고 할 수 있다. 그것은 때로는 온라인 수업이 주가 될 수도 있겠고, 때로는 오프라인 수업이 주가 될 수도 있겠지만, 온라인 환경이 가진 장점을 충분히 활용하여 학습의 효과를 극대화하려는 노력을 포함한다. 이때 온라인 환경은 디지털 기술과 에듀테크의 발달로 수업에서 활용 가능한 다양한 기술 자원의 활용을 포함한다.

포스트 코로나 시대에도 블렌디드 러닝은 더욱더 발전적인 방향으로 지속될 것이다. 왜냐하면 블렌디드 러닝은 디지털 기술과 더불어 발달한 다양한 에듀테크가 학생 중심 교육 활동과 유기적으로 결합해서 학생 맞춤형 학습 효과를 높이고자 하는 그린 스마트 미래학교의 흐름을 잘 반영하고 있기 때문이다. 김현진(2020)은 포스트 코로나 시대에는 온라인과 오프라인을 넘나들며 풍부한 자원과 다양한 에듀테크를 활용하는 블렌디드 러닝이야말로 수업의 중심이 학생 중심 학습 활동으로의 전환에서 중요한 의미를 지닐 것이라 주장했다. 팬데믹 이전에 진행되었던 블렌디드 러닝이 오프라인 수업을 중심으로 온라인 환경을 보조적인 수단으로서 단순 결합한다는 의미였다면, 포스트 코로나 시대의 블렌디드 러닝은 코로나19 상황에서 온라인 수업을 진행하기 위해 도입한 다양한 콘텐츠와 에듀테크를 교육 활동과 유기적으로 결합하여 그린 스마트 교실을 구현하는 통합 플랫폼 구축 방안으로까지 폭넓게 확장될 것이다.

포스트 코로나 시대에 블렌디드 러닝을 학생 중심 활동을 강화하기 위한 수업으로 확장하기 위해서는 디지털 기술로 인해 발전된 에듀테크 도구를 충분히 활용하여 학습 효과를 극대화할 필요가 있다. 그러나 블렌디드 러닝이 단순히 디지털 기술에 기반한 에듀테크 활용의 숙련도를 요구하는 것이 아니라, 학생들의 학습과 성장이라는 교육 본질의 변화를 촉발하는 역할을 할 것임을 기억해야 한다. 물론, 에듀테크는 블렌디드 러닝에서 학습 효과를 높이는 데 많은 도움을 준다. 그러나 그것은 학습목표를 효과적으로 달성해 주는 도구일 뿐이며, 그 자체가 목적이 되면 블렌디드 러닝은 자칫 방향성을 상실할 수 있다. 학생들이 학습을 통한 성장과 역량 강화라는 교육 본질의 목적을 달성하기 위해서는 블렌디드 러닝이 학생 중심 활동을 활성화할 수 있는 다양한 학습 방법과 결합하여 최종적으로 학생들의 딥러닝과 딥협업 역량을 강화할 수 있어야 한다.

존 듀이는 "어제 가르친 그대로 오늘도 가르치는 건 아이들의 내일을 빼앗는 것이다"라고 했다(Couch & Towne, 2018, 김영선 역, 2020: 32). 포스트 코로나 시대에는 코로나19 이전의 전통적인 수업 방식으로 돌아가기보다 교실에 구축된 블렌디드 환경을 효율적으로 활용하여 더 나은 블렌디드 러닝을 실현하고자 하는 교사들의 노력이 필요하다. 포스트 코로나 시대에 진행될 블렌디드 러닝은 그동안 진행된 온라인 수업과 오프라인 수업의 장점을 살려서 학생 중심 활동이 가능한 다양한 수업 방법들을 결합해서 학생들의 미래 역량을 강화할 수 있어야 한다.

코로나19 상황은 교육 전반에 많은 변화를 가져왔다. 무엇보다 교실에서 이루어지는 대면 수업만이 정규 수업이라는 기존의 인식이 변화되었다는 점이다. 이제는 누구나 온라인으로 진행되는 원격 수업도 정규 수업의 일종이 될 수 있다고 생각한다. 팬데믹 초기에 교사들은 코로나19라는 교육 외적 요인에 의해 강제된 온라인 수업을 원활하게 진행하기 위해 플랫폼을 구축하고, 플랫폼 운영에 필요한 디지털 기술과 도구를 익혀서 수업을 진행하기 위해 고군분투했다. 시간이 지나면서 온라인 수업 진행에 필요한 플랫폼과 에듀테크에 익숙해져 갔고, 온라인 수업의 효율성과 장점을 어느 정도 경험하게 되었다. 그렇다면 포스트 코로나 시대에도 블렌디드 러닝은 지속되어야 할까? 물론, 그렇다. 왜 그런가?

1. 온라인 환경의 장점을 충분히 활용할 수 있다

팬데믹 초기에는 온라인과 오프라인 수업의 결합으로 진행된 블렌디드 러닝이 중

위권의 몰락, 학력 격차의 심화 등 교육적 문제를 야기할 것이라는 우려가 제기되기도 했다. 그러나 2020년 한 학기가 지나고 나서 실시한 설문조사에 따르면, 교사 과반이 넘은 57.2%가 온라인 수업이 학생들의 자기주도 학습에 긍정적인 영향을 미친다고 응답했다(미래엔 설문조사, 2020). 온라인 수업에 대해서 교사들이 어느 정도 긍정적인 반응을 보이는 것은 온라인 환경의 장점을 교육적으로 활용할 수 있기 때문이다. 온라인 환경의 장점은 팬데믹 상황 이전인 2000년대 초반부터 블렌디드 러닝을 적용한 선진국에서 보고된 바 있다. 그에 따르면, 온라인 환경은 교육적 측면에서 접근성과 편리성의 증가, 학습 효과의 향상, 비용 절감 등의 긍정적인 측면을 지니고 있다(Stein & Graham, 2014, 김도훈, 최은실 공역, 2016: 29-34). 이 내용을 정리하면 다음과 같다.

- 접근성과 편리성 증가: 학교라는 제한된 공간이 아니어도 스마트폰이나 태블릿 등을 활용해 여러 가지 기술과 도구를 사용함으로써 온라인 환경을 통한 교육에의 접근성과 편리성이 높아진다는 장점을 충분히 활용할 수 있다. 교사와 학생들이 비대면 상황에서도 다양한 기술과 도구를 활용해서 효과적인 학습 활동을 진행할 수 있다는 점에서 긍정적인 교육 효과가 있다.
- 학습 효과 향상: 2009년도 미국 교육부 보고서에 따르면, 블렌디드 러닝은 면대면으로 진행되는 오프라인이나 온라인 과정만으로 진행되는 수업에 비해 더 효과적인 학습 효과를 가져온다고 나타났다. 블렌디드 과정은 교사와 학습자들에게 수업 설계의 합리성, 단계에 따른 학습 진행, 온라인에 탑재한 교육 자료의 반복 학습과 자기주도적 학습을 가능하게 해 주기 때문이다.
- 비용 절감: 블렌디드 러닝이 온라인으로 진행되는 동안에는 교사와 학생, 교육 기관이 지불해야 하는 비용을 절감해 준다는 점에서 매력적이다. 교사들과 학생들 블렌디드 러닝을 통해 이동 시간 단축, 교통비 절약, 주차비 감소 등의 효과를 얻을 수 있다.

국내 연구에서도 블렌디드 러닝이 갖는 긍정적인 효과에 대한 보고를 접할 수 있다. 최은실과 김도훈(2016)은 블렌디드 러닝이 목적에 맞는 과정, 설계, 프로세스에 따라 기준에 맞추어 의도한 대로 설계될 경우 접근성 및 편리성 증가, 학습능력 향상, 비용 절감 등의 장점을 얻을 수 있다고 보고했다. 홍효정과 이재경(2016)은 블렌디드 러닝의 장점으로 온·오프라인 학습 환경을 통합함으로써 학습 도구와 학습 자원이 풍부해진다는 점과, 시공간적 한계를 뛰어넘어 학습자의 학습이 교실 수업이 종료된 후에도 지속되어 학습자의 학습 기회가 확대된다는 점을 꼽았다. 또한, 획일적인 교수자 중심 접근이 아닌 학습자 중심 맞춤형 접근이 가능하며, 동료 학습자들의 학습 결과물 또는 학습과정을 관찰할 수 있어 자신의 학습 활동에 대한 성찰이 가능하다고 언급했다. 이러한 장점들은 팬데믹 상황은 물론 포스트 코로나 상황에서도 충분히 긍정적인 경험으로 활용할 수 있을 것이다.

2. 학생들의 미래 핵심 역량을 강화해 줄 것이다

블렌디드 러닝은 포스트 코로나 시대에 펼쳐질 급격한 사회 변화에 대처할 수 있는 미래 핵심 역량을 강화해 줄 것이다. 미래학자들은 팬데믹 이후의 사회는 엄청난 속도로 변화할 것이라고 예견한다. 마우로 기옌(Mauro F. Gillen)은 『축의 전환』이란 저서에서 팬데믹 이후 사회는 8개의 축을 중심으로 급격한 사회 변화를 거듭할 것이며, 2030년에는 임계점에 도달하여 축의 전환이 일어날 것이라고 주장한다. 낮은 출생률, 새로운 세대, 새로운 중산층, 증가하는 여성의 부, 도시의 성장, 파괴적인 기술 혁신, 새로운 소비, 새로운 화폐라는 여덟 개의 축이 상호작용하여 우리의 삶을 급격하게 변화시킬 것이라고 주장한다. 또한 인구통계학적 변화와 지구온난화, 기술적 혼란과 지정학적 분열로 새로운 세상이라는 블랙홀을 맞이하게 될 것이라 한다. 이러한 사회 전반적인 변화에 대응하기 위해서는 수평적인 사고가 필요하다고 주장한다. 이를 '멀리 보기, 다양한 길 모색하기, 천 리 길도 한 걸음부터, 막다른 상황 피하기, 불확실한 상황에서도 낙관적으로 접근하기, 역경을 두려워하지 않기, 흐름을 놓치지 않기'의 7가지 역량으로 표현하고 있다.

OECD에서 진행하는 미래 교육 프로젝트인 'OECD 교육 2030'에 따르면, 2030년에는 변화무쌍하고(Volatility), 불확실하며(Uncertainty), 복잡하고(Complex), 모호한(Ambiguity) 특성을 가진 VUCA 사회가 도래할 것이라 한다. 교육은 예측하기 어려운 VUCA 사회를 살아갈 학생들에게 길을 알려 주는 나침반 역할을 해야 하기 때문에, 교육을 통해 학생들에게 변혁적 역량을 길러 줄 것을 권장한다. 여기서 강조하는 변혁적 역량은 '새로운 가치 창출하기', '긴장과 딜레마 조정하기', '책임감 갖기'를 제안한다. '새로운 가치 창출하기'는 미래 사회에서 직면하게 될 다양한 문제 해결책을 창조하여 지속 가능한 사회 발달에 기여할 수 있는 역량이다. '긴장과 딜레마 조정하기'는 보다 건설적이고 미래 지향적인 방식으로 긴장·딜레마·변화에 대처하고 조정할 수 있는 역량이다. '책임감 갖기'는 새로운 가치를 창출하고 긴장·딜레마·변화에 대응하는 데 윤리적인 방향성을 바탕으로 판단하고 행동할 수 있는 역량이다(최수진, 2020: 23).

마우로 기엔이 주장하는 2030년 축의 전환에 대응하기 위해 요구되는 7가지 수평적 사고나 'OECD 교육 2030' 프로젝트가 요구하는 변혁적 역량은 학생들이 급격한 변화에 대처하기 위해서 가져야 할 미래 역량이다. 이들 미래 역량을 이미 틀 지어진 교육과정에 기반한 단순한 교과 내용과 전통적인 교실 수업만으로 길러 주기에는 한계가 있다. 교사들은 교육과정에 제시된 성취기준을 분석하여 핵심 지식을 중심으로 교육과정을 재구성한 후에 다양한 수업 방법을 활용한 블렌디드 러닝을 통해서 학생들에게 딥러닝과 딥협업의 학습 경험을 적극적으로 제공할 수 있어야 한다. 딥러닝과 딥협업은 블렌디드 러닝을 통해서 강화될 수 있는 미래 핵심 역량이다.

블렌디드 러닝과 결합할 수 있는 다양한 수업 방법 중에서 PBL 수업은 급격한 사회 변화에 대처할 수 있는 미래 핵심 역량인 딥러닝과 딥협업을 키우는 데 가장 적합한 최적의 방법이 될 수 있다. 블렌디드 러닝 기반 PBL 수업은 학생들이 과제를 수행하기 위하여 정보를 수집·분석하여 문제를 해결하고 새로운 지식을 구성하며, 더 나아가 새로운 가치를 창출할 줄 아는 진정한 의미의 딥러닝 역량을 갖추는데 도움을 줄 것이다. 또한, 블렌디드 러닝 기반 PBL 수업은 과제를 공동으로 해결하게 함으로써, 온라인으로 연결될 초연결 사회에서 상호 협력과 소통을 통해 문제를 창의적으로 해결하여 결과를 창출하는 딥협업 역량을 강화할 수 있을 것이다.

3. 학생들의 자기주도적 학습력을 강화할 수 있다

온·오프라인 융합으로 진행되는 블렌디드 러닝은 디지털 네이티브(digital native) 세대인 학생들이 자기주도적 학습력을 강화하는 데 도움을 줄 것이다. 디지털 네이티브는 개인용 컴퓨터, 휴대전화, 인터넷, MP3와 같은 디지털 환경 속에서 태어나 자라면서부터 디지털 도구를 이용하는 데에 익숙한 세대를 말한다. 디지털 네이티브란 말은 미국의 교육학자인 마크 프렌스키(Marc Prensky)가 2001년 그의 논문에서 처음 소개하였으며, 개인용 컴퓨터의 대중화, 1990년대 휴대전화와 인터넷의 확산에 따른 디지털 혁명기 한복판에서 성장기를 보낸 첫 세대를 뜻한다 (Couch & Towne, 2018, 김영선 역, 2020: 33). 기성세대에게 디지털 기술이나 도구는 배워 익혀야만 활용할 수 있는 것이었지만, 디지털 네이티브에게 디지털 언어와 장비는 그저 자신들이 살아가면서 접하는 당연한 환경의 일부일 뿐이다. 그들은 교과서에서 학습하는 것보다 모바일 웹에서 더 많은 정보를 습득하고 학습할 수 있다 (Couch & Jason, 2018).

디지털 네이티브는 성장 과정에서 만나는 엄청난 양의 정보 속에서도 다양한 일을 동시에 처리할 수가 있다. 휴대전화, 문자 메시지와 SNS 등을 통해서 언제나 자신이 원하는 때에 상대방과 의사소통을 해 왔기 때문에 신속한 반응을 추구하며 즉각적인 피드백에도 능숙하다. 디지털 네이티브 학생들은 디지털 기술의 발달로 사용이 일상화된 스마트폰 등을 통해 언제 어디서나 원하는 방식으로 온라인에 연결하여 자기주도적으로 정보를 습득하고, 웹을 활용하여 능동적으로 학습을 할 수 있게 되었다. 더 나아가 그들은 온라인에서 정보를 공유하고 소비하면서, 동시에 정보를 생산하는 주체가 되었다. 이제 학생들은 스마트폰 없이 살아가는 것을 상상하기 어려운 '지혜가 있는 폰을 쓰는 인간'이라는 의미를 가진 포노사피엔스 시대의 주역이 되었다. 연세바른ICT연구소가 공개한 「2016년 스마트폰 사용 통계 보고서」에 따르면 우리나라 중·고등학생은 일주일 동안 평균 38.6시간, 하루 5시간 이상 스마트폰을 사용한다고 한다.

『포노사피엔스』의 저자 최재붕 교수에 따르면 2018년 은행 업무의 80% 이상이 스마트폰으로 이루어졌으며, 지상파 3사의 광고 시장은 지난 10년 사이에 50%가 감소했다고 한다. 청소년들이 지상파보다 유튜브를 더 즐겨 보는 시대가 되었다. 그들에게 스마트폰은 신체의 일부가 되었다. 그들은 스마트폰으로 소통하고, 수많은 콘텐츠나 동영상을 이용하며, 뉴스나 쇼핑을 하기도 한다. 그에 따라 스마트폰에 대한 과의존 위험군도 증가하여 사회 문제가 되기도 한다. 그러나 스마트폰 사용에 부정적인 측면이 있다고 해서 그 사용을 무조건 억제할 수는 없다. 교육적인 차원에서 스마트폰을 긍정적으로 활용할 수 있는 방안을 적극적으로 모색할 필요가 있다. 그러한 차원에서 블렌디드 러닝 기반 수업은 학생들의 일상에 절대적인 영향력을 발휘하는 스마트폰을 통해 학생들의 자기주도적 학습력을 강화하는 방안이 될 수 있다.

포노사피엔스 시대의 주역이며 디지털 네이티브인 학생들의 자기주도적 학습력을 강화하는 방안으로 블렌디드 러닝이 갖는 의의는 크다. 첫째, 학생들이 스마트폰을 통해 시간과 공간을 초월하여 온라인 수업과 오프라인 수업이 결합된 블렌디드 러닝에 융통성 있게 참여할 수 있게 한다. 둘째, 디지털 네이티브인 학생들에게 익숙한 디지털 기술과 도구로 구성된 다양한 에듀테크와 콘텐츠를 블렌디드 러닝에 적극적으로 활용함으로써 학습 효과를 증대시킬 수 있으며, 이를 통해 학습자 중심의 맞춤형 교육 또한 가능해진다. 셋째, 학생들이 익숙한 디지털 환경에 접근하여 삶과 직간접적으로 관련된 문제들을 탐색하고 해결하는 과정에서 다양한 네트워크

를 활용하게 되고, 그 과정에서 새로운 지식과 가치를 창출할 수 있는 딥러닝 역량
이 강화될 수 있다. 넷째, 과제 해결 과정에서 학생들이 익숙한 앱을 통한 실시간 소
통 기능과 문서 공유 기능을 활용함으로써 딥협업 역량이 강화될 수 있다.

4. 미래 교육의 통합 플랫폼을 효과적으로 구현할 수 있다

코로나19 상황은 우리가 교육의 미래 모습이라고 상상해 왔던 중요한 플랫폼과
에듀테크의 구현을 앞당겼다. 그에 힘입어 현재 진행되고 있는 블렌디드 러닝은 포
스트 코로나 시대에도 오프라인 교실 수업에서 지속될 것이다. 학교 밖의 공간에서
원격으로 진행하는 온라인 수업이든, 교실에서 진행하는 오프라인 수업에서든 온
라인 환경과 결합하는 블렌디드 러닝은 더욱더 발전적인 모습으로 미래 지향적 교
육을 구현할 수 있게 해 줄 것이다. 코로나19 상황에서 교사들은 온라인 수업을 위
해서 줌(Zoom), 구글 미트(Google Meet), 팀즈(Teams) 등의 플랫폼을 활용했고, 학
습자들이 교육 자료를 확인하고 과제를 제출하도록 하기 위해 e-학습터, EBS 온라
인 클래스 등을 활용해 왔다. 포스트 코로나 시대에도 블렌디드 러닝이 학교에서 성
공적으로 구현되고 정착되기 위해서는 코로나19 상황에서 활용한 플랫폼, 에듀테
크, 콘텐츠가 통합적으로 작동할 수 있는 통합 플랫폼 구축이 필요하다.

정부는 「한국판 뉴딜」 종합 계획에 따라 디지털 뉴딜과 그린 뉴딜을 융합한 '그린
스마트 스쿨'을 추진하고 있으며, 이를 위해 '교육 인프라 디지털 전환'과 '모든 초중
고에 디지털 기반 교육 인프라 조정' 프로젝트를 계획하고 있다(교육부, 2020). 이 프
로젝트는 유연화, 연결화, 지능화를 모토로 하여 동영상·VR·AR 등 다양한 콘텐
츠를 담새한 온라인 교과서를 온·오프라인 교육 환경에서 유연하게 활용하고, 온
라인 교육 통합 플랫폼을 구축하여 온라인 공간에서 교사-학생-부모 간 네트워크
를 형성하고 학업 관련 실시간 피드백을 교환하며, 온라인상에 축적된 학생별 특성
을 AI·빅데이터로 분석하여 개인 맞춤형 교육을 제공하는 것을 목표로 한다(교육

부, 2020).

또한, 교육부는 2021년부터 시작해서 2025년 완성하는 것을 목표로 '그린 스마트 미래학교'를 추진하고 있다. 핵심 사업으로서 미래형 공간과 함께 스마트 교실 구축, 그린학교, 학교 복합화를 중심으로 한 미래학교를 추진하겠다고 발표했다(교육부, 2021). 이 정책에 따르면, 정부는 학생 선택형 학습과 융합 수업이 가능한 교실 공간 혁신을 통해 디지털 기반 스마트 학습 환경을 조성하여 블렌디드 수업과 학생 활동 중심 수업을 확대해 갈 것으로 보인다. 디지털 환경에서의 정보 탐색과 소통의 장점을 살려 문제 해결력과 창의성을 향상시키는 학생 중심 수업을 활성화하고 온·오프라인 블렌디드 수업을 확대해 나가며 첨단 에듀테크를 지원하겠다는 계획이다(한국교육과정평가원, 2021: 91).

블렌디드 러닝 기반 수업이 미래 교육을 이상적으로 구현하기 위해서는 플랫폼, 콘텐츠, 에듀테크가 유기적으로 작동되는 통합 플랫폼을 구축하는 것이 필요하다. 통합 플랫폼은 교사들이 블렌디드 러닝 기반 수업을 원활하게 진행할 수 있도록 구축되어야 한다. 첫째로 통합 플랫폼은 교사들에게 필요한 교수·학습 자료를 제공하고, 교육 사이트에 바로 접속이 가능한 링크를 모아 두며, 학생들끼리의 소그룹 모둠 활동이 가능해야 한다. 둘째로 통합 플랫폼은 교수·학습 관련 다양한 콘텐츠를 공유할 수 있는 플랫폼으로 구축하고, 공유된 콘텐츠를 교사가 자신의 필요에 맞게 누적 관리할 수 있으면서, 블렌디드 러닝 수업 진행에 필요한 콘텐츠를 적시에 제공 받는 것이 가능해야 한다. 셋째로 통합 플랫폼은 블렌디드 러닝 환경에서 교사가 학생 맞춤형 학습을 촉진하기 위해 학생의 학습과정과 결과를 누적적으로 관리 및 평가할 수 있도록 돕고, 활동의 결과물을 e-포트폴리오 형태로 구현할 수 있게 해야 한다(한국교육과정평가원, 2021: 220-221). 통합 플랫폼은 블렌디드 러닝 기반 수업에서 지식 구성과 창의적 문제 해결에 필요한 환경을 구비해 줄 것이다.

교사가 블렌디드 러닝 기반 수업을 원활히 진행할 수 있도록 통합 플랫폼을 구축하는 데는 많은 비용과 시간이 소요될 것이다. 현재 상황에서 무엇보다 필요한 것은 블렌디드 러닝을 실행할 수 있는 다양한 콘텐츠, 학생들과의 상호 소통과 협업을 원활히 돕는 에듀테크의 지원이다. 이것은 교사 개인적인 차원에서 접근하기보다 시·도교육청 차원에서 효과적으로 지원해 줄 수 있는 시스템으로 구축되어야 한다. 각 시·도교육청은 교사들이 블렌디드 교실에 다양한 콘텐츠와 에듀테크를 활용하여 블렌디드 러닝 기반 수업을 진행할 수 있도록 적극 지원해야 한다. 현장 교사들은 다양한 콘텐츠와 에듀테크를 활용하여 학생 참여형 수업을 실행하여 학생들의 핵심 역량 강화에 힘써야 한다.

포스트 코로나 시대에 플랫폼과 콘텐츠 및 에듀테크가 유기적으로 연동되는 통합 플랫폼이 구축되면 블렌디드 러닝에 기반한 다양한 수업들이 더욱 진화, 발전해 갈 것이다. 이를 통해 교사들은 학생들과 함께 수업을 설계하고, 수업을 실행해 갈 수 있는 수업의 안내자이자 조력자 역할을 수행하면서 학생들의 잠재력을 이끌어 낼 수 있다. 학생들은 적극적인 참여를 통해서 학습의 주도권을 실행해 감으로써 딥 러닝과 딥협업 역량을 가진 주체로 성장해 갈 수 있을 것이다. 블렌디드 러닝에 기반한 수업을 통해서 학생들은 미래 사회가 요구하는 변혁적 역량인 '긴장과 딜레마 조정 능력, 새로운 가치를 창출할 수 있는 능력, 책임감 있는 시민적 자질'을 가진 창의융합 인재로 성장해 갈 것이다.

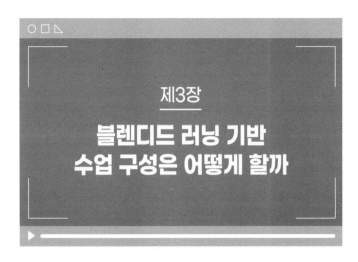

블렌디드 러닝을 기반으로 수업을 어떻게 구성할까? 블렌디드 러닝이 기존의 수업과 가장 차별성을 갖는 점은 수업환경이다. 다양한 콘텐츠와 에듀테크를 활용할 수 있는 수업환경을 고려하여 수업목표, 수업내용, 수업방법, 수업매체를 선정하고, 교사와 학생, 학생과 학생, 학생과 콘텐츠 간의 상호작용을 고려하여 수업을 구성한다. 이 장에서는 블렌디드 러닝 기반 수업을 구성하는 요소들에 대해서 살펴보고자 한다.

포스트 코로나 시대에 블렌디드 러닝은 더 발전적인 형태로 진행될 것이다. 그린 스마트 스쿨이 다양한 콘텐츠와 에듀테크가 종합적으로 작동되는 통합 플랫폼이 구축된다면, 블렌디드 러닝 기반 다양한 수업들이 실현될 수 있는 여건이 마련될 것이다. 그렇게 된다면 온라인 환경과 오프라인 수업이 유기적으로 융합할 수 있는 토론 수업, 거꾸로 수업, 프로젝트 수업 능의 다양한 수업이 더욱 활성화될 수 있다. 또한, 학생 특성에 따라 학습 방법을 달리하여 학습의 경로를 다양화함으로써, 학생 개인별 맞춤형 수업을 보다 쉽게 진행할 수 있을 것이다. 그리고 학생 중심 활동과 관련된 일련의 과정 및 결과를 누적적으로 관리하는 것이 가능하며, 학생들의

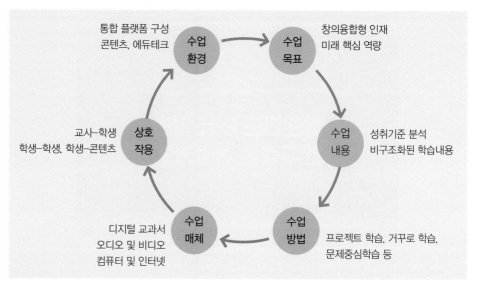

[그림 3-1] 블렌디드 러닝 기반 수업 구성 요소

학습 진행이나 결과에 관련된 다양한 데이터를 기반으로 최적화된 학습 경험을 제공하는 수업을 구성할 수도 있을 것이다. 이러한 일련의 과정을 진행할 수 있는 블렌디드 러닝 기반 수업을 구성할 때 고려해야 할 요소는 무엇인가?

포스트 코로나 시대의 블렌디드 러닝 기반 수업은 온·오프라인 환경의 유기적 결합을 기반으로 수업환경, 수업목표, 수업내용, 수업방법, 수업매체, 상호작용 등 수업 구성 요소들 간의 상호 결합을 통해서 다양한 형태의 수업으로 활성화되어야 한다. 이들 요소들과 그 관계를 [그림 3-1]과 같이 표현할 수 있다.

1. 수업환경을 어떻게 활용할까

포스트 코로나 시대에 진행될 블렌디드 러닝 기반 수업 구성에서 이전과 가장 크게 달라진 요소는 수업환경이다. 교사는 블렌디드 러닝 기반 수업을 구성할 때에 달라진 환경을 충분히 고려하여 수업을 구성해야 한다. 코로나19 이후에 플랫폼이 교실에 어느 정도 구축되는가에 따라 수업에서 활용할 수 있는 수업환경은 달라질 것이다. 오프라인 중심 수업에서 온라인 환경을 어떻게 활용할 수 있을까? 교사가 수업으로 가져올 수 있는 콘텐츠와 에듀테크는 어느 정도인가? 교사가 자신의 수업에서 콘텐츠와 에듀테크를 어떻게 활용할 수 있을까? 현실적으로 교육부가 추진하고 있는 그린 스마트 스쿨이나 통합 플랫폼이 언제, 어떻게 구현될지는 알 수 없다. 그리고 콘텐츠와 에듀테크가 어느 정도까지 지원될 수 있을지도 알 수 없다. 현재 활용 가능한 화상 수업용 플랫폼으로는 줌, 구글 미트, 팀즈를 비롯해 밴드 비디오콜, 게더(Gather), 모질라허브(Mozilla Hubs), 스페이셜(Spatial), 이프랜드(ifland) 등이 있다. 협업 문서 작성 및 발표 플랫폼으로는 구글 잼보드, 패들렛(Padlet), 북크리에이터(Book Creator), 코스페이시스 에듀(CoSpaces Edu) 등이 있다. 평가, 설문, 피드백 플랫폼으로는 구글 폼즈, 마이크로소프트 팀즈(Microsoft Teams), 퀴즐렛(Quizlet), 띵커벨 등이 있다. 이들 다양한 플랫폼을 활용하여 수업환경을 구성할 수 있다.

2. 수업목표는 어떻게 설정할까

교과 수업을 진행할 때 차시별 수업목표는 교육과정 및 성취기준에 근거하여 매 차시별로 인지적 목표, 정의적 목표, 심동적 목표를 중심으로 설정한다. 교과 수업을 통해서 추구하는 수업목표는 궁극적으로 학생의 교과 역량 강화로 귀결되어야 한다. 2015 개정 교육과정은 창의융합형 인재 육성을 위해서 요구되는 교과 역량을 설정하여 제시했다. 예를 들어, 사회과 교과 역량으로 창의적 사고력, 비판적 사고력, 문제 해결 및 의사결정력, 의사소통 및 협업 능력, 정보처리 역량을 제시하고 있다. 이러한 교과 역량은 블렌디드 러닝 기반 수업을 구성할 때도 충분히 고려되어야 한다. 팬데믹 이후의 미래 사회는 더더욱 급격히 변화할 것이며, 이에 따라 학습자들이 직면하게 될 문제들의 성격 또한 복잡 다양해질 것으로 예상된다. 딥러닝과 딥협업 역량은 삶에서 만나게 될 복합적인 문제를 해결하고, 새로운 가치를 창출할 수 있는 미래 핵심 역량이다. 이들 또한 수업목표 설정에서 충분히 고려되어야 한다.

3. 수업내용은 어떻게 구성할까

블렌디드 러닝 기반 수업에서 다루어야 할 수업내용은 기본적으로 교육과정에 제시된 성취기준이며, 성취기준은 지식과 활동으로 구성된다. 교사는 핵심 지식과 성취기준에서 요구하는 활동을 중심으로 교육과정을 재구성한다. 교사는 학생들이 교과 지식을 어느 정도 이해했는지를 확인하기 위해서 온라인 퀴즈 프로그램 등을 활용하여 학습 정도를 검증할 수도 있다. 더 나아가 교사는 교과 지식에 대한 이해를 기반으로 핵심 지식을 실제 사회적 맥락에 적용·분석하고, 종합·평가할 수 있는 심화 활동을 진행할 수도 있다. 교사는 심화 활동을 블렌디드 러닝 기반 수업으로 구성하여 학생들이 해결해야 할 수행과제를 도출하고, 이를 해결하기 위해서 통합 플랫폼을 활용하게 할 수 있다. 통합 플랫폼이 구축되지 않은 상황에서도 학생들이 온라인 환경에 접근하여 정보를 수집·분석·종합·평가하는 과정을 통해 딥러닝 역량을 기르고, 새로운 지식을 구성하여 가치를 창출할 수 있도록 할 수 있다. 그 과정에서 학생들은 동료들과 긴밀한 협업의 과정을 통해서 문제를 창의적으로 해결할 수 있다.

4. 수업방법을 어떻게 결합할까

교사는 블렌디드 러닝 기반 수업의 목표를 효과적으로 달성하기 위해 온라인 환경과 통합 플랫폼으로 구축된 콘텐츠, 에듀테크 등을 유기적으로 연결하여 수업을 구성한다. 교사는 온라인 환경과 오프라인 수업의 장점을 극대화할 수 있는 방안으로 다양한 수업방법을 활용하여 수업을 구성한다. 블렌디드 러닝 기반 수업에서 학습 효과를 극대화하고 딥러닝과 딥협업 역량을 강화할 수 있는 수업방법에는 프로젝트 학습(Project-Based Learning), 문제중심학습(Problem-based learning), 거꾸로학습 등이 있다. 프로젝트 학습은 학생 중심 활동을 적극적으로 유도할 수 있는 방법으로, 특히 블렌디드 러닝 기반 수업에 적용하였을 때 학생들이 학습 과제를 해결하기 위해 온라인 환경을 적극적으로 활용하여 관련 정보를 수집·분석·종합하며 과제를 창의적으로 완성할 수 있다. 거꾸로 학습은 교사가 플랫폼을 활용하여 제공하는 수업방법이다. 학생들은 수업 관련 동영상을 가정에서 학습한 후에, 오프라인 수업에서 관련 주제에 대한 토론의 창의적인 활동을 전개할 수 있다. 문제중심학습은 학생이 교사가 제시한 문제를 해결하기 위해 통합 플랫폼에 구축된 콘텐츠나 온라인 환경으로 연결된 자료들을 충분히 활용하는 방향으로 수업을 구성할 수 있다.

5. 수업매체는 어떻게 선정할까

수업매체는 학생이 수업내용을 잘 이해할 수 있도록 내용을 구체화하거나 보충하거나 시연하는 데 사용하기 위해 제작된 물리적 보조 장치이다. 이는 교사와 학생의 상호작용을 돕고, 학생들의 흥미와 관심을 높여 결과적으로 학습의 효과를 높이는 데 기여한다. 디지털 기술의 발달과 더불어 매체가 시각, 청각, 시청각 매체에서 다감각 매체로 발달하면서 첨단 IT기술의 융복합화가 진행되고 있다. 현재 수업에 적용 가능한 수업매체는 컴퓨터와 인터넷, 전자칠판, 디지털 교과서 등이 있다. 교사는 수업목표를 효과적으로 달성하기에 가장 적합한 수업매체를 선정하여 블렌디드 러닝 기반 수업을 구성한다. 현재 블렌디드 러닝 기반 수업에서 활용할 수 있는 수업매체로는 디지털 교과서가 있으며, 오디오 및 비디오 자료도 있다. 그에 더하여, 에듀테크를 보다 쉽게 구현할 수 있는 컴퓨터 및 인터넷이 활용되고 있다. 디지털 교과서는 수업에서 활용할 수 있는 가장 중요한 텍스트로, 교과 내용을 기반으로 하는 일제학습에서 효과적으로 활용할 수 있다. 앞으로는 인터넷에서 바로 활용할 수 있는 동영상 자료, 교사가 자체적으로 제작한 동영상 및 콘텐츠 자료, 교수·학습 관련 다양한 인터넷 콘텐츠 자료, 디지털 기술에 기반한 에듀테크 활용 자료 등을 블렌디드 러닝 기반 수업에 상시적으로 활용할 수 있도록 통합 플랫폼과 연계하여 작동할 수 있는 시스템을 조성할 필요가 있다.

6. 상호작용을 어떻게 활성화할까

교사는 블렌디드 러닝 기반 수업에서 교사와 학생, 학생과 학생, 학생과 콘텐츠 간의 상호작용이 원활히 이루어질 수 있도록 수업을 구성해야 한다. Stein과 Graham(2014)은 상호작용의 유형을 동기적 상호작용과 비동기적 상호작용으로 나눈다. 동기적 상호작용은 화상회의, 인터넷 전화, 채팅 등과 같이 실시간으로 동시에 발생하는 상호작용이다. 비동기적 상호작용은 인터넷의 토론방, 이메일 등과 같이 상호작용이 동시에 발생하지 않은 상호작용이다. 문자 메시지, 트위터, 페이스북, 구글 문서 등을 이용해서 동기적 상호작용과 비동기적 상호작용의 혼용을 고려할 수 있다. 이러한 상호작용의 혼용을 통해 학습자의 정서적 참여와 인지적 참여를 유도하여 유의미한 학습의 효과를 극대화할 수 있다.

오프라인 환경은 인간관계를 통한 신뢰성 형성과 자발성을 통해 정서적인 참여를 유도하기 용이하며, 교사와 학생이 정서적인 차원에서 상호 연결을 통한 공감과 소통이 용이하고 전달력이 강하다. 반면, 온라인 환경은 시공간의 제약이 적어 학생 전원이 토론에 참여할 수 있고 주장과 증거에 입각한 깊이 있는 토론이 가능하다. 오프라인의 상호작용은 교사와 학생, 학생과 학생의 상호작용이 주가 되고, 온라인의 상호작용은 콘텐츠와의 상호작용이 주가 된다. 온라인에서는 컴퓨터가 동일한 수업이나 피드백을 쉽게 제공할 수 있어, 학습자가 필요할 때 언제든지 접근해서 이용할 수 있다는 장점이 있다. 따라서 교사는 이러한 상호작용의 장단점을 충분히 고려하여 블렌디드 러닝 기반 수업을 구성함으로써 교사와 학생, 학생과 학생, 학생과 콘텐츠 간의 상호작용을 촉진할 수 있다.

제2부

블렌디드 러닝
기반 PBL 수업

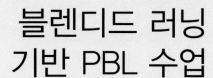

'블렌디드 러닝에 기반한 PBL 수업'을 진행하기 위해서는 PBL에 대한 이해와 함께 PBL 수업을 블렌디드 러닝과 어떻게 연계할 것인지에 대한 고민이 필요하다. 제2부에서는 PBL 수업에 대한 이론적인 토대를 살펴보고, 블렌디드 러닝 기반 PBL 수업을 연계하기 위한 수업 모형을 탐색해서, 그에 따른 수업 설계, 수업 실행 방안, 수업 후 성찰에 대해서 살펴보고자 한다.

제4장
PBL 수업에 대한 이해

블렌디드 러닝 기반 PBL 수업을 진행하기 위해서 먼저 PBL 수업이 무엇인지에 대한 기본적인 이해가 필요하다. 제4장에서는 PBL이란 무엇이며, PBL의 목적과 특징은 무엇인지, PBL 수업의 절차와 그에 따른 활동은 어떻게 진행되는지에 대해서 살펴보고자 한다.

1. PBL이란 무엇인가

PBL(Problem-Based Learning, 문제중심학습)은 문제를 활용하여 학습자 중심으로 학습을 진행하는 교수·학습 방법이다(Barrows & Mayers, 1993; 최정임, 장경원, 2022: 15 재인용). PBL은 학습자가 실제 상황에서 직면한 문제들 해결하는 과정에서 학습이 이루어진다고 보는 학습자 중심의 교수·학습 방법이다. PBL의 선구자라고 볼 수 있는 Barrows와 Tamblyn(1980)은 의과대학의 학생들을 대상으로 문제를 만들어 제시하였다. 학생들에게 문제 해결에 필요한 모든 정보를 주지 않고, 학생들이 스스로 문제 상황을 연구하고, 적절한 질문을 하게 하였으며, 문제를 해결하기 위해 스스로 계획을 세우도록 하였다. 그 결과 문제중심학습을 통해 배운 학생들은 학습자로서의 욕구를 만족시키기 위해 최적의 자원을 선택하였고 사용할 수 있는 능력을 가진 '자기주도적 학습자'가 되었다. 이러한 새로운 방법을 '문제 해결을 하는 과정에서 얻는 학습'이라는 의미로 문제중심학습이라고 명명하였다(조연순, 이명자, 2017: 104).

PBL은 기존 교육 환경의 비현실성, 부실성 등의 문제에 대한 대안으로 PBL을 채택하여 지식뿐만 아니라 '지식의 활용 능력, 미래에 직면할 문제에 대응할 수 있는 능력'까지도 키우고자 했다. 의과대 학생들이 비구조화된 문제 상황을 해결하는 능력을 증진시키기 위해 처음 고안되었던 PBL은, 이후 교육 방법 측면에서의 유용성을 인정받아 교육의 전 분야에 도입되었다. 교육 분야에서 PBL은 실제적인 문제를 제시하고, 협력을 통해 문제 해결 방안을 탐구해 가는 일련의 과정에서 학습자들이 딥러닝과 딥협업을 경험할 수 있게 하는 수업방법으로 발전되었다.

2. PBL의 목적은 무엇인가

PBL의 목적에 대해 Barrows(1994)는 '광범위한 지식 기반 획득, 자기주도적 학습 능력 개발, 의사소통 능력 개발, 팀 활동 능력 개발, 동기 유발, 가치관 형성'을 제시했다. Hsu(1999)는 '메타인지와 자기주도 학습능력, 비판적 사고 능력과 문제 해결력, 지식의 획득 보유 및 사용, 동기 유발과 긍정적 태도의 함양'을 제시했다(이지경, 2007: 99 재인용).

PBL의 목적은 학생들이 비구조화된 문제를 팀의 협업을 통해서 해결하는 과정에서 광범위한 지식을 획득하고, 비판적 사고와 메타인지 능력을 함양하며, 자기주도적 학습력을 강화하고, 학생 스스로 의미 있는 지식을 구성하고, 새로운 사회 변화에 적합한 가치관을 형성하도록 도와주는 데 있다. 또한, PBL의 목적은 학습자 중심의 환경을 조성하고 학생들이 문제 해결자로 참여하여 스스로 정보를 수집, 분석, 종합, 정리하는 과정을 통해서 문제 해결 역량을 강화하도록 돕는 데 있다. PBL 수업을 통해 학생들은 유연한 지식, 효과적인 문제 해결 능력, 자기주도 학습, 효과적인 협업 능력, 내재적 동기 유발과 긍정적인 태도를 함양하게 될 것이다. 결과적으로 PBL은 학생들이 살아갈 미래 사회에 대처하는 역량을 강화해 줄 수 있다.

3. PBL의 특징은 무엇인가

이지경(2007)은 PBL의 선행연구 분석을 통해 PBL의 특징을 문제, 학습자, 교수자의 관점에서 정리한다(이지경, 2007: 100). 첫째, PBL의 중심적 역할을 하는 것은 '문제'이다. 문제는 교육과정에 기반하고 있으며, 실제적이고, 비구조적이며, 통합적이며, 학습자의 특성을 반영한다. 둘째, PBL은 학습자 중심적이다. 학습자는 자기주도적으로 학습내용과 방법을 선택하고 의미를 구성해 나가는 능동적인 문제 해결자로 동료들과 협력적 학습을 진행한다. 셋째, PBL에서 교수자는 메타인지적 코치의 역할을 수행하며, 교수 설계자, 안내자, 촉진자, 격려자, 평가자의 역할을 수행한다.

박하나(2020: 201)도 선행연구를 분석하여 PBL의 핵심 특징을 여섯 가지로 정리했다. 첫째, 학생은 자신의 학습에 대한 책임과 자율을 지닌다. 학생들은 개별 탐구 활동을 통해서 알아낸 정보를 모둠원들에게 알려 줌으로써 문제 해결안을 찾는 데 도움을 준다. 둘째, PBL에서 다루는 문제는 실제적 문제로서 비구조적인 특징을 지니고 있으며, 자유로운 탐구가 가능하다. 셋째, 광범위한 교과/학문 영역을 통합한다. 넷째, 협력 활동은 PBL의 핵심적인 요소로 매우 중요한 비중을 가진다. 다섯째, PBL은 실질적 사고 과정이 중요하다. 여섯째, 교수자는 학생을 촉진하고 안내하는 역할을 한다.

이상의 내용을 종합해서 볼 때, PBL의 특징은 실제적이고, 비구조적인 '문제'를 중심으로 이를 해결하기 위한 학생과 교사의 역할로 요약할 수 있다. 학생들은 문제를 해결하는 과정에서 자기주도적 학습력을 강화할 수 있으며, 동료와의 협업을 통해 문제를 해결하는 과정에서 비판적 사고, 메타인지 능력 등의 역량을 강화할 수 있다. 교사는 교수자로서 학습자들의 학습과정을 관찰하여 안내하고, 이를 보조함으로써 학습을 촉진하도록 돕는다. 결과적으로 교사는 학생들이 문제를 해결하는 과정에서 지식을 구성하고 새로운 가치를 창출할 수 있도록 딥러닝과 딥협업이 가능하도록 돕는 조력자 역할을 한다.

4. PBL에서 '문제'의 특징은 무엇인가

학자에 따라 PBL을 수업 방법이나 교육과정 모델 등으로 다양하게 정의하지만 PBL의 가장 중요한 핵심은 '문제'로 시작한다는 것이다. PBL에서 문제가 가지는 특징을 최정임, 장경원(2022)이 제시하는 내용에 따라 정리하면 다음과 같은 특징을 가진다(최정임, 장경원, 2022: 74-83).

⟨표 4-1⟩ PBL 수업에서 문제의 특징

비구조화	• 문제와 관련된 상황이나 요소가 분명히 정의되어 있지 않음 • 문제 해결에 필요한 정보가 충분히 포함되어 있지 않음 • 다양한 해답이나 해결 경로를 가지고 있음 • 의사결정의 명료화와 논쟁에 초점을 둠
실제성	• 실세계에 사용되는 진짜 문제 • 문제를 해결하기 위해 관련된 지식과 기능을 사용하도록 유도하는 문제
관련성	• 자신이 체험했거나, 체험할 수 있는 문제라고 느끼게 하는 문제 • 문제 상황에서 학습자의 역할에 단서를 주는 것도 관련성을 높이는 방법임
복잡성	• 문제가 충분히 길고 복잡하여 학습자들로 하여금 단순한 역할 분담만으로는 해결할 수 없는 문제 • 구성원들이 개념에 대한 공통의 합의를 도출하고, 다양한 해결책을 고안해야 하고, 한 사람의 학습내용이 다른 사람의 학습에 영향을 주는 복잡한 문제

PBL에서 다루는 문제는 정확한 정답이 없고, 다양한 해답이나 다양한 해결책을 고안할 수 있는 비구조화된 문제이다. 또한, 학생들의 실제적인 삶에서 직면할 수 있는 실재성과 학생들의 삶과의 직간접적인 관련성을 가지며, 단순한 정보 수집과 분석만으로 쉽게 해결할 수 없는 복잡한 문제로 구성된다. 따라서 개별학습을 통한 문제 해결보다 협업 과정을 통해서 다양한 해결책을 고안할 수 있어야 한다. PBL에서는 학습과정에서 문제를 공동으로 해결해 가야 하는 복잡한 문제가 요구되므로 '문제'를 어떻게 만들어 내는가에 PBL 수업의 성패가 달려 있다.

PBL은 학생들이 비구조화된 문제를 해결하기 위해서 다양한 자료를 수집 및 분석하여 아이디어를 도출하고, 최종적인 문제 해결안을 도출하는 과정에서 딥러닝과 딥협업 역량을 강화할 수 있는 최적의 수업 방법이다.

5. PBL 수업의 절차와 활동은 어떻게 진행되는가

PBL 수업을 어떻게 진행할까? PBL를 연구한 국내외 많은 연구가들은 여러 가지 방안을 제시하였다. Fogarty(1997)는 PBL 진행 과정에서 고려해야 할 요소로 '문제 만나기, 문제 정의하기, 사실 수집하기, 추가 질문하기, 가설 설정하기, 조사하기, 본래 문제로 돌아가 정교화하기, 대안 만들기, 해결책 지지하기'를 제시하였다. Delisle(1997)은 '문제와 관련짓기, 틀 만들기, 문제 탐색하기, 문제 재탐색하기, 해결책 만들고 수행하기, 수행 및 평가하기'의 단계를 제시하였다. 이러한 연구를 배경으로 조연순 등(2005)은 PBL 수업에서 핵심적으로 필요한 다섯 가지 요소를 추출하여 PBL 교수·학습 모형을 구체화하여 제시하였다. '문제 만나기, 문제 해결 계획 세우기, 탐색 및 재탐색하기, 해결책 고안하기, 발표 및 평가하기'의 다섯 단계로 PBL 교수·학습 모형을 개발하여 교육과정의 내용 지식과 과정 지식의 탐색, 그리고 창의적 사고와 비판적 사고의 촉진을 강조하였다(조연수, 이명자, 2017: 106-114). 한편, 최정임과 장경원은 PBL의 진행 절차를 '문제 제시, 문제 확인, 문제 해결을 위한 자료 수집, 문제 재확인 및 해결안 도출, 문제 해결안 발표, 학습 결과 정리 및 평가'의 여섯 과정으로 제시하였다(최정임, 장경원, 2022: 23).

여기서는 이들 선행연구를 바탕으로 문제 제시 및 문제 확인, 문제 해결을 위한 자료 수집, 문제 해결안 도출, 문제 해결안 발표, 평가 및 성찰의 다섯 단계로 PBL 수업을 진행하고자 한다. 이들 각 단계에서 진행되는 활동은 [그림 4-1]과 같이 표현할 수 있다.

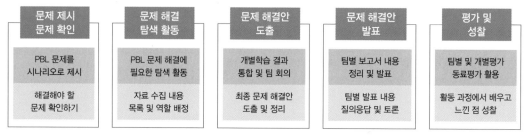

[그림 4-1] PBL 수업의 단계 및 활동 내용

- 문제 제시: 교사는 학생들에게 해결해야 할 PBL 문제를 시나리오 형식으로 제시한다. 그리고 동영상을 비롯한 여러 가지 자료를 활용하여 문제의 배경이 되는 내용을 안내한다.
- 문제 확인: 학생들은 교사가 제시한 PBL 문제 시나리오에서 해결해야 할 문제가 무엇이며, 해결해야 할 문제의 최종적인 형태가 무엇인지 파악하게 한다. 해결해야 할 문제에 관련된 정보와 해결안을 도출하기 위해 필요한 것을 확인한다.
- 문제 해결을 위한 탐색 활동: 문제 해결을 위해서 학습해야 할 내용을 수행 과제 목록으로 정해서, 팀별 구성원들에게 역할을 부여한다. 그리고 각자에게 배당된 과제 해결을 위해서 자료를 수집하고, 분석하는 탐색 활동을 진행한다.
- 문제 해결안 도출: 문제 해결안을 도출하고, 이를 보고서로 정리하기 위해 그 내용과 방식에 대해서 모둠별 토의 및 토론을 진행한다. 개별적으로 수행한 과

제를 모둠별로 공유하고, 모둠 토의 및 토론을 통해 최종적으로 문제 해결안을 도출한다.

• 문제 해결안 발표: 모둠별로 도출된 문제 해결안을 보고서 형식으로 정리하여 발표한다. 전체 모둠별 발표 내용에 대해 질문과 응답의 시간을 갖고, 쟁점이 되는 사안이 있는 경우에는 전체 토론을 실시할 수도 있다.

• 평가 및 성찰: 모둠별 문제 해결안에 대해서 교사 또는 동료평가를 실시한다. 동료평가를 진행할 경우에는 평가자인 학생이 평가기준과 평가 이유를 발표하도록 해서 학생 각자가 생각한 활동에 대한 의미를 공유하게 한다. 그리고 최종적으로 PBL 학습을 통해서 배우고 느낀 점을 성찰일지로 기록하고 발표하여 학습 경험을 공유한다.

제5장

블렌디드 러닝 기반 PBL 수업 모형

제5장에서는 블렌디드 러닝에 기반한 수업과 PBL 수업을 결합한 '블렌디드 러닝 기반 PBL 수업'은 무엇이며, 왜 블렌디드 러닝 기반 PBL 수업이 필요한지에 대해서 살펴보고자 한다. 그리고 블렌디드 러닝 기반 PBL 수업을 효과적으로 진행하기 위한 수업 모형을 어떻게 구성해야 하는지에 대해서 탐색하고자 한다.

1. 블렌디드 러닝 기반 PBL 수업이란 무엇인가

코로나19 상황에서 블렌디드 러닝 기반 수업은 주로 온라인 수업과 오프라인 수업의 결합 형태로 진행되어 왔다. 그러나 포스트 코로나 시대의 블렌디드 러닝 수업은 온·오프라인 수업의 단순한 결합에서 더 나아가 블렌디드 교실에 구축된 플랫폼, 에듀테크, 콘텐츠 활용 및 온라인 환경을 활용한 다양한 형태의 수업으로 활성화될 것이다. 블렌디드 러닝 기반 수업은 교사가 수업에서 진행하고자 하는 수업내용에 따라 다양한 수업방법이나 수업매체를 결합하여 수업목표를 효과적으로 달성하려는 노력으로 나타날 것이다.

블렌디드 러닝 기반 수업에서는 학생들이 의미 있는 지식 구성과 새로운 가치를 창출하면서 딥러닝과 딥협업 역량을 강화하기 위해 PBL을 구성주의 학습 원칙과 결합할 수 있다. 구성주의 학습의 원칙은 학습자가 주체가 되어 직접적인 체험과 경험을 중심으로 소규모 모둠으로 진행되는 학습 활동에 참여하여 주어진 과제를 해결하기 위한 깊이 있는 탐구, 성찰의 과정을 통해서 지식을 구성해 가는 것이다(강인애, 정준한, 정득년, 2007: 26-27).

PBL에서는 학생들이 자신의 삶의 문제와 관련되면서 실재성, 복잡성을 가진 비구조화된 문제를 해결해 가는 과정에서 자기주도적 학습과 모둠의 협업 활동을 강조한다. 이 책에서는 학습자의 지식 구성을 강조하는 구성주의적 학습 원칙을 반영한 PBL을 블렌디드 환경과 결합하여 진행하는 수업을 '블렌디드 러닝 기반 PBL 수업'이라고 부르고자 한다. '블렌디드 러닝 기반 PBL 수업'은 학생들의 미래 역량을 함양하기 위해 PBL이 추구하는 구성주의적 학습 원리에 따른 수업이다. 그리고 PBL의 문제 해결 방법 및 절차를 반영하면서 모둠 공동의 협업을 통해 문제를 해결하는 과정에서 발생하는 학생 간의 상호작용, 조력자와 촉진자로서의 교사의 역할 등의 요소를 결합한 수업이다. 블렌디드 러닝 기반 PBL 수업은 방식이나 절차가 따로 존재한다기보다는 일반적인 PBL 수업 절차에 따라 블렌디드 환경을 활용하여 수업을 설계하고 실행해 가는 과정이라고 할 수 있다.

2. 왜 블렌디드 러닝 기반 PBL 수업인가

블렌디드 러닝 기반 PBL 수업의 필요성은 PBL 수업의 특징인 문제, 학생, 교사의 역할과 결부해서 살펴볼 수 있다.

첫째, 블렌디드 러닝 기반 PBL 수업에서 선정한 비구조화된 '문제'를 해결하는 과정에서 학생들의 미래 역량을 강화할 수 있다. 학생들이 살아갈 미래는 변화무쌍하고(Volatility), 불확실하며(Uncertainty), 복잡하고(Complex), 모호한(Ambiguity) 특성을 가진 VUCA 사회가 될 것이라 한다. 이와 같이 불확실성이 큰 미래 사회에서 학생들은 한 개인의 힘으로 해결하기 어려운 매우 복잡한 문제에 직면할 가능성이 높다. 따라서 블렌디드 러닝 기반 PBL 수업에서 추구하는 문제는 학생들 자신의 삶과 관련성을 가지고 실제의 삶에서 발생하는 실재성을 가진, 복잡하며 비구조화된 문제이다. 이런 문제를 해결해 가는 과정에서 학생들은 비판적 사고력, 의사결정력, 창의적 문제 해결력 등의 미래 역량을 강화할 수 있다. 또한, 상호 협업을 통해 다양한 지식과 정보를 깊이 탐구하는 과정에서 딥러닝과 딥협업 역량을 강화할 수 있다.

둘째, 블렌디드 러닝 기반 PBL 수업을 통해서 학습자들은 자기주도적 학습력을 강화할 수 있다. 수업에서 선정된 문제는 혼자서는 해결이 어렵고, 동료들과 협력적 관계를 통해서 해결해야 한다. 문제를 확인하고, 문제 해결에 관련된 자료를 수집 및 분석하여 문제 해결안을 도출하는 과정에서 학생 개개인이 해야 할 역할이 분담되어 있기 때문에 자신의 역할을 수행해 가는 과정에서 자기주도적 학습력이 향상된다. 그리고 분담된 과제를 해결하기 위해 모둠원들과 토의 및 토론을 진행하면서 최적의 문제 해결안을 도출하는 과정, 이를 보고서로 작성하는 과정에서 동료와 지속적으로 상호작용하며 협력관계를 유지해야 한다. 이러한 과정을 통해 학습자 개개인이 책임감을 갖고 타인에 대해 깊이 이해하는 성숙한 시민으로 성장할 수 있는 토대를 마련할 수 있다.

셋째, 블렌디드 러닝 기반 PBL 수업에서 교사는 학생 활동의 학습을 촉진하는 촉진자이자 학습을 도와주는 조력자로서 학생들의 딥러닝과 딥협업을 이끌어 낼 수 있다. 학생들이 문제 해결에 필요한 지식을 이해하도록 돕고, 문제와 관련된 자료를 조사하여 문제를 해결할 수 있도록 도우며, 학생들의 질문에 대해 피드백을 제공한다. 또한 교사는 학생들이 다각적인 차원에서 문제를 해결할 수 있도록 안내하고, 깊이 있는 사고를 할 수 있도록 적절한 질문을 제공하여 최적의 문제 해결안을 도출할 수 있도록 안내한다. 그러한 과정을 통해서 학생들은 문제와 관련된 다양한 정보를 분석하고, 문제 해결에 필요한 깊이 있는 지식을 이해하면서, 문제 해결에 필요한 의미

있는 지식을 구성하고, 새로운 가치를 창출하게 될 것이다. 이러한 과정에서 교사는 학생들의 활동을 촉진하고, 도와주는 조력자 역할을 수행한다.

3. 블렌디드 러닝 기반 PBL 수업 모형은 어떻게 구성할까

교사는 블렌디드 러닝 기반 PBL 수업을 학교급, 수업내용과 수업목표, 학생 수준에 따라 융통성 있게 구성하여 진행할 수 있다. 팬데믹 상황에서 진행되는 블렌디드 러닝 기반 PBL 수업이 포스트 코로나 시대의 교실 수업에서도 효과적인 교육 방안으로 자리 잡게 하려면 수업 설계-실행-성찰의 전 과정을 고려할 필요가 있다. 기본적으로 온라인 환경과 온·오프라인 수업이 상호 유기적이고 긴밀한 연계성을 가진 수업으로 설계하고 실행해 가야 한다. 이를 위해 블렌디드 러닝 기반 PBL 수업을 설계하고 실행하기 위한 다양한 수업 모형을 설정할 수 있다.

여기서는 '블렌디드 러닝 기반 PBL 수업 모형'을 온·오프라인 수업의 유기적 결합을 전제로 하여, 이에 PBL 수업 절차인 '문제 제시 및 문제 확인-문제 해결 탐색 활동-문제 해결안 도출-문제 해결안 발표-평가 및 성찰'의 단계를 결합하여 [그림 5-1]과 같이 구성했다.

PBL 수업 설계 단계에서는 교육과정 및 성취기준 분석을 통해 PBL 수업 진행을 위한 문제를 도출하여 PBL 문제를 개발하고, 이를 기반으로 교수·학습과정안을 설계하고 평가 계획을 세운다. 그리고 수업 진행을 위한 블렌디드 수업환경을 조성한다. 블렌디드 수업환경은 다양한 에듀테크를 활용한다.

PBL 수업 실행 단계에서는 PBL 수업의 절차에 따라 문제 제시 및 문제 확인, 문제 해결 탐색 활동, 문제 해결안 도출, 문제 해결안 발표, 평가 및 성찰의 순서로 진행한다. 이 단계에서 무엇보다 중요한 것은 해결해야 할 문제가 무엇이며, 문제 해결을 위해서 어떤 활동을 해야 하는지에 대해 학생들이 분명하게 인지하는 것이다. 이를 위해 교사는 PBL 문제를 학생들이 보다 쉽게 이해할 수 있도록 관련 동영상이나

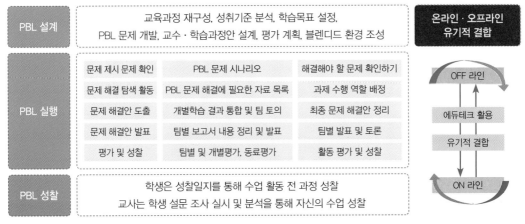

[그림 5-1] 블렌디드 러닝 기반 PBL 수업 모형

텍스트 자료를 준비한다.

　PBL 성찰 단계에서는 학생과 교사가 모두 각자의 입장에서 스스로를 성찰할 기회를 가진다. 학생들은 수업 활동 전 과정에서 배우고 느낀 바를 기록한 '성찰일지'를 발표하여 자신들이 발견한 의미와 지식 및 가치관에 대해서 공유하도록 한다. '활동 과정에서 경험한 것은 무엇인가? 그것이 주는 의미가 무엇인가? 활동 과정에서 스스로 발견한 의미 있는 지식이나 새로운 형성된 가치관은 무엇인가?' 등의 질문을 중심으로 수업 경험에서 발견한 의미를 글로 써서 공유하도록 한다. 교사는 수업을 종료한 후에 학생들을 대상으로 설문조사를 실시하여 수업을 통해 학생들이 성장한 역량이 무엇인지 분석하고, 다음 수업에서 보완할 점과 수정할 점을 분석하여 자신의 수업을 성찰해 보고, 지속적인 수업개선의 방향을 모색할 기회를 가진다.

제6장
블렌디드 러닝 기반 PBL 수업 설계

　블렌디드 러닝 기반 PBL 수업이 성공하기 위해서는 무엇보다 치밀한 수업 설계가 중요하다. 제6장에서는 블렌디드 러닝 기반 PBL 수업 모형에 따라 수업을 어떻게 설계해야 할지에 대해서 살펴보고자 한다. 수업 설계는 교육과정 재구성, PBL 문제 개발, 교수 · 학습과정안, 평가 계획, 블렌디드 환경 구성을 중심으로 살펴보고자 한다.

　블렌디드 러닝 기반 PBL 수업을 설계하기 위해 교사가 먼저 해야 할 일은 교육과정 및 성취기준을 분석하여 교육과정을 재구성한 후에 수업목표를 설정하는 일이다. 그리고 수업목표 도달을 위한 PBL 문제를 개발하여 시나리오를 구성한다. PBL 문제를 해결하기 위한 교수 · 학습과정안을 설계하고, 평가 계획 및 산출물을 계획한다. 마지막으로, 블렌디드 러닝 수업 진행을 위한 수업환경을 구성한다. 이러한 요소들 반영한 PBL 수업은 교과에 따라서 다르기는 하지만 1~2차시로 끝나는 것이 아니라 일반적으로 6차시 이상으로 구성된다. 블렌디드 러닝 기반 PBL 수업 설계에 포함해야 하는 내용은 [그림 6-1]과 같다.

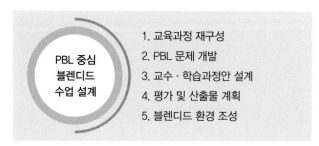

[그림 6-1] 블렌디드 러닝 기반 PBL 수업 설계

1. 교육과정 재구성

블렌디드 러닝 기반 PBL 수업을 진행하기에 적합한 단원을 선정한다. 선정된 단원의 성취기준을 분석하여 PBL 문제를 중심으로 교육과정을 재구성한다. 먼저, 이를 위해 성취기준을 내용과 활동을 중심으로 분석한다. 내용은 성취기준에서 나타난 핵심 개념 및 지식으로 구성되어 있으며, 활동은 핵심 개념과 지식에 대한 '탐구하기, 적용하기, 분석하기, 조사하기, 문제 해결하기' 등으로 서술되어 있다. 성취기준은 내용과 활동을 분석한 후, 블렌디드 러닝 기반 PBL 수업을 진행하기 위해 학생의 역량을 함양할 수 있는 활동을 중심으로 교육과정 재구성을 통해 PBL 문제를 설정한다.

교사가 PBL 문제를 설정할 때 고려해야 할 것이 있다. 첫째, 비구조화된 문제를 설정하는 것이다. 학생들은 정답이 없고 불분명하며 난해하여 무엇이 문제인지도 파악하기 어려운 문제를 해결하기 위해 정보를 수집, 분석, 판단하는 과정에서 문제해결력, 창의적 사고, 정보처리 역량, 비판적 사고력 등의 역량을 키울 수 있다.

둘째, 실재성과 관련성을 가진 문제를 설정한다. 학생들이 살아가는 현실 세계와 밀접한 관련성을 가지면서, 자신들이 경험했거나 체험할 수 있는 문제를 설정하여 문제를 해결하는 과정에서 가치 있는 경험을 제공해 줄 수 있는 문제를 설정한다.

셋째, 학생 중심 활동을 활성화할 수 있는 문제를 설정한다. 모둠이 공동으로 수행해야 할 과제와 개인이 수행해야 할 과제가 분명하면서도, 최종 문제 해결안 도출 후 보고서 작성 및 발표에 이르기까지 모둠 토의와 토론 등의 활발한 상호작용과 협업 활동이 지속적으로 요구되는 문제를 설정한다.

2. PBL 문제 개발

PBL 문제 개발을 위해 먼저 해야 할 일은 문제 초안 작성이다. 문제 초안은 PBL 문제를 개발하기 위한 아이디어로, 학생들의 요구와 흥미를 고려하여 작성한다. 문제 초안은 시나리오를 쓰기 위한 밑그림이다. 시나리오는 배경, 상황, 주인공, 역할을 포함한다(강인애 외, 2007: 86-87). 배경은 사건, 문제, 인물을 둘러싼 물적·인적·시사적 환경으로 사건의 배후에서 문제와 연관을 맺는다. 상황은 일이 되어 가는 과정이나 상태를 말하며 배경보다 직접적이고 구체적으로 서술된다. 상황은 문제를 풀기 위해 고려해야 할 여러 가지 제한점을 명시하여 문제를 비구조화해 복잡하게 하는 역할을 한다. 주인공은 시나리오에 등장하는 중심 인물로서 문제 해결의 직접적인 당사자를 말한다. 주인공의 역할은 문제의 배경과 상황 속에서 주인공이 문제 해결을 위해서 취해야 할 구체적인 작업이나 활동을 말한다. 강인애 등(2007)에서 제시한 내용을 참고로 하여 정리하면 〈표 6-1〉과 같다.

〈표 6-1〉 PBL 문제 시나리오 구성을 위한 아이디어

항목	내용
배경	사건, 문제, 인물을 둘러싼 물적·인적·시사적 환경 사건의 배후에서 문제와 연관을 가짐
상황	일이 되어 가는 과정, 상태 배경보다 직접적이고 구체적인 서술
주인공과 역할	시나리오에 등장하는 중심 인물, 문제 해결의 직접적인 당사자
제한점	문제 해결 과정에서 주어지는 제한적 조건

PBL 문제에서 설정한 배경, 상황, 주인공이 해결해야 할 과제, 제한점을 토대로 시나리오를 구성한다. PBL 문제의 특성인 실재성, 관련성, 복잡성을 잘 조합하여 훌륭한 시나리오를 만드는 것은 블렌디드 기반 PBL 수업의 성패를 가를 만큼 중요하다. 시나리오 작성이 완료되면 PBL 문제를 해결하는 과정을 통해서 추구하고자 하는 수업목표를 구체화한다. 수업목표는 지식, 기능, 태도 영역으로 나누어 진술한다. 지식 영역은 수업에서 배울 핵심 개념과 지식 등의 내용 요소를 중심으로 진술한다. 기능 영역은 문제 해결력, 의사소통 능력, 정보처리 능력, 창의적 문제 해결력, 비판적 사고, 메타인지 능력 등의 역량을 중심으로 진술한다. 태도 영역은 수업에 임하는 태도, 수업을 통해서 함양될 것으로 기대되는 가치를 중심으로 진술한다. PBL 문제 시나리오는 체크리스트 검토, 동료 교사의 평가 등의 방식을 활용하여 타당도를 검토하여 확정한다.

3. 교수 · 학습과정안 설계

교수 · 학습과정안 설계는 블렌디드 러닝 기반 PBL 수업 실행에서 나침반 역할을 한다. 나침반이 없다면 수업의 방향을 잡거나 학습목표를 달성해 가는 데 어려움이 있을 것이다. 나침반의 역할을 제대로 하기 위해 교수 · 학습과정안 설계에는 블렌디드 러닝 기반 PBL 수업의 복잡한 사태를 단순화할 수 있는 수업의 흐름도, 수업 실행 과정 개요를 포함한다.

우선 '블렌디드 러닝 기반 PBL 수업의 흐름도'를 구성하여 복잡한 수업을 한눈에 파악할 수 있게 한다. 수업의 흐름도에는 PBL 수업 절차에 따른 중요 활동이 드러나야 하며, 블렌디드 러닝 과정에서 온라인 수업과 오프라인 수업의 연계 방법과, 블렌디드 러닝의 수업 진행을 위한 온라인 수업과 오프라인 수업의 형태에 대한 내용을 명시적으로 진술해야 한다. 수업의 흐름도는 전체 수업의 실행 과정을 한눈에 볼 수 있도록 [그림 6-2]와 같이 구성한다.

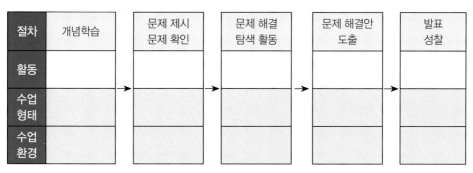

절차	개념학습	문제 제시 문제 확인	문제 해결 탐색 활동	문제 해결안 도출	발표 성찰
활동					
수업 형태					
수업 환경					

[그림 6-2] 블렌디드 러닝 기반 PBL 수업의 흐름도

'블렌디드 러닝 기반 PBL 수업 실행 과정'은 블렌디드 과정에 따라 진행되는 PBL 수업 절차의 단계별 주요 활동, 수업 형태, 수업환경을 구체적으로 명시한다. 이때 중요한 것은 온라인 환경과 온·오프라인 수업 활동을 상호 보완적으로 구성하는 것이다. 블렌디드 교실을 중심으로 통합 플랫폼이 구축된 환경이라면 이를 충분히 고려하여 PBL 수업을 설계할 수 있다. 온라인 환경과 온·오프라인 수업을 유기적으로 융통성 있게 연계할 방안을 고려하여 수업을 설계한다. 이상의 내용을 토대로 교수·학습과정안을 〈표 6-2〉의 기본 포맷에 따라 구성한다.

〈표 6-2〉 교수·학습과정안 구성 기본 포맷

문제		차시	
학습 목표			
성취 기준			
핵심 역량			
단계	문제 해결 활동 내용		
개념 학습			

문제 제시 문제 확인	
문제 해결 탐색 활동	
문제 해결안 도출	
발표 및 평가	

　　교수·학습과정안은 학습목표, 성취기준, 핵심 역량을 진술하고 PBL 수업 절차에 따른 문제 해결 활동 내용을 중심으로 구성한다. 수업은 크게 초기, 활동, 마무리 단계로 나눌 수 있다. 초기 단계에는 PBL 소개와 수업 진행을 위한 모둠을 구성하고, 수업 진행 순서에 대해 안내한다. 활동 단계에서는 동기 유발, PBL 문제 상황 및 문제 제시, 문제 확인, 문제 해결 탐색 활동, 문제 해결안 도출, 발표 및 성찰을 중심으로 활동을 설계한다. 학생들의 흥미와 이해를 높이고, 관심과 도전 의식을 가질 수 있는 문제 상황을 보여 줄 수 있는 동영상을 활용한다. 문제 해결을 위해 온라인 환경을 활용할 수 있는 방안을 소개하고, 문제 해결안을 최종적으로 표현할 수 있는 다양한 방안을 안내한다. 보고서는 PBL 문제 상황에 맞게 다양한 매체를 활용하여 다양한 양식으로 구성하여 발표할 수 있도록 안내한다. 마무리 단계에서는 PBL 수업 활동 전 과정에 대한 기록인 성찰일지를 중심으로 문제를 해결해 가는 과정에서 새롭게 구성한 지식 및 새롭게 발견한 의미와 가치를 발표하여 학생과 교사가 모두 성찰의 기회를 갖도록 한다.

4. 평가 및 산출물 계획

　　블렌디드 러닝 기반 PBL 수업에서 평가는 과정중심 수행평가로 실시한다. 과정

중심 수행평가는 활동 과정에 대한 평가와 결과에 대한 평가로 진행할 수 있다. '활동 과정에 대한 평가'는 PBL 문제를 해결해 가는 과정에서 모둠별, 개인별 역할 수행 정도를 관찰하여 평가할 수 있다. 또는 문제 해결을 위한 과제수행의 진행 정도를 중심으로 중간 평가를 실시할 수도 있다. '활동 결과에 대한 평가'는 문제 해결 결과로 도출된 산출물을 중심으로 실시한다. PBL 시나리오 분석물, 과제수행 계획서, 과제수행 결과 보고서, 성찰일지 등이 평가 대상이다. 평가 내용은 시나리오에 대한 이해 정도, 문제 해결을 위한 과제수행 계획서의 적절성, 문제 해결안 도출을 통한 과제수행 결과 보고서의 충실성 및 적합성, 성찰일지 내용의 구체성 등을 중심으로 실시한다. 이를 종합하면 〈표 6-3〉과 같이 정리할 수 있다.

〈표 6-3〉 PBL 평가 계획 및 기대 역량

단계	주요 산출물	필수평가 항목	기대 역량
문제 제시	PBL 시나리오 이해	문제 파악의 정확성	비판적 사고 역량
문제 확인	문제 해결을 위한 과제수행 계획서 수립	문제 해결을 위한 과제수행 계획의 적설성	문제 해결 역량
문제 해결 자료 수집	문제 해결을 위한 과제수행 포트폴리오	문제 해결을 위한 과제수행 내용의 충실성	정보처리 역량
문제 해결안 도출	문제 해결안을 도출한 과제수행 결과 보고서	문제 해결안을 도출한 과제수행 결과의 적합성	문제 해결 역량
발표 및 평가	과제수행 결과 보고 발표, 성찰 일기	내용의 전달력 성찰 내용의 구체성	의사소통 능력 메타인지 능력

교과 또는 교사에 따라 수업을 통해 학생들이 함양하기를 기대하는 핵심 역량은 다를 것이다. '활동 과정에 대한 평가'와 '활동 결과에 대한 평가'를 통해서 수업에서 예상되는 학생들의 기대 역량이 달성되는 정도를 확인하는 방법도 쉽지 않다. 더구나 정량평가가 아닌 정성평가가 진행되는 수업에서는 학생의 기대 역량을 평가하는 것은 쉽지 않다. 하지만 수업에서 평가 가능한 활동이나 내용을 담은 주요 산출

물을 계획하여 과정중심 수행평가를 실시한다. 과정중심 수행평가는 학생들에게 평가기준을 미리 안내하여 활동이 충실히 진행될 수 있도록 안내한다. 예를 들어, 성찰일지를 평가하고자 할 때 활동 과정에서 자신이 배우고 느낀 바를 기록하게 하고 자신이 발견한 새로운 지식과 새롭게 형성된 가치관 등을 글로 표현하여 발표하게 함으로써, 자신의 경험을 객관화하여 의미를 표현할 수 있는 능력인 메타인지 능력을 평가할 수 있다. 다양한 평가기준을 제시하여 학생들이 문제 해결력, 정보처리 역량, 창의적 문제 해결력, 비판적 사고력 등 수업을 통해 추구하고자 하는 핵심 역량을 함양할 수 있도록 수업을 설계한다.

5. 블렌디드 환경 조성

블렌디드 러닝 기반 PBL 수업을 진행하기 위한 수업환경은 온라인 환경과 온·오프라인 수업의 장점을 극대화하여 학생 중심 활동이 이루어지도록 조성한다. 오프라인 환경은 수업이 진행되는 교실, 컴퓨터실 등의 물리적 공간에 확보된 수업환경이다. 온라인 환경은 수업관리(LMS, 학습관리시스템) 플랫폼, 실시간 화상수업 진행을 위한 플랫폼, 협업문서 작성 및 발표를 위한 플랫폼, 평가 설문 피드백을 위한 플랫폼 등으로 구성되며 교사는 자신의 수업에 활용할 수 있는 플랫폼을 중심으로 수업을 설계한다.

교사는 블렌디드 러닝을 위한 수업 진행에 효과적으로 활용 가능한 에듀테크 도구를 점검하고, 수업 진행에 필요하다고 고려되는 도구를 선정한 후, 그 활용 방법을 익혀서 수업에 활용할 수 있도록 수업환경을 설계한다. 블렌디드 러닝 기반 PBL 수업에서 활용할 수 있는 에듀테크에는 SNS 기반 온라인 메신저, 잼보드, 구글 문서, 구글 프레젠테이션, 구글 설문지, 패들렛, 북크리에이터, 코스페이시스 등이 있다. 이를 활용해서 온라인과 오프라인 수업의 효과를 극대화할 수 있는 블렌디드 러닝 기반 수업환경을 조성한다.

블렌디드 러닝 기반 수업환경 조성이란, 수업에 필요한 인터넷의 자료를 탐색하여 자료를 수집 및 분석한 후 이를 바탕으로 학생들이 문제 해결안을 도출할 수 있도록 에듀테크 도구를 적절히 활용할 수 있는 상황을 조성하는 것을 말한다. 이때 교사는 학생 중심 활동을 활성화할 수 있는 수업환경을 조성하고 이를 통해 학생들의 문제해결 능력, 고등사고력, 정보처리 능력, 메타인지 능력 등의 역량을 강화할 수 있도록 조력자, 진행자, 촉진자의 역할을 수행할 수 있는 방안을 구체화한다.

제7장

블렌디드 러닝 기반 PBL 수업 실행

제7장에서는 블렌디드 러닝 기반 PBL 수업을 어떻게 실행해야 할지에 대해서 살펴보고자 한다. 수업 실행은 문제 제시 및 문제 확인, 문제 해결을 위한 탐색 활동, 문제 해결안 도출 및 보고서 작성과 발표, 평가와 기록을 중심으로 살펴보고자 한다.

블렌디드 러닝 기반 PBL 수업 실행은 설계 단계에서 진행한 교육과정 재구성, PBL 문제 개발, 교수 · 학습과정안 설계, 평가 계획, 블렌디드 수업환경에 따라 수업을 실제로 진행하는 단계이다. 설계 단계에서는 교사가 중심이 된다면, 실행 단계는 학생을 중심으로 수업 활동을 직접 실행하는 과정에 필요한 내용을 기술한다. 실행 단계에서 고려되는 중요한 활동 부분은 [그림 7-1]과 같다.

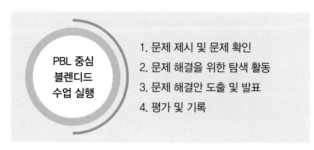

[그림 7-1] 블렌디드 러닝 기반 PBL 수업 실행 개요

1. 문제 제시 및 문제 확인

PBL 문제 제시 및 문제 확인 과정에서는 학생들이 문제를 이해하도록 돕기 위한 동기 유발을 비롯하여 문제 파악 및 문제 해결을 위해 필요한 활동들을 진행한다. 이 과정에서 중요한 것은 학생들이 PBL 문제를 자신의 삶과 밀접한 관련성을 가진 문제로 인식할 수 있도록 교사가 유도하는 것이다. 교사는 학습자들의 직간접적인 경험과 관련성을 갖는 발문을 통해 흥미와 관심을 유도하며, 다양한 매체와 콘텐츠를 활용하여 학생들이 문제 상황을 충분히 이해할 수 있게 유도한다. 학생들이 문제 상황을 충분히 이해했다고 판단되면, 교사는 문제 시나리오를 제시하고 학생들이 질문을 통해 시나리오를 분석할 수 있게 한다.

교사는 학생들이 문제 시나리오 분석을 통해 문제 상황을 충분히 파악하고, 문제 해결의 실마리를 찾아갈 수 있도록 구체적인 질문을 제기한다. '문제가 요구하는 것이 무엇인가? 주어진 상황 속에서 어떤 일이 발생하였는가? 주인공의 입장에서 해결해야 할 문제는 무엇인가? 문제 해결을 위한 과제는 무엇인가?' 등의 질문을 통해서 문제를 파악할 수 있다. 이러한 질문을 통해 학생들은 PBL 문제를 해결해야 할 주인공의 입장이 되어, 문제 해결을 위해 필요한 과제가 무엇인지 파악할 수 있다. 이렇게 문제 시나리오의 핵심을 이해하고 분석하는 과정은 문제 해결의 출발이 된다. 문제 시나리오 분석으로 문제를 파악했으면 문제 해결을 위해 해결해야 할 세부

수행 과제를 목록으로 작성한다. 모둠별 토의·토론을 통해 작성된 문제 해결에 필요한 수행 과제 목록에 따라 문제 해결을 위한 탐색 활동에 들어간다.

2. 문제 해결을 위한 탐색 활동

이 단계에서는 문제 시나리오 분석 내용과 주인공이 해결해야 할 수행 과제 목록에 따라 구체적인 과제수행 계획을 수립한다. 학생들은 과제수행 계획에 의해 생성된 문제의 해결을 위해 본격적인 문제 탐구와 탐색 활동을 진행한다. 활동은 모둠별로 이루어지며, 각 모둠은 문제 해결에 요구되는 결과물 도출을 위한 다양한 활동들을 진행한다. 일반적으로 PBL 수업에서는 과제수행 계획에 '가설/해결안', '알고 있는 사실들', '더 알아야 할 사항들'을 기본 요소로 설정하고 이에 개인별 역할 분담과 학습 일정을 포함한다. 그러나 이러한 틀을 꼭 따를 필요는 없다. 주어진 문제 시나리오에 따라 꼭 필요한 수행 과제를 도출하기 위해 모둠별 토의 및 토론을 통해 과제수행 목록을 만들고 개인별로 역할을 정해 과제를 분담하면 된다. 과제수행 계획에 따라 개인별로 탐색한 정보를 모둠별로 공유하면서 문제 해결을 위한 탐색 활동을 진행한다.

문제 해결을 위한 탐색 활동은 시나리오에 제시된 문제의 요구와 조건에 맞는 해결책을 찾기 위한 다양한 형태의 활동이 이루어지는 과정이다. 탐색 활동은 인터넷을 활용한 정보 검색뿐만 아니라 전문가 인터뷰, 실험, 체험, 관련 기관 방문, 설문 등의 다양한 방법으로 진행한다. 학생들은 과제수행 계획서에 기초하여 모둠별 또는 개인별 역할을 분담하고, 일정에 따라 문제 해결을 위한 탐색 활동을 진행한다. 이 과정에서 학생들은 '개인별 자료 수집, 모둠별 토의·토론을 통한 자료 공유 및 문제 해결 탐색, 모둠별 토론을 통한 문제 해결안 도출' 등의 과정을 수행한다. '개인별 자료 수집'은 개인에게 부여된 역할에 따라 주어진 과제를 해결하기 위해 정보를 탐색하고 자료를 수집하는 활동을 주로 진행한다. 이들 개인별 자료를 토대로 모둠 토의·토론을 통한 정보 및 자료 공유, 의견 교환 등을 진행하고 이를 바탕으로 최종적으로 문제 해결안을 도출한다.

3. 문제 해결안 도출 및 발표

학생들은 문제 해결을 위한 과제수행 계획서에 따라, 모둠 내에서 협의 후 도출한 문제 해결안을 토대로 하여 과제수행 활동 결과를 정리한 후 보고서를 작성한다. 결과 보고서 작성은 과제수행 계획에 따라 진행된 여러 과정을 통해 선별한 정보 및 의견 등을 토대로 PBL 문제가 요구하는 해결안에 대한 결과물을 도출하여 정리하는 과정이다. 즉, 과제수행 활동 결과로 산출되는 성과물을 문제 시나리오에서 요구하는 형태로 완성하기 위한 과정이라 할 수 있다. 구체적인 밑그림을 그려 보면 [그림 7-2]로 표현할 수 있다. 이 밑그림을 바탕으로 가시적이며 구체적인 형태의 학습 결과물을 다양한 형식으로 표현하여 보고서를 작성한다.

문제 해결 결과 과제수행 활동 보고서는 모둠의 분업과 협업 과정을 통해서 창의

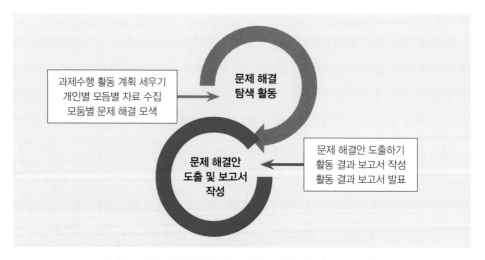

[그림 7-2] 문제 해결 탐색 활동과 문제 해결안 도출 및 보고서 작성

적이고 다양한 학습 결과물로 완성한다. 학생들은 동영상, 그래픽 디자인, 카드 뉴스, 가상공간 활용 VR, 프레젠테이션 등의 다양한 형식을 활용하여 창의적으로 표현한다. 무엇보다, 블렌디드 러닝 기반 PBL 수업으로 진행된 활동의 결과물이기 때문에, 블렌디드 환경을 적극적으로 활용하여 다양한 디지털 도구 및 에듀테크를 활용하여 보고서를 정리한다. 보고서 형식은 PBL 문제의 성격이나 내용에 적합한 문제 해결책으로 도출한 결과물을 담아내기에 적합한 도구를 활용한다. 예를 들어, 패들렛을 활용하여 모둠별 보고서를 창의적으로 구성하는 경우도 있을 수 있다. 이렇게 완성된 보고서를 전체 학생들을 대상으로 발표하고, 이에 대한 질의 및 응답 시간을 갖는다.

4. 평가 및 기록

블렌디드 러닝 기반 PBL 수업을 진행한 결과의 마무리는 평가와 기록을 중심으로 이루어진다. 평가는 학생들의 '활동 과정에 대한 평가'와 '활동 결과인 산출물에 대한 평가', 성찰일지를 중심으로 실시한다. '활동 과정에 대한 평가'는 모둠별로 시나리오 분석, 과제수행 계획서 수립, 결과 보고서 작성 및 발표에 이르기까지 온라인 수업과 오프라인 수업의 과정과 모둠별 활동에서 역할을 얼마나 충실히 이행했는지에 대한 평가이다. 이는 주로 교사가 수업을 통해서 달성하고자 의도한 공동체 역량, 딥협업 역량을 중심으로 정의적 영역에 대한 평가이다.

'활동 결과인 산출물에 대한 평가'는 PBL 시나리오 분석물, 과제수행 계획서, 과제수행 결과 보고서, 과제 탐구 포트폴리오 등을 대상으로 하며 사전에 공지된 평가 기준에 따라 진행한다. 이는 주로 교사가 수업을 통해서 달성하고자 의도한 딥러닝, 문제 해결력, 비판적 사고력, 정보처리 능력 등을 중심으로 한 인지적 영역에 대한 평가이다.

그리고 자신의 경험에서 발견한 의미와 지식의 구성력 및 태도의 변화 등은 성찰일지를 통해서 평가하며, 자신을 객관적으로 바라볼 수 있는 메타인지 능력이 어느 정도 강화되었는지에 초점을 두고 평가한다. 이들 평가 방법 이외도 다양한 평가 방법을 활용할 수 있다. 예를 들어, 동료평가의 방법을 활용하여 수업 전 과정에서 어떻게 활동했는지에 대해서 평가할 수 있다.

다양한 평가 방법을 활용해서 문제 해결력, 비판적 사고력, 의사소통 능력, 정보처리 능력, 메타인지 능력 등의 학생 역량을 중심으로 평가한다. 이들 평가의 내용을 기반으로 학생들의 활동 결과를 기록하여 진학을 위한 자료로 활용할 수 있다.

제8장
**블렌디드 러닝 기반
PBL 수업 성찰**

제8장에서는 블렌디드 러닝 기반 PBL 수업 설계 및 수업 실행을 토대로 학생들의 어떤 역량이 강화되었으며, 교사의 반성적 성찰에서 무엇이 초점이 되어야 하는지에 대해 살펴보고자 한다. 학생의 역량에 대한 성찰은 성찰일지와 설문조사를 통해서 살펴볼 수 있으며, 교사의 반성적 성찰은 수업 설계 및 수업 실행을 중심으로 살펴볼 수 있다.

1. 성찰일지를 활용한 학생의 역량 엿보기

교사는 다양한 평가 방법을 활용하여 학생들의 역량을 강화하도록 격려하고 그 결과를 확인하는 것이 필요하다. 그러나 블렌디드 러닝 기반 PBL 수업을 진행한 결과, 학생들이 어느 정도 역량이 강화되었는지를 가시적으로 확인하는 것은 쉽지 않다. 학생 활동 과정과 활동 결과의 산출물 및 학생이 기록한 성찰일지, 수업 후 실시하는 학생 대상 설문조사를 통해 학생들의 역량 정도를 확인하여 분석해 보는 방법을 활용할 수 있다. 교사는 학생들의 활동 과정에 대한 관찰을 통해 협업 능력이나 창의성 및 문제 해결력 등의 역량을 어느 정도를 확인할 수 있다. 또한, 학생들의 활동 결과 산출되는 산출물을 통해서 학생의 역량을 확인할 수 있다. 산출물의 경우에는 학생들이 수행할 수 있는 역량의 지표가 될 평가기준을 미리 선정하고 공지하여 학생 활동을 적극적으로 유도하여 역량 강화의 정도를 확인할 수 있다. 교사는 평가기준을 구체화하여 학생들이 평가기준에 도달할 수 있도록 활동을 격려하고, 그 결과를 산출물로 표현하도록 유도한다. 이들 활동의 전 과정에서 학생들은 자신이 배우고 느낀 바를 성찰일지로 기록하게 하여 성찰일지를 통해서 역량 강화의 정도를 확인할 수 있다.

성찰의 사전적 의미는 '자신의 일을 반성하며 깊이 살핌'을 의미한다. 본인의 마음을 반성하고 살피는 것, 또는 지나갔던 일을 되돌아보거나 살피는 것을 의미한다. 블렌디드 러닝 기반 PBL 수업의 전 과정에서 학생들은 자신이 수행한 일을 성찰하도록 한다. 그 과정에서 자신의 마음을 반성하기도 하지만, 자신이 경험한 사실에서 스스로 발견했던 의미와 그것이 갖는 가치가 무엇인지에 대해서도 기록하도록 한다. 그러한 전 과정을 기록한 성찰일지는 학생 개인이 강화된 역량이 무엇이며, 어느 정도 성장했는지를 파악할 수 있는 대상물이 된다. 교사는 블렌디드 러닝 기반 PBL 수업이 진행되는 동안에 학생들이 온라인과 오프라인 활동 과정에서 배우고 느낀 바를 구체적으로 표현하여 성찰일지를 완성하도록 한다. 그리고 성찰일지의 내용을 발표하여 전체 학생들과 자신이 발견한 의미와 가치를 공유하게 한다. 성찰일지 쓰기 및 발표를 통해서 학생들은 PBL 활동 전 과정에서 얻은 경험과 그 의미가 무엇인지 서로 확인할 수 있으며, 학생은 자신의 학습 경험을 반추하여 정리하고, 이를 통해 가치를 내면화해 가는 성장의 과정을 엿볼 수 있다. 따라서 교사는 학생들의 학습과정을 기록한 성찰일지를 통해서 어떠한 역량이 강화되었는지를 엿볼 수 있다.

2. 설문조사를 활용한 학생의 역량 확인

설문조사는 블렌디드 러닝 기반 PBL 수업의 실행 결과에 대한 학생들의 생각, 의도, 태도 등을 파악하기 위한 방법으로, 객관적인 통계 자료를 얻기 위해서 실시한다. 교사는 학생들이 수업에 대해 갖는 생각, 의도, 태도, 역량을 파악하기 위해서는 무엇보다 설문조사 목적을 분명히 한다. 설문조사의 목적을 분명하게 설정했다면, 설문 목적에 맞는 설문 문항을 작성한다. 설문 문항은 가급적이면 객관적으로 작성하고, 주관적으로 작성해야 하는 항목의 경우는 학생들이 무엇을 묻고 있는지에 대해서 이해하기 쉽게 작성한다. 설문 문항이 작성되었다면 설문 방법을 선정한다. 최근에는 구글 설문, 네이버 폼을 비롯하여 매우 다양하고 편리한 설문조사 방법이 많기 때문에 어렵지 않게 설문조사를 실시할 수 있다. 설문 방법에 따라 설문을 실시하고 나면, 결과를 분석하여 학생들의 역량 정도를 확인할 수 있다.

설문조사에서 가장 중요한 것은 교사가 의도한 바를 합당하게 측정할 수 있는 타당도 높은 설문 문항을 만드는 일이다. 기본적으로 블렌디드 러닝 기반 PBL 수업에 대한 만족도, 자신의 역할 참여 정도, 활동 주제에 관련된 내용, 활동을 통해서 자신이 강화되었다고 생각하는 역량, 활동 과정에서 어려운 점, 활동 과정에서 배우고 느낀 점 등을 중심으로 설문문항을 만든다.

그리고 주관적인 생각을 알고자 하는 문항인 경우에 추상적이지 않고 구체적인 문항을 작성하고 학생들도 막연한 응답이 아닌 구체적인 응답을 작성하도록 한다. 설문조사의 결과는 학생들의 역량을 통계 자료에 근거해서 확인해 보는 데에 중요한 의의가 있다. 그러나 더 중요한 것은 성찰일지와 마찬가지로 블렌디드 러닝 기반 PBL 수업을 통해서 학생 개인들에게 거는 기대가 무엇인지를 학생들이 스스로 확인할 수 있는 기회가 된다. 설문조사의 결과를 학생들과 공유하여 수업을 통해서 추구하고자 했던 수업의 의도에 대해서 다시 한번 성찰해 보는 과정으로 활용한다.

3. 수업 설계 및 실행에 대한 교사의 반성적 성찰

반성적 성찰은 반성적 사고에 토대를 둔다. 반성적 사고는 '지난 일을 되돌려서 성찰하다'는 의미를 갖는 반성과 '문제를 해결하기 위해 동원되는 마음의 활동'인 사고에 기초해 있다. 일반적 의미에서 '반성적 사고'는 '자신의 지난 일을 되돌아보아 그 잘잘못을 평가하고 향후의 일을 생각하는 과정'이다. 듀이에게 있어 반성적 사고는 "확고한 근거 위에 믿음을 확립하려는 의식적이고 자발적인 노력"이며, "어떤 신념이나 지식의 형태에 대하여 지지하는 근거와 가져올 결론에 비추어 적극적이고 지속적이며 주의 깊게 고찰하는 것"(Dewey, 1910: 185, 강호정, 2022: 49 재인용)으로 정의된다.

이러한 반성적 사고의 관점에서 블렌디드 러닝 기반 PBL의 수업 설계 및 실행 과정을 교사가 자신의 수업을 객관적으로 되돌아보는 행위가 반성적 성찰이다. 교사의 반성적 성찰은 수업 설계 및 실행 단계로 나누어서 살펴볼 수 있다.

교사는 블렌디드 러닝 기반 PBL 수업 설계 단계에서는 문제 선정의 적절성, 시나리오 구성의 구체성, 그리고 교수 · 학습과정안 설계, 평가 계획 및 산출물 계획, 수업환경 구성의 실재성에 대해서 성찰한다. 문제는 교육과정 및 학생들 삶의 문제와 관련성을 가진 비구조화된 문제를 타당하게 선정했는지에 대한 성찰이 필요하다. 또한 PBL 문제 시나리오 구성은 설정한 배경, 상황, 해결해야 할 과제, 제한점을 토대로 하여 구성했는지에 대한 성찰이 필요하다. 그리고 교수 · 학습과정안에는 수업 실행과 관련된 활동이 명시적으로 드러나 있는가? 평가 계획은 구체적인가? 산출물은 실제로 구성 가능한가? 블렌디드 수업환경을 학습의 효과를 높일 수 있는가? 등에 대한 반성적 성찰이 요구된다.

교사는 블렌디드 러닝 기반 PBL 수업 실행 단계에서는 문제 제시 및 문제 확인, 문제 해결을 위한 탐색 활동, 문제 해결안 도출 및 결과 보고서 작성과 발표, 평가와 기록을 중심으로 반성적 성찰을 한다. 문제 제시 및 문제 확인 과정에서는 학생들은 문제 시나리오 분석을 통해 문제 상황을 충분히 파악하고, 문제 해결의 실마리를 찾아갈 수 있도록 격려하였는지에 대해 살핀다. 문제 해결을 위한 탐색 활동 과정에서는 문제 해결을 위한 과제수행 계획은 적절하게 수립하였으며, 탐색 활동이 제대로 이루어지도록 격려하였는지에 대해 반성적으로 성찰한다. 그리고 문제 해결안은 합리적으로 도출되었는가? 보고서 작성과 발표는 잘 진행되었는가? 평가와 기록은 잘 이루어졌는가?에 대해서 객관적으로 성찰할 필요가 있다. 무엇보다 이들 전 과정을 통해서 학생들의 역량은 강화되었는지에 대해 성찰하고, 성찰의 결과를 토대로 교사 스스로가 다음의 수업을 설계하고 실행할 때에 더 나은 수업을 위한 성찰이 이루어졌는지에 대해 살핀다. 교사의 반성적 성찰은 학생들의 메타인지 역량 강화에 기여할 뿐만 아니라, 교사 스스로의 메타인지 역량 강화에 도움을 준다.

제3부

블렌디드 러닝 기반
PBL 수업 실천

제3부에서는 고등학교 국어, 영어, 수학, 사회, 과학, 미술 교과에서 진행된 블렌디드 러닝 기반 PBL 수업 실천 사례를 수업 설계, 실행, 성찰을 중심으로 정리하고자 한다. 수업 설계에서는 교육과정을 분석하여 PBL 문제 개발, 교수·학습과정안 설계, 블렌디드 환경 설계를 중심으로 살펴본다. 수업 실행에서는 PBL 수업 절차에 따라 학생 중심 활동 과정을 문제 제시 및 문제 확인, 문제 해결을 위한 탐색 활동, 문제 해결안 도출, 문제 해결안 발표, 평가 및 성찰을 중심으로 살펴보고자 한다. 수업 성찰에서는 블렌디드 러닝 기반 PBL 수업 후 학생들의 성장 역량을 살펴보고자 한다. 여기에 실린 수업 실천 사례는 온라인 수업과 오프라인 수업이 교대로 신행된 2021년 집중적으로 적용한 사례로, 오프라인 수업이 지속되고 있는 현재와 팬데믹이 종결된 이후의 상황에 적용하는 데에 한계가 다소 있을 수 있다. 그러한 경우에는 오프라인 수업을 중심으로 블렌디드 환경을 온라인으로 구성하여 수업을 진행할 수 있을 것이다.

제9장

고전소설, 롤플레잉 게임으로 부활하다-국어

비대면 수업에서 '다 같이 소설 읽기'를 꿈꾸다

문학 수업에서 소설 읽기 수업 설계는 특히 여러 고민거리를 안겨 준다. 교과서에 실렸다는 이유로 긴 글을 모두 함께 읽어 내려가는 것이 과연 교육적으로 도움이 될지부터가 고민이다. 물론 그 과정에서 꼼꼼하게 세부 내용을 짚어 갈 수 있겠으나, 과연 학습자들이 그 긴 시간 동안 제대로 몰입하며 읽는 것인지 확인하기도 어렵다. 특히, 비대면 수업에서 '다 같이 소설 읽기' 수업을 어떻게 진행하는 것이 좋을지 고민이 깊어졌다.

그렇지만 온라인 교육 환경을 활용한다면 학습자 간 동시다발적인 감상과 반응이 이루어질 수 있어 더욱 생기 있는 소설 수업이 될 가능성도 있다. 그렇게 되면 기존 소설 수업보다 시간도 단축되면서, 더욱 실감 나고 학습자 개인에게 더 길 맞는 수업을 할 수 있다. 또한 발표에 소극적이거나 수줍음이 많은 학생들의 반응까지 이끌어 낼 수도 있다. 어쩌면 기존의 교실 수업에서 시도하기 힘들었던 다양한 교육 활동이 가능해질지도 모른다.

Ⅰ 수업 설계

📝 교육과정 재구성

1. 단원: 8. 한국 문학의 빛깔[1]

2. 성취기준

> [10국05-03] 문학사의 흐름을 고려하여 대표적인 한국 문학 작품을 감상한다.
> [10국05-04] 문학의 수용과 생산 활동을 통해 다양한 사회 문화적 가치를 이해하고 평가한다.

3. 학습주제

소설은 서사 장르로서 게임과 상통하는 지점이 많다. 특히, 고전소설은 인물 심리 묘사보다는 스토리 전개 위주이기 때문에 현대소설에 비해 게임으로 변환하는 것도 수월한 편이다. 그러나 현대소설과 달리 독자와의 시대적 격차가 존재한다. 만일 고전소설을 이해하는 데 시대적 배경이나 문화적 맥락을 이해하는 것이 필수적이라면, 학습자들이 자발적으로 재미있게 이를 알게 하고, 적용해 보게 하는 방법은 없을까? 다음 학습주제는 이러한 질문을 통해 도출된 것이다.

학습주제 1	고전소설에 반영된 시대상을 탐구하기
학습주제 2	고전소설의 내용을 게임 시나리오로 구현하기

---

1) 박안수, 임송본, 안병만, 이낭희, 강정한, 강호영, 김중수, 신승은, 이규연, 이석중, 이성수, 이영발(2017). 고등학교 국어. 서울: 비상교육.

PBL 문제 개발

1. PBL 문제 시나리오 구성을 위한 아이디어

배경	• 비대면 교육 환경에서 긴 호흡의 소설을 다 같이 읽는 것의 어려움 발생 • 비대면 교육의 장기화로 인한 온라인 게임 중독 등 여러 문제 발생 • 고전소설에 대해 학습자들이 지속적으로 느끼는 거리감과 어려움
상황	• 비대면 상황에서도 소설을 흥미롭게 읽기 위한 대책 마련 필요 • 게임에 대한 평소 흥미와 지식 등을 활용할 기회 마련 • 고전의 현대적 변용 필요성
해결 과제	• 고전소설 「허생전」에서 주인공의 행위에 의문이 들었던 부분 고르기 • 해당 부분의 게임 시나리오 작성을 위한 세계관, 캐릭터, 아이템 수립하기 • 수립한 세계관, 캐릭터, 아이템을 바탕으로 게임 시나리오 제작하기
제한점	• 학습자에게 작품 전체를 게임 시나리오로 제작하라고 하기에는 어려움이 있음. 따라서 줄거리의 각 부분별 선호도를 바탕으로 모둠을 구성하여, 맡은 부분에 한정된 시놉시스 일부를 작성하게 함. • 학습 부담이 클 것을 우려하여 실제 게임 제작으로 유도하지 않음.

2. PBL 문제 시나리오 구성하기

　PBL 문제가 가진 특징 중 하나는 우리가 살아가는 사회 문제의 해결과 관련된다는 것이다. 그렇다면 '고전소설을 게임으로 구상하는 것'에는 어떠한 사회적 의의가 있을까? 만일 현대의 학습자들에게 다소 어렵고 거리감이 느껴지는 고전소설을 학습자 입장에서 좀 더 친숙하게 접할 수 있게 하는 교육용 게임을 제작하는 것이라면 사회적 의의를 가질 수 있다. 학습자 자신이 구상한 게임이 만일 실행으로까지 이어진다면, 이는 교육적 차원뿐 아니라 바람직한 청소년 게임 문화, 여가 선용 문화 정착 차원에서도 바람직한 영향을 줄 가능성이 있다. 이러한 내용들을 다음과 같이 PBL 시나리오로서 비구조화된 문제로 표현했다.

PBL 문제

고전소설을 바탕으로 한 교육용 게임 시나리오를 어떻게 제작할 수 있을까?

♣ 고전소설을 바탕으로 한 교육용 게임 시나리오 공모전 개최 안내 ♣

대한민국 고등학생 여러분 안녕하십니까?

저희 고전소설교육연구회에서는 한국 고전소설이 청소년에게 더욱 친숙하게, 더욱 깊이 있게 다가갈 방법의 일환으로, 한국 고전소설을 바탕으로 한 교육용 게임 시나리오 공모전을 개최하고자 합니다. 청소년들에게 친숙한 게임을 통해 우리 고전소설을 더욱 흥미롭게 감상하며, 고전소설의 이해와 감상을 더욱 깊이 있게 하도록 하는 것이 주된 목적입니다. 이러한 게임은 최근 폭력적이고 파괴적인 게임으로 인해 상실되어 가는 청소년들의 사고력과 감성을 바로잡는 하나의 대안이 될 것으로도 기대합니다.

▶ 대회 요강
• 일반에 공개되지 않은 순수 창작물로 한국 고전소설 내용의 일부를 바탕으로 한 시나리오
• 롤플레잉 게임(RPG)을 구성할 수 있는 시나리오
• 시나리오 구성 요소와 배점

구성 요소	배점
1. 배경 스토리(세계관: 배경, 시대)	30
2. 게임의 목적	10
3. 주요 캐릭터 소개	20
4. 스토리텔링(10개 이상의 Scene 구성 및 대사)	30
5. 아이템 설정(무기, 방어구, 회복계, 몬스터 등)	10
총점	100

• 소설의 시대적 · 공간적 배경을 통해 소설을 깊이 있게 이해하며 상상력, 주의력, 논리력 등 종합적 사고 능력과 입체적 인지 능력의 향상을 돕는 교육적 목적을 가질 것

구체적인 형식과 제출 방법 관련 내용은 첨부하겠습니다. 5월 15일까지 공모해 주시고 좋은 작품을 제출해 주시기 바랍니다.

2022. ○. ○.
고전소설교육연구회장 드림

PBL 교수 · 학습과정안 설계

1. 블렌디드 러닝을 활용한 수업 흐름

개념학습	문제 제시 및 확인	문제 해결 및 탐색 활동	문제 해결안 도출	발표 및 성찰
소설 내용 복습, 게임 시나리오 형식 이해	문제 시나리오 제시 모둠 구성 및 역할 분담	문제 해결을 위한 자료 수집 및 재구성 (세계관, 캐릭터, 아이템)	게임 시나리오 작성	발표 및 모둠 평가일지 작성
강의 및 발표	강의 및 모둠별 활동 (패들렛, 잼보드)	모둠별 활동 (카카오톡, 줌, 디스코드 등)	모둠별 활동 (카카오톡, 줌, 디스코드 등)	강의 및 발표
온/오프라인	온/오프라인	온/오프라인	온/오프라인	온/오프라인

2. 블렌디드 러닝 기반 PBL 수업 실행 과정 개요

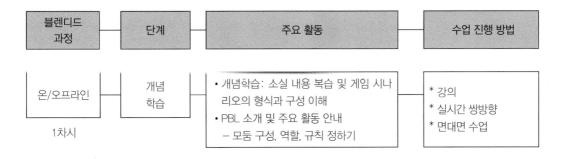

블렌디드 과정	단계	주요 활동	수업 진행 방법
온/오프라인 1차시	개념 학습	• 개념학습: 소설 내용 복습 및 게임 시나리오의 형식과 구성 이해 • PBL 소개 및 주요 활동 안내 – 모둠 구성, 역할, 규칙 정하기	* 강의 * 실시간 쌍방향 * 면대면 수업

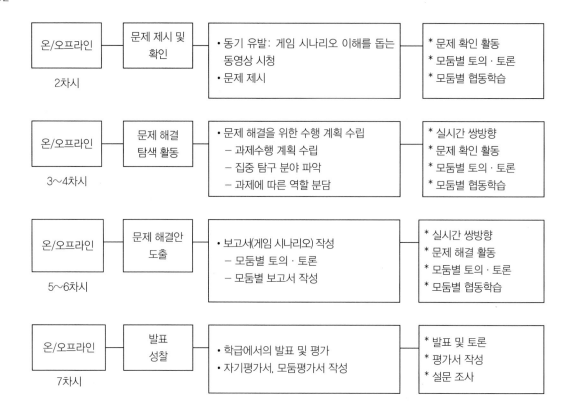

3. 교수 · 학습과정안 개요

문제	「허생전」을 게임 시나리오로 어떻게 구성할까?			총 7차시	
학습목표	1. 고전소설을 읽고 감상을 심화하기 위한 의문을 제기할 수 있다. 2. 의문을 해결하기 위해 체계적으로 자료를 수집할 수 있다. 3. 수집한 자료를 게임 시나리오 형식에 맞게 재구성할 수 있다.				
성취기준	[10국05-03], [10국05-04]				
핵심 역량	비판적 · 창의적 사고 역량	✓	자료 · 정보 활용 역량		✓
	의사소통 역량	✓	공동체 · 대인관계 역량		✓
	문화 향유 역량	✓	자기 성찰 · 계발 역량		✓

단계	문제 해결 활동 내용
개념 학습	• 소설 내용 복습, 소설 감상 과정에서 제기한 의문 정리 • 게임 시나리오의 특성과 대략적 구성 소개 • PBL의 전반적인 진행 소개 및 모둠 구성, 역할, 규칙 정하기
문제 제시	• 동기 유발: 게임 시나리오에 대한 소개 동영상 • 문제 상황: 게임 시나리오 공모 요강 제시 • 문제 파악: 문제 시나리오의 내용과 해결 과제 파악 및 역할 이해
문제 확인	• 생각: 게임 시나리오 작성에 필요한 작품 외적 정보 수집 방법, 다양한 아이디어들 • 사실: 문제 게임 시나리오 작성에 필요한 작품 외적 정보, 학습자가 이미 알고 있는 사실 • 학습 과제: 문제 해결을 위해 수집해야 할 정보의 종류 선정 • 수행 과제: 문제 해결을 위해 학습자가 해야 할 일 또는 실천 계획 수립
문제 해결 탐색 활동	• 개별 과제 수행: 온라인 및 오프라인 수업 시간을 활용해서 모둠 내에서 분담한 개별 과제를 수행하면서 문제 해결에 필요한 정보와 자료를 탐색하여 정보 공유
문제 해결안 도출 및 보고서 작성	• 모둠별 토의·토론: 개별 수행 과제를 통합 및 모둠별 토의·토론을 통해서 게임 시나리오 구성에 필요한 정보를 정리 및 보완하여 시나리오 형식으로 보고서 작성 후 제출하기
발표 및 평가	• 공모전을 위한 시나리오 형식의 보고서 제출 후 각 반에서 발표 진행 • 게임 시나리오 작성 과정에 대한 자신과 모둠의 참여 및 태도에 대해서 평가하기

4. 학생 검토위원을 활용한 수업 및 평가 계획 수립

'게임 시나리오 작성하기'는 교육 활동과 수업 연구를 주로 하는 교사들에게는 다소 낯선 활동이다. 그러나 지금의 10대 학습자들에게는 마냥 낯선 활동만은 아닐 것이다. 게임을 직접 만들어 보는 것은 쉽지 않겠지만, 여러 경험을 토대로 '이런 게임이 있으면 좋겠다'는 상상은 얼마든지 가능하기 때문이다. 따라서 게임에 익숙한 학습자들을 수업의 설계자로 직접 끌어들이고, 그들의 의견을 적극적으로 반영하여 수업을 설계한다면 학습자들에게 훨씬 와 닿는 수업을 계획할 수 있다.

실제로 필자는 학습자들을 대상으로 게임 시나리오 수업 계획에 대한 사전 '온라인 검토위원'을 모집하였고, 지원한 다섯 명의 학생들에게 '평가 계획'과 '학생용 도움 자료(학습지)' 내용을 검토해 줄 것을 요청했다. 검토위원들에게 다음과 같은 내용으로 '게임 시나리오 수업 및 평가 계획서' 검토를 부탁했다.

〈검토할 때 눈여겨 볼 부분〉

1. 이 수업의 의도나 최종 도달 목표가 학생 입장에서 이해가 되는가?
2. 수준이나 분량이 적절한가? 부분적으로 빼야 할 내용, 이해가 안 되는 내용, 보충 설명이 필요한 내용은 무엇인가?
3. 「허생전」의 배운 내용에서 학생인 내가 이 활동에 참여한다면 어느 정도까지 할 수 있을지 영감이 떠오르는가?
4. 모둠 수업이 과연 적절하며, 만일 적절하다면 모둠별 인원수, 작성 기간, 분량은 어느 정도로 하는 것이 적절할까?(지금 한 반당 3~4개 모둠으로 구성하려고 함. 기간은 일주일, 분량은 5쪽 내외)
5. 이 활동을 하기 위해 학생들에게 동기 부여가 될 만한, 추가적 보상이 어느 정도가 적당할까?(한 반에서 가장 우수한 모둠은 1인당 매점 이용권 증정, 1등 외의 모둠은 가장 수고한 모둠원을 한 명 뽑아 매점 이용권 증정)
6. 그 밖에 학생 입장에서 진심으로 조언해 주고 싶은 부분 자유롭게 조언

다음은 학생들과 온라인 메신저로 관련 내용을 토의한 것이다.

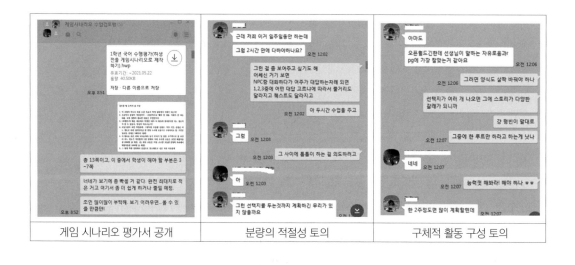

| 게임 시나리오 평가서 공개 | 분량의 적절성 토의 | 구체적 활동 구성 토의 |

검토위원들은 우선 고전소설을 게임 시나리오로 제작하는 활동이 참신한 과정중심 평가인 것 같다는 긍정적인 반응을 보여 주었다. 롤플레잉 게임은 캐릭터가 퀘스트를 달성하기 위해, 스토리 진행의 분기점에서 발생한 여러 스토리 중 하나의 스토리를 선택하고, 선택한 스토리를 캐릭터의 입장에서 전개해 나가는 방식으로, 일종의 다변수 서사라 할 수 있다. 학습자들에게 스토리 진행의 분기점에서 발생한 여러 가지 스토리 내용을 모두 작성하게끔 할 생각이었으나, 정해진 수업 시간에 비해 학습자들이 생산해야 할 분량이 많을 것 같다는 검토위원들의 지적이 있었다. 따라서 스토리 진행의 분기점이 마련되면, 이후 모둠 토의를 통해 한 개의 서사만 골라서 그에 해당하는 시나리오를 작성하게끔 활동 계획의 분량을 조정했다. 게임 시나리오 관련 배경지식 학습지의 분량 역시 불필요한 부분 등을 축소할 수 있도록 도와주었다. 그리고 '게임 시나리오 예시 자료'의 형태 역시 전지에 신(Scene)마다 진행되는 이야기를 짤막짤막하게 만들어서 카드 형태로 전지에 붙여 보여 주며 설명하라고 조언해 주었는데, 이를 실제로 행한 결과 학습자들이 게임 시나리오 작성을 효과적으로 이해하는 모습을 보여 이 조언 역시 큰 도움이 되었다.

평가 계획 및 산출물

차시	단계	주요 산출물	필수 평가 항목	기대 역량
1차시	문제 제시	활동 1 시나리오 이해	문제 이해의 정확성	비판적·창의적 사고 역량
2차시	문제 확인	활동 2 게임 시나리오 작성 과제수행 계획서	고전소설 시대상 탐구 과제수행 계획의 적절성	비판적·창의적 사고 역량 공동체·대인관계 역량 의사소통 역량 문화 향유 역량 자료·정보 활용 역량
3~4차시	문제 해결 탐색 활동	활동 3 개별 과제수행 결과 정리	과제수행 내용의 정확성과 충실성	
5~6차시	문제 해결안 도출	활동 4 게임 시나리오 형식 결과 보고서	보고서 내용의 적합성과 충실성	
7차시	발표 및 평가	활동 5 보고서 발표	발표의 전달력 의미 표현의 구체성	의사소통 역량 자기 성찰·계발 역량

📝 블렌디드 환경 설계

이 수업에서 주로 활용할 수 있는 온라인 학습관리 시스템은 Google Workspace이다. 구글 클래스룸에서 활용한 도구는 구글 프레젠테이션, 패들렛, 잼보드 등이 있다. 이러한 도구들은 온라인 환경에서 협업 등을 가능하게 하며, 무엇보다도 비교적 널리 알려져 있는 편이라 학습자들에게 별도의 사용법을 교육하지 않아도 손쉽게 사용할 수 있다는 장점이 있다.

이외에도 학습자들이 수업 시간 외의 별도의 시간에 추가적으로 다양한 메신저 프로그램을 활용하여 모둠 활동을 진행할 수 있다. 따라서 교사는 다양한 가능성을 염두에 두고, 학습자들에게 가장 편한 방식으로 모둠 활동 및 개별 과제수행 활동을 진행하라고 독려할 필요가 있다. 그러한 과정에서 교사가 생각하지 못한 독창적이고 생산적인 방식들이 산출될 수 있기 때문이다.

〈표 9-1〉 활용 에듀테크

플랫폼 및 애플리케이션	용도
구글 클래스룸	• 전체 수업관리(자료 공유, 학습관리)
패들렛, 잼보드	• 1~2차시 수업 −소설 내용 정리 −관련 질의응답 및 토론 진행
카카오톡, 디스코드, 줌	• 3~6차시 수업 및 수업 외 모둠 활동 −게임 시나리오 작성을 위한 모둠 토의 −게임 시나리오 작성 개별 활동
구글 프레젠테이션	• 모둠 보고서 작성 및 발표

게임 시나리오 활동은 우선 대면 수업에서 같은 모둠에 소속된 모둠원들끼리의 의견 교환 과정이 필요하다. 계획된 대면 수업에서 의견을 교환할 수 있는 시간을 많이 확보하였으므로, 필수적으로 온라인 교육 플랫폼을 활용할 것을 권할 필요는 없었다. 그럼에도 실제 완성까지 이르기에는 확보된 대면 수업 시간이 부족하다는

모둠이 많았다. 이에 수업 이후의 시간에 온라인 플랫폼을 활용하여 모둠 활동을 하는 것은 학습자들의 자율에 맡겼다. 수업이 끝난 후 조사해 본 결과, 대체로 학습자들은 실시간 화상회의 앱인 '줌(zoom)'이나 '카카오톡 그룹 채팅', 음성 지원이 되는 게임 메신저인 '디스코드' 등을 활용하여 모둠원들과 소통한 것으로 확인됐다. 다음은 카카오톡, 디스코드 등으로 모둠원들 간에 소통한 사례이다.

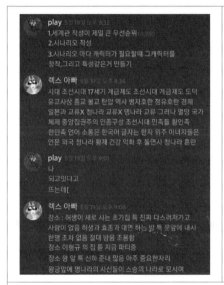

온라인 메신저를 활용한 자율적 모둠 토의(디스코드, 카카오톡)

온라인 환경에서의 모둠 활동 및 모둠 토의는 자칫 모둠과제의 가장 큰 단점인 무임승차 현상, 즉 모둠 내 특정 학생만이 활동하고 나머지 학생들은 묻어 가는 현상이 발생할 가능성이 높다. 또한 역할 분담이 균등하지 않을 경우, 모둠원들 간에 갈등이 발생할 소지도 충분하다. 따라서 수업 시간 외의 모둠 활동이 불가피하게 수행될 경우 교사는 이에 관한 지도나 사전 주의 사항 안내 등이 별도로 필요하다.

실제로 수업 후 몇몇 학습자들이 자발적으로 보내준 모둠 토의 메신서 내용을 살펴보면, 몇몇 모둠에서 역할 조정이나 무임승차 등으로 인한 갈등 상황이 있었음을 종종 발견할 수 있었다. 그러나 더 큰 갈등으로 번지기 전 다른 모둠원이 중재하거나, 한 편이 양보하여 모둠 활동을 무리 없이 진행하려 노력한 모습 또한 보였다. 이러한 과정 역시 동료와의 협업을 통해 과제를 성공적으로 수행한 경우이므로 학습자들의 성장이 관찰되는 부분이다. 따라서 모든 활동이 끝난 후 교사는 자기평가와 동료평가를 실시하여 온라인에서의 소통 과정을 포함한 모둠 활동의 전체 과정에서 모둠원들 간 갈등이나 부당한 폭력이 일어났는지를 면밀히 조사하거나 살필 필요가 있다. 또한 갈등의 중재나 협업을 이끌어 내려는 노력 차원에서 우수 모둠원으로 뽑힌 학습자들에게는 적절히 보상하거나, 과목별 세부 능력 및 특기 사항에도 그 구체적 역할과 수행의 결과 등을 기록하는 것도 좋다고 본다.

II 수업 실행

개념학습

1. 소설 내용의 복습과 정리

소설을 내실 있는 게임 시나리오로 제작하는 활동을 하기 위해, 우선 전체 소설 내용의 철저한 이해를 목표로 한 수업을 진행할 필요가 있다. 학습자들이 소설의 일부만을 게임 시나리오로 제작하더라도, 소설 전체 내용을 깊이 있게 학습하고 자기 나름의 반응을 생성해 내는 것이 필요하다. 물론 이후에 진행할 게임 시나리오 제작 활동을 염두에 두고 소설의 이해와 감상 수업을 진행해야 한다. 이를 위해 수업의 진행 과정에서 학습자들이 소설 내용 중 특별히 관심이 가거나 의문이 드는 것을 기록하게 하는 것이 좋다. 특별히 관심이 가거나 의문 나는 지점을 찾게 하면, 이것이 바탕이 되어 자기만의 개성적 생각과 상상이 담긴 시나리오 탄생을 유도할 수 있기 때문이다.

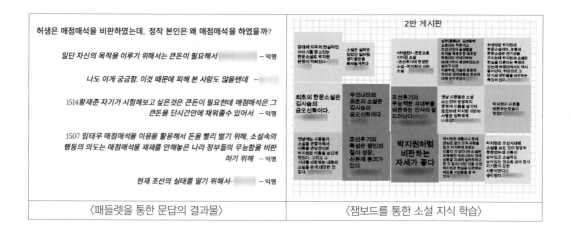

| 〈패들렛을 통한 문답의 결과물〉 | 〈잼보드를 통한 소설 지식 학습〉 |

위 내용은 비대면 수업을 통한 소설 내용 학습과정에서 생성한 학습자들의 반응 결과물이다. 비대면 수업을 실시했던 1차시에는 「허생전」을 이해하기 위한 배경지식, 작가 박지원과 작품 탄생의 시대적 특성 등을 동영상 강의로 제작하여 구글 클래스룸에 탑재했다. 학습자들은 이 수업을 시청한 후 출석 확인용 과제로 잼보드에 기억에 남는 학습내용을 기록하도록 안내하였으며, 그 주의 2차시가 시작될 때, 학습자들이 잼보드에 생성한 모든 기록을 종합하여 봄으로써 몇몇 오개념을 수정하고 학습내용을 다시금 떠올리게 했다. 실시간 화상회의 앱에서 함께 혹은 따로 소설을 읽으며 소설 내용에 대한 의문점이나 친구들과 공유하고 싶은 생각 등을 패들렛에 업로드하고, 친구가 작성한 질문에 답변을 달게끔 하는 수업을 진행했다.

한 질문에 대해 발표된 답이 여러 개일 경우 최초 질문자에게 자신이 생각하는 적절한 평가기준을 바탕으로 가장 적절한 답을 선정하게 했다. 또한 질문 유형에 '수렴적 질문'과 '확산적 질문'이 있음을 설명해 주면서, 다양한 대답을 유도하는 확산적 질문 생성을 좀 더 장려했다. 그 결과 수업 중 다양한 유형의 질문과 그에 따른 다양한 답이 도출되어 학습자들이 수업내용에 더욱 몰입하는 모습을 보여 주었다.

2. 게임 시나리오 제작에 필요한 배경지식 학습

이제 소설 내용 이해 수업을 한 후 게임 시나리오 수업을 본격적으로 할 차례이다. 수업 진행을 위해 사전 준비가 필요하다. 우선 수업내용과 평가기준 등의 적절성을 판단해야 한다. 그리고 '게임'은 익숙하나 '게임 시나리오'에 대해서는 낯설어할 학습자들을 위해 사전 배경지식을 제공할 학습 자료도 만들어야 한다. 이 수업을 실제로 진행하기 위해 앞서 언급한 바와 같이, 사전에 학생 검토위원들의 도움을 받아 수업내용과 평가 기준 등의 적절성을 의논하여 내용을 확정했다. 그리고 실제 수업에서 게임 시나리오 작성을 위한 배경지식과 PBL 시나리오, 평가기준 등을 공개하고 설명했다.

우선 게임 시나리오와 관련된 여러 책의 내용을 활용하여 수업에 필요한 적정 내용들을 정리하였다. 이 수업을 위해 학습자들에게 제공할 '학생용 도움 자료(학습지)'의 주요 목차를 '1. 게임 시나리오란? / 2. 게임의 장르별 특징 / 3. 세계관 / 4. 캐릭터 / 5. 아이템 / 6. 스토리텔링 순서'로 구성했다. 이렇게 구성한 후 실제로 수업을 진행할 대상인 학습자들에게 이 자료가 적절한지 확인할 필요가 있었다. 이 과정에서 학생 검토위원들의 활약이 컸다. 원래 '2. 게임의 장르별 특징'에서는 본래 각 장르별 설명 내용과 예시를 포함하고 있었으나, 실제 수업에 적용할 '롤플레잉 게임' 관련 설명만 있으면 되겠다는 학생 검토위원들의 조언에 따라 내용을 대폭 축소했다. 또한 '3. 게임의 세계관'과 '5. 게임의 아이템' 관련 내용은 복잡하고 어려우므로, 예시를 보여 주며 설명하는 것이 낫겠다는 의견이 있어 예시로 설명을 대체했다. 이외의 내용도 어렵고 복잡하다는 의견을 반영하여 내용을 요약하거나 쉬운 말로 바꾸어 소개했다. 학생 검토위원들의 조언에 따라 학습 자료를 확정하고 나니 수업에 대해 더욱 자신감과 확신을 가질 수 있었다.

도움 자료를 바탕으로 첫 시간에 설명할 때 특히 롤플레잉 게임에 대한 집중적인 설명이 필요하다. 본 수업에서는 대표적인 롤플레잉 게임 중 하나인 '어쎄신 크리드(Assassin's Creed)'를 예로 들어 설명했다. 실제 게임 플레이가 요약된 동영상 자료와 게임 장면의 캡처본을 활용하여 롤플레잉 게임의 주요 특징인 인물과 퀘스트, 퀘스트의 선택에 따라 분기되는 스토리의 특성을 설명했다. 학생들은 대체로 교사보다 게임 지식과 경험이 월등하기에 교사가 전달하려는 내용을 쉽게 이해하는 편이었다.

이후 사전 검토위원들의 조언을 상기하여 예시를 보여 주며 세계관과 캐릭터를 집중적으로 설명하였으며, 마지막으로 게임 시나리오 예시 작품을 다음과 같이 소개했다.

게임의 목적, 세계관	Scene 작성

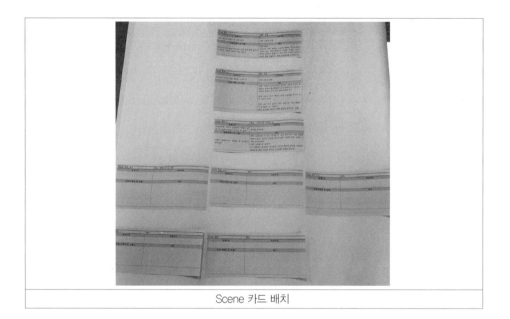

Scene 카드 배치

　게임 시나리오의 실제적 작성을 위해 예시 자료를 보여 주는 것 또한 필요하다. 시중에 나온 여러 책들에 예시 자료가 있어 이를 활용하거나, 이를 참고 후 수정·보완하여 학생들에게 보여 줄 예시 자료를 교사가 직접 작성할 수 있다. 특히, '세계관, 아이템'의 경우는 개념적인 설명보다 직접 작성한 예시 작품을 통해 설명하는 것이 훨씬 이해가 빨랐다. 예시를 직접 작성하는 것에 많은 어려움이 따랐으나, 이후 학습자들이 결과물을 작성해 낼 때 가장 많이 참고한 것 또한 예시 작품이어서 그 중요성을 확인할 수 있었다.

　학습자들은 게임의 세계관, 캐릭터 구성을 거쳐 구체적인 신(Scene) 작성에 들어가야 한다. 이때 각각의 Scene을 단위화하여 위 예시 및 사진과 같이 카드로 만들고 이를 배치하여 롤플레잉 게임의 가장 큰 특징인 다변수 서사의 흐름을 한눈에 보여 주는 것이 좋겠다는 검토위원들의 의견이 있었다. 이를 적극적으로 반영하여 Scene 카드를 직접 전지에 배치하고 수업마다 이를 지참하여 보여 주었다. 그 결과 학습자들은 다변수 서사의 구조와 흐름을 한눈에 이해했고, 교사 역시 설명하기에 한결 수월했다.

📝 문제 확인 및 자료 수집

1. PBL 문제 제시

수업 설계 시 제작한 문제 시나리오인 '고전소설을 바탕으로 한 교육용 게임 시나리오 공모전 응모하기'를 학생들에게 제시했다. 학습자들이 문제를 확인한 후 관심 분야가 같은 학생들을 바탕으로 모둠을 구성하도록 안내했다.

2. 모둠 구성 및 역할 분담하기

소설을 학습하고 감상하면서 흥미나 관심을 가졌던 부분은 개개인이 다를 것이다. 특히, 소설 작품 전체를 게임 시나리오로 바꾸는 것은 방대한 작업이며 부담이 크다. 따라서 소설 작품 중 일부를 시나리오로 바꾸게 했으며, 개인과제보다 모둠 과제로 진행하는 것이 적절하다고 판단하여 그렇게 진행했다.

시나리오 계획과 작성 활동에 적절한 모둠 인원은 3~4명이다. 학급당 인원수는 학교 사정마다 다르겠으나, 평균 20명이라 할 때 4~5개의 모둠이 생성될 것이다. 소설 전체는 주인공의 주요 활약을 중심으로 나누고, 해당 부분에 관심 있는 학습자들을 모집한다. 이후 이렇게 모인 학습자들끼리 다시 모둠을 구성하게 한다.

본 수업에서 학습한 「허생전」의 경우 소설 초반부인 허생이 변 씨에게 돈을 빌리고 매점매석을 통해 부를 증식하는 부분, 무인공도를 찾아가 군도들과 함께 이상사회를 건설하는 부분, 이완대장과 설왕설래하며 세상을 경륜하는 것에 대한 자신의 사상을 펼치는 부분 등의 세 부분으로 소설 전체 내용을 나눈 후, 학생들에게 개인적으로 더 흥미롭게 느껴지는 주제를 선택하게 하여 각각의 주제에 대해 희망하는 학생들을 모집하였다. 이렇게 모인 학생들을 중심으로 모둠이 구성될 수 있도록 안내했다.

다음과 같이 「허생전」의 작품 전체를 관통하는 대주제와 소주제를 설정하였으며, 각 소주제에 맞게 해결해야 할 문제와 결과물의 내용, 알아야 할 지식을 구분하여 제시했다. 그리고 세 개의 소주제별로 모둠을 구성한 후 역할분담 표 작성을 다음과 같이 할 수 있도록 안내했다.

※ 「허생전」의 대주제와 소주제 소개

대주제	허생은 어떻게 자신에게 주어진 문제를 해결해 나갔을까?

	해결해야 할 문제	결과물 포함 내용(예)	필요한 지식
[소주제 1] 허생이 변 씨의 집을 찾아가 돈을 빌리고, 과일, 말총으로 많은 돈을 벌다.	1. 허생은 변 씨의 집을 어떻게 찾아갔나? 2. 허생이 돈을 벌 때 해결해야 했던 세부 문제들은 무엇이며, 어떻게 그것을 해결했나?	• 집을 나와 변 씨 집을 찾아가기까지 백성들과 나눈 대화 • 돈을 벌 때 도움 받은 여러 인물들과 나눈 대화, 퀘스트	당시 서울의 지리(묵적골, 운종가의 위치), 조선의 구체적인 경제 상황이나 물가, 유통구조 등
[소주제 2] 허생이 군도들과 빈 섬에 가서 이상사회를 구축하다.	1. 허생이 군도들과 빈 섬에 갈 때 배 안에서 부딪친 문제들은 무엇인가? 2. 허생이 빈 섬에서 이상사회를 구축할 때 구체적으로 어떤 과정을 거쳤나?	• 군도들과 배 안에서 나눈 대화, 갈등 상황과 해결 과정 • 빈 섬에 마을을 구축할 때 겪은 어려움과 해결 과정	당시 조선 백성의 생활상, 조선 주변에 빈 섬의 모델이 될 만한 장소, '섬'이 가진 지리적 특성
[소주제 3] 허생이 조정에 출사하고, 조선을 부강하게 만들다.	1. 허생이 조정에 출사하기까지 어려움은 무엇이며, 이를 어떻게 해결했을까? 2. 허생이 신하가 되어 펼친 정책들과 그 결과는 무엇일까?	「허생전」의 위기, 절정, 결말 부분을 변형하거나 결말 이후 부분을 새롭게 바꾼 내용을 바탕으로 한 시나리오	당시 조선에서 벼슬을 하기 위해 거쳐야 하는 과정, 효종 시대에 조선의 정치 상황, 조선의 외교 상황 등

※ 참고 사항

• 「허생전」의 일부분을 게임 시나리오로 작성해야 합니다.

• 롤플레잉 게임 장르의 일종으로 작성하도록 합니다.

• 소주제 1~3 이외의 다른 내용을 채택하여 작성해도 됩니다.

• 소주제 1~3 중에서 채택했다고 하더라도 해결해야 할 문제나 결과물의 내용을 일부 바꾸어도 됩니다.

※ 역할분담 표

우리 모둠의 주제:

역할	학번, 이름	공동 책임자, 기타 참고 사항
1. 게임 목적 서술 총 책임		
2. 세계관 서술 총 책임		
3. 캐릭터 서술 총 책임		
4. Scene 작성 책임 *Scene 장면 번호별, 혹은 Scene 구성 요소별로 책임자 나누기		

📝 문제 해결 자료 수집

1. 모둠 활동—게임의 목적, 캐릭터, 세계관 구성하기

모둠 편성과 모둠 내에서 각자가 맡은 역할이 확정되면, 게임의 목적, 캐릭터, 세계관을 구성해야 한다. 이를 바탕으로 구체적인 신(Scene) 작성이 이루어질 수 있기 때문이다.

게임의 목적은 이 게임이 교육용인지 단순한 오락용인지, 어떠한 연령대와 취미를 가진 사람을 대상으로 하는지 등을 적게 했다. 그렇게 좁혀질 때 게임의 전체적인 콘셉트나 흐름이 잡힐 것이기 때문이다.

세계관 작성은 특히 공을 들여야 하는 부분이기도 하다. 고전소설이기에 그 시대와 공간에 대한 이해가 필수적이기 때문이다. 「허생전」의 경우, 기본적 설정인 조선 후기를 크게 벗어나지 않는 한에서 여러 창의적 아이디어들을 허용했다. 세계관은 시간적 배경과 공간적 배경으로 나누었는데, 시간적 배경의 필수 항목은 시대, 계급 제도, 도덕, 종교, 역사, 경제로 설정했으나 공간적 배경의 필수 항목은 따로 설정하지 않았다. 그 이유는 소설의 부분에 따라 공간의 성격이 매우 달랐기 때문이다. 「허생전」의 초반부는 서울과 안성 등 국내의 일부이고, 중반부는 무인공도이며, 후반부는 허생의 집이다. 부분별로 공간적 배경의 성격이 상이할 뿐 아니라, 이야기의 전개에 따라 장소는 새롭게 달라질 수 있는 부분이기도 하기 때문이다. 또한, 고전소설의 이해에 더 필수적인 부분이 시간적 배경이기도 하므로, 상대적으로 공간적 배경에 대해 허용성과 창의적 발상의 가능성을 부여하기 위해서이기도 하다.

이 과정에서 학습자들은 자신들이 만들어 갈 이야기의 큰 흐름을 먼저 잡은 후 그 이야기가 펼쳐질 배경이 될 세계관을 상상해 나갈 것이다. 실제 수업에서 세계관 구축이 가장 중요한 작업임을 여러 차례 강조했고, 학습자들 또한 가장 많이 고민하며 질문했던 부분이기도 하다. 타임 슬립의 콘셉트로 다소 특이한 설정을 보이는 모둠도 있었으나, 시간적 배경은 대체로 조선 후기에 고정되었다. 주인공 허생의 고민과 갈등이 이야기의 시작이자 전개의 주요한 원인이고, 또 이는 대체로 그 당시의 시대가 가진 고민, 즉 시대적 특성에 기인하기 때문이다. 시간적 배경의 하위 항목과 관련된 내용들을 작성하는 과정에서 학습자들은 인터넷 등을 활용하여 자료 조사를 해야 했다.

캐릭터의 경우 롤플레잉 게임이 진행되기 위한 최소 인원수는 주인공 포함 3명으로 예상했다. 보통 '주인공, 적대자, 조력자'의 구도를 생각했을 때의 인원수이다. 물론 이 최소 인원수는 어떤 작품을 기반으로 하느냐에 따라 다를 것이다. 「허생전」의 게임 시나리오 구축 활동 수업 또한 작성해야 할 캐릭터의 최소 인원수를 3명으로 잡았으나, 실제 그 이상의 인원수로 구상하였던 모둠이 대다수였다. 캐릭터 구축의 경우는 학습자들이 세계관 구축보다 한결 쉽게 생각했으며, 본인들이 즐겨 하는 게임의 캐릭터를 그대로 가져오거나 그것을 일부 변형하여 작성하기도 했다.

이렇게 설정된 세계관과 캐릭터는 소설 구성의 3요소인 배경과 인물에 각각 대응된다. 이러한 탄탄한 설정을 바탕으로 캐릭터가 세계 속에서 움직이면 사건이 될 것이고, 사건들이 여럿이 어떠한 인과적 시간적 순서대로 모이게 되면 게임의 시나리오가 완성될 것이라 예상했다. 학습자들에게도 이렇게 설정한 세계관과 캐릭터를 바탕으로 이후 Scene을 작성하도록 안내 후 지도했으며, 평가 시 그러한 요소 간 인과성이나 논리성을 중요하게 보겠다고 예고했다.

3. 세계관: 시간적 배경과 공간적 배경 ─ 총 배점 30점
3.1. 시간적 배경 리스트: 상위 필수 5항목 포함 2~3항목을 자유롭게 추가하여 작성하도록 합니다.
(작성자: ▒▒▒)

항목		세부사항	비고
필수 항목	시대	17세기 조선 효종 집권 시기	병자호란 이후
	계급제도	자신도 장사를 했던 주제에 상인을 장사치라면서 자신은 선비라고 주장해 아직 조선시대의 "사농공상"이라는 전통적 계급	신분 사회를 벗어나지 못함
	도덕	유교 및 장유유서, 오륜, "허례허식" :이완과 허생의 대화를 통해 허례허식에 물들어 있고 보수적인 양반들의 비판함	인간으로서 지켜야할 다섯가지 도리 군신군의, 부자유친, 부부유별 등 공자의 가르침
	종교	불교	인과를 가르치는 종교로서 가르침이자 진리를 깨달아 부처가 될 것을 가르침
	역사	무능한 신진 사대부가 대의 명분만 내세우며 실천은 하지않고 북벌론을 주장한 시기	-
	경제	조선 지배층이 부와 권력을 독점함과 동시에 조선 전체적인 경제가 취약함	매점매석 등의 방법으로 나라를 좌우할 수 있었음
선택 항목	매점매석	과일, 망건 등 예절, 법식 등을 겉으로만 꾸미는 양반들의 허례허식을 파악	-

3.2. 공간적 배경 리스트: 필수 항목 따로 없음. 적어도 10개 항목 이상을 작성하도록 합니다.
(작성자: ▒▒▒▒)

항목	세부사항	비고
로비	<게임시작> 포탈을 통해 캐릭터 선택지로 이동	게임의 시작점
캐릭터 선택장	여러 캐릭터를 선택할 수 있는 공간	캐릭터 선택 가능
허생의 집 (실내)	허생과 허생의 아내와의 스토리를 진행	사건의 발단
허생의 집 앞 (실외)	3개의 선택지(갈림길) 존재 각 선택지 마다의 내용이 있음	허생의 내적 갈등
마을	변씨네 집이 있는 마을 변씨와 만나 돈을 빌리는 공간	만냥 획득
상점	상점의 모든 물건을 사들이고 양반들에게 더 큰돈을 받고 팔아 큰돈을 범	매점매석
엔딩	스토리의 마무리 부분을 표현 게임의 마지막 장면	크레딧

세계관 작성 학습자 결과물

4. 주요 캐릭터(PC, NPC) 설정 형식: 인물은 3명 이상을 등장시킬 것 – 총 배점 30점

(표 1 작성자: ▨▨▨)

이름:허생남편 (허각)	나이: 20		직업: 나무꾼	유형: NPC
외모	하얀 백빛 온순한 표정은 그의 순수함을 나타낸다. 단정한 하얀색의 회색의 조합의 옷은 그의 단정하고 착한 품성을 나타낸다.			
성격 및 특징	바보같음, 사람한테 잘 속음, 부지런함			
동기	좋아하는 여자랑 결혼하였다.			
주된 행동	허생과 오순도순 평화롭게 지내다가 이대장에게 죽음을 당함			
최종 목표	허생과 질 실기			

(표 2 작성자: ▨▨▨)

이름: 변씨	나이: 25		직업: 정치인	유형: NPC
외모	또렷한 눈매와 두꺼운 눈썹, 터프한 수염이 변씨의 정의로움을 나타내고, 검은색의 한복이 변씨의 확고함을 나타낸다. 체격이 크다. 아이롱 포마드컷이다.			
성격 및 특징	정의로움, 정치인, 남자, 평등을 좋아함, 남에게 친절하며 유쾌함. 남을 위해 기꺼이 희생함			
동기	자신이 정치인이지만 이 나라의 윗사람들은 타락을 하여서 분노함			
주된 행동	허생과 같이 나라의 혁명을 일으킴			
최종 목표	허생과 조정에 나가서 부국강병한 나라를 만드는 것			

캐릭터 구상 학습자 결과물

2. 모둠 활동–게임 시나리오의 본격적 구성

모둠에서 토의하여 수립한 게임의 세계관과 캐릭터가 확정되면, 이를 바탕으로 신(Scene) 중심의 게임 시나리오를 본격적으로 작성할 수 있다. 롤플레잉 게임의 특징은 앞서 언급한 바와 같이 다변수 서사이다. 따라서, 캐릭터가 중심이 되어 스토리를 진행할 때 그 스토리가 적절한 시점에서 분기점을 가지면서, 어떠한 선택을 하느냐에 따라 스토리 전개 방향이 달라지는 것이 중요한 특징이다. 따라서 신(Scene)을 작성할 때 구체적으로 몇 개의 신과 몇 개의 분기점을 가지는 것이 좋을지에 대한 일종의 조건을 제시할 필요가 있다.

이에 따라 본 수업에서는 스토리의 흐름이 적어도 8단계 이상으로 구성되도록 조건을 정했으며, 두 개 이상의 분기점을 가지게 하였다. 분기점 중의 하나를 선택하여 이야기의 진행을 계속 이어 나가게 했다. 하나의 신(Scene) 카드와 구성 요소별로 채워야 할 내용은 다음과 같이 구성했다.

S#: (이야기 순서대로 표시)		장소: (게임의 스토리가 진행되는 장소)	
발생 조건		**목표 미션**	
(게임에서 사건이 발생하는 조건을 적는다.)		(몬스터를 쓰러뜨리거나 아이템을 찾는 등의 Scene별로 달성해야 할 유저의 목표를 밝힌다.)	
장면(카메라 및 연출)		**대사**	
(스토리가 진행될 때의 화면의 상황을 묘사해서 설명해 준다.)		(스토리의 흐름에 맞게 내레이션(자막) 혹은 인물 간 대화를 작성한다.)	

이에 준하여 작성한 신(Scene) 카드 하나의 예시는 다음과 같다. 이는 분기를 일으키는 신(Scene)의 내용 구성이다. 주인공의 행동 선택에 따라 S#4-1 혹은 S#4-2로 이야기가 이동하여 진행된다.

S#: 3	장소: 어두운 밤, 산길과 숲
발생 조건	**목표 미션**
S#2에 이어서 발생하며 씨엘이 알폰소가 보낸 자객들과 마주친 후 발생	병사를 물리쳐라
장면(카메라 및 연출)	**대사**
씨엘이 달려 오다가 복면을 한 병사들과 마주친다.	병사: 하필이면 이 늦은 시간에 이 길을 걸어가냐! 이런 불쌍한 청년이 있나~ 증거와 증인을 남기지 않는 철저한 프로 자객인 우리와 마주치다니! 씨엘: 너희들 뭐…… 뭐야?? (위 상황에서 연결하여 병사들과 마주칠 때마다 전투를 수행한다. 월레스의 집에 도달할 때까지 2~3차례 적들을 만난다. 전투에서 모두 승리하면 S#4-1로 이동, 따돌리기만 하면 S#4-2로 이동)

다음은 이와 같은 롤플레잉 게임 콘셉트와 분기별 서사의 특징을 반영하여 「허생전」을 시나리오로 재구성한 학습자 결과물이다.

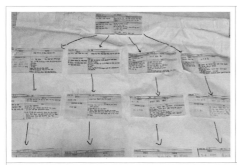 

게임 시나리오 학생 결과물(전지에 Scene 카드를 붙여서 작성)

게임 시나리오 학생 결과물(PPT를 활용하여 작성)

📝 문제 해결안 발표

    게임 시나리오는 구글 프레젠테이션을 활용하여 해당 수업의 마지막 시간에 모둠별로 발표할 수 있게끔 안내한다. 그러나 하나의 플랫폼에 국한하지 않고 모둠별로 적절하면서도 자유로운 방식을 선택하여 발표하는 것도 허용할 수 있다. 실제 수업에서는 본인이 애용하는 게임 플랫폼을 활용하여 발표하거나, 모둠원들과 제작한 게임 시나리오를 실제 게임 동영상으로 제작하여 보여 준 사례도 있었다.

    '마인크래프트'는 오픈 월드 게임으로 정해진 목표 없이 정육면체 블록과 도구를 이용하여 무궁무진한 활동을 자유로이 즐길 수 있는 게임이다. 일종의 온라인에서 즐기는 레고와 같다고 할 수 있는데, 한 모둠은 「허생전」의 세계관과 캐릭터를 구축한 후 실제 본인이 즐겨 하는 이 게임의 플랫폼을 활용하여 「허생전」을 게임으로 만들어 플레이하는 영상을 만들었다. 한 학생의 아이디어 구상에서 출발하여, 여러 학생들의 협조적 노력과 열정으로 마무리된 결과물이라 할 수 있다. 영상을 보면 실제로 허생이 여러 선택의 갈림길에서 하나의 선택을 하여 미션을 수행하여 점수를 얻고, 클리어하는 과정이 생생하게 체험된다.

마인크래프트를 활용한 「허생전」 게임 제작 사례

「허생전」 게임 제작 사례 학생 작품 동영상

III 수업 성찰

　이 수업의 본래 의도는 '어떻게 하면 학습자들에게 고전소설을 비대면 환경에서 더욱 즐겁고, 의미 있는 내용으로 인식시킬 수 있을까?' 하는 고민에서 출발한 것이었다. 따라서 이 수업 전후로 학습자들이 고전소설을 친숙하고 거리감 없이 여기게 된다면, 그것이야말로 가장 큰 목적 달성이라 할 수 있다. 실제 수업에서 학습자들은 게임 시나리오로 제작한 「허생전」이 고전소설이라 어렵다는 생각을 드러내지는 않은 것 같다. 그리고 이후에 배웠던 현대소설과 자유롭게 비교하면서 하나의 흥미로운 '이야기'이자 '문학'으로 바라보는 생각들을 엿볼 수 있었다.

　또한 학습자들은 이번 PBL 수업을 통해 실제 자신들이 즐겨 하던 게임이 실제로는 누군가의 체계적이고도 남다른 노력이 들어가는 것임을 실감할 수 있었으며, 창의적 아이디어 외에도 수많은 지식이 필요하다는 것을 알게 되었다. 또한 이 과정에서 창의적 아이디어와 지식뿐 아니라 책임감과 성실성, 공감 능력이나 협조적 태도 또한 필요함을 알게 되었다. 실제로 자기평가 및 모둠평가에서 가장 많이 언급된 내용으로 창의성, 성실성과 끈기, 협조적 태도와 소통 등 세 가지를 꼽을 수 있었다. 이는 2015 개정 교육과정에서도 강조하는 주요 핵심 역량과도 직결되는 중요한 부분이다. 이 수업을 설계하고 실행한 교사로서 학습자들이 교과적 측면뿐 아니라 이러한 비교과적인 측면에서도 많이 성장해 간 모습을 발견할 수 있어 뿌듯했다.

　이 수업에서 아쉬운 점은, 학습자들이 초반에 작성한 실제 세계관과 캐릭터 설정 등이 최종적으로 게임 시나리오 제작 결과물과 유기적으로 잘 연계되지 않았다는 점이다. 모둠 내 다른 구성원들의 결과물과 자신의 결과물을 유기적으로 연계하는 작업은 분명 굉장히 정교한 작업으로 보다 높은 수준을 요구한다. 앞으로 이러한 수업을 다시금 계획하여 실행하고자 한다면, '세계관―캐릭터―시나리오' 이 세 분야의 유기성에 중점을 두어 수업과 평가 계획을 수립하고, 학습자들에게도 그 중요성을 인지시켜야 할 것이다. 또한 Scene 카드를 작성하고 서사별 분기에 따라 한눈에 스토리의 흐름을 파악할 수 있게 하는 교육 플랫폼 혹은 프로그램이 있으면 좋겠다는 생각이 들었다.

예나 지금이나 세상에서 벌어지는 여러 가지 일들을 '이야기'로 이해하거나, 나 혹은 그 누군가가 주인공인 '이야기'를 즐기려는 인간의 욕망은 크게 달라지지 않았다. 단지 그 방법이 달라졌을 뿐이다. 그러한 인간의 보편적 욕망은 앞으로도 지속될 것이다. 과거와 현재를 이어 보려는 이와 같은 여러 시도를 포기하지 않는다면, 고전소설 또한 오래도록 그 가치와 효용성을 인정받을 수 있지 않을까 한다.

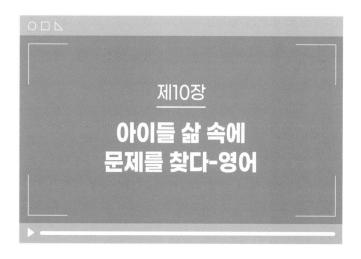

제10장

아이들 삶 속에 문제를 찾다-영어

✏️ '또 하나의 여행'을 시작하다

한 아이가 떠났다. 담임 이야기는 아이가 검정고시를 준비한단다. 한 아이가 왔다. 가까운 학교에서 옮겨 왔다. 며칠 보이더니, 오늘 보이지 않는다. 담임 이야기는 아이가 마음이 아프단다. 아침부터 양호실에 가는 아이들, 상담실로 가는 아이들이 눈에 띄게 많다. 조퇴하고 가는 아이들도 줄줄이다. 이유 없이 조퇴하는 아이는 없다. 특별히 아파 보이는 아이는 없는데 조퇴 이유가 대부분이 아파서란다. 왜 이렇게 아픈 아이들이 많은 걸까? 코로나 때문만은 아니다. 우리 학교는 운 좋게도 코로나 확진자는 없다. 가방 메고 별일 없다는 듯이 교문을 잘 걸어 나간다.

코로나로 인하여 이 아이들은 1학기 동안 한 주는 등교하고 또 한 주는 등교하지 않았다. 등교하지 않는 일주일은 무엇을 하고 이떻게 보냈을까? 이 아이들은 2020년 작년 1년 동안 코로나로 이미 '방콕' 학습에 적응되어 있던 아이들이다. 아이들이 등교하지 않고 비대면 온라인 수업을 하는 날 교무실 아침 풍경은 중학교나 고등학교나 별다르지 않을 것이다. 아침 조례시간 온라인 모니터에 아이들의 얼굴이 하나둘씩 나타나고 담임은 출석을 부르다 얼굴이 보이지 않는 아이에게 전화를 건다. 다행히 아이가 받으면 감사한 일이다. 그렇지 않으면 담임은 아이 어머니에게 전화한다.

"어머니, ○○가 전화를 안 받는데요."
"예, 선생님. 아이가 어젯밤에 늦게 자서 못 일어나는 거 같네요. …… 제가 일하러 나와서…… 나중에 전화해서 담임 선생님께 전화하라고 할게요."

수업교사도 담임교사와 크게 다르지 않다. 조례로 아이들의 출석이 확인되면 1교시가 시작된다. 직접 온라인 화상수업을 하는 학교는 아이들이 그 화상수업에 접속만 하면 된다. 그런데 반마다 접속하지 않는 아이들이 한두 명은 꼭 있다. 수업교사는 접속하지 않은 아이에게 전화한다. 전화를 한두 번에 받으면 다행이다. 여러 차례 전화해도 아이가 받지 않으면 수업교사는 난감하게 된다. 수업교사와 담임들이 교실과 교무실 여기저기서 아이들 모닝콜 전화하는 것이 콜센터 같다.

이러한 현실에서 아이들과 교사는 정말 해결해야 할 문제가 무엇인지 다시 생각해 보아야 할 것 같다. 블렌디드 기반 수업은 코로나와 같은 상황에 사용하려고 만들어진 수업 기법이 아니다. 지금 이 시기에 교사가 더 깊이 생각해야 할 문제는 학습의 효율성 너머 아이들이 '글로벌 시민'으로서 자신의 문제를 해결하는 역량을 기르는 과정을 개발하는 것이 아닐까? '아이들과 교사들이 어떻게 하면 수업에서 즐겁고 행복할 것인가?'라는 문제를 해결하는 블렌디드 기반 PBL 수업이 필요한 것은 아닌가?

I 수업 설계

교육과정 재구성

1. 단원: 1학년 영어. Lesson 2 수준

2. 성취기준

[10영04-01] 일상생활이나 친숙한 일반적 주제에 관하여 듣거나 읽고 세부 정보를 기록할 수 있다.

[10영04-03] 일상생활이나 친숙한 일반적 주제에 관해 자신의 의견이나 감정을 쓸 수 있다.

[10영04-04] 주변의 대상이나 상황을 묘사하는 글을 쓸 수 있다.

3. 학습주제

고등학생들이 일상적으로 겪고 있는 친숙한 문제들에 대하여 영어로 상황을 묘사하고 세부 정보를 기록하고 문제 해결을 위해 자신의 의견을 제시하고 설명하는 역량을 함양하기 위해서 위의 성취기준을 선택했다. 고등학교 공통과정의 영어과 성취기준에 따라서 '블렌디드 러닝 기반 창의적 문제 해결 문단 구성하기'의 학습주제는 크게 두 가지로 구성할 수 있다. 첫째, 자신과 관련하여 해결해야 할 문제를 찾거나 문제를 설정하여 문제를 탐구하는 계획을 수립하는 것이다. 둘째, 설정한 문제의 원인에 대한 다양한 관점을 확인하고, 해결 방안을 도출하는 것이다.

학습주제 1	해결해야 할 문제나 문제를 설정하여 문제 해결 계획 수립하기
학습주제 2	해결해야 할 문제의 원인 확인 및 해결 방안 도출하기

📝 PBL 문제 개발

1. PBL 문제 시나리오 구성을 위한 아이디어

배경	• 환경문제와 학생인권에 대한 사회적 관심 • 학생들의 문제 해결력은 물론 문제 생성력이 요구되는 시대적 과제
상황	• 학교급식에서 잔반 처리와 학교 내 학생 청소에 대한 대책 마련 필요 • 개인의 권리와 공동체의 유지관리에 대한 실태, 원인, 해결 방안 모색 필요
주인공의 해결 과제	• '창의적 문제 해결 문단 구성'을 위한 사례 선정 및 탐구 계획 수립하기 • '창의적 문제 해결 문단 구성'의 과정에서 개인과 집단 문제의 실태, 원인, 해결 방안 탐색 • '창의적 문제 해결 문단 구성'의 결과를 발표 및 토론하기
제한점	• '창의적 문제 해결 문단 구성하기'는 개인적 문제에 대한 자기 성찰과 사회적 환경에서의 개인과 집단의 관계에 대한 읽기 등 많은 사전적 과제들을 전제하지만, 한정된 교과 수업 시간으로 인하여 제한을 받음.

2. PBL 문제 시나리오 구성하기

PBL 문제

[학교급식에서 잔반 처리와 학교 내 학생 청소]를 어떻게 해결할 수 있을까?

♣ 급식 잔반 처리 및 학생 청소 문제 해결 아이디어 공모전 개최 안내 ♣

학우 여러분, 여러분 안녕하십니까?

CORVID-19로 인하여 대면 수업과 온라인 클래스 수업이 병행되면서, 직접 만나서 활동하는 시간이 급격히 줄어들어 학교의 동아리 활동과 학생회 활동에 어려움이 많습니다. 그러나 학교생활에서는 여전히 이전의 문제와 더불어 새로운 양상의 문제도 생깁니다. 최근 드러난 문제는 [학교급식에서 잔반 처리와 학교 내 학생 청소]에 관한 것입니다.

학우 여러분이 점심이나 저녁을 먹고 남은 잔반은 음식물 쓰레기로 처리비용이 많이 들 뿐만 아니라 처리할 공간이 마땅치 않아 토지와 공기 등 환경을 해치는 원인이 되고 있습니다. 그리고 학교 내 복도나 체육실, 도서실 등 학생들이 사용하는 공간과 교무실 등에서의 쓰레기를 청소하는 문제에 대해서 봉사활동 등으로 학생들이 청소하고 있는 현실에 대해서도 다양한 의견들이 존재합니다. 이러한 문제에 대하여 학우 여러분의 창의적인 아이디어가 절실히 필요합니다.

　저희 학생회에서는 학우들과 관련된 이러한 문제들을 창의적이고 친환경적으로 해결하고 여러 학우들에게 의미 있고 친숙하게 다가가기 위해서 [학교급식에서 잔반 처리와 학교 내 학생 청소]에 대하여 아이디어를 공모하고자 합니다. 아이디어 공모는 학우들의 생활영어 사용을 일상화하기 위하여 영어로 공모를 하며 학우 여러분들이 이미 수업 시간에 배워 알고 있는 [문제 해결 문단 쓰기]의 양식을 활용합니다. 공모된 아이디어에 대한 평가는 영어과 선생님들의 도움을 받아서 진행합니다. 이 아이디어 공모전은 학우 여러분의 학교에 대한 애교심과 환경에 대한 관심, 그리고 일상적 영어 사용으로 인한 영어 역량의 강화로 이어질 겁니다.

1. 공모 기간: 2021년 ○월 ○○일~2021년 ○월 ○○일
2. 응모 방법: 팀(3~4인)별, 온라인 클래스 제출
3. 분량: 200단어 내외
4. 평가 요소와 배점

평가 요소	배점(100)
1. 해결해야 할 문제와 현실에 대한 정의와 설명	40
2. 창의적이고 다양한 해결책	40
3. 기대 효과	10
4. 문단 구성과 어법	10

2022. ○. ○.

학생회장 ○ ○ ○ 드림

PBL 교수 · 학습과정안 설계

1. 블렌디드 러닝 기반 PBL 수업의 흐름

개념학습	문제 제시 및 문제 확인	문제 해결 및 탐색 활동	문제 해결안 도출	발표 및 성찰
창의적 문제 해결 문단의 의미 및 생활 속 문제 유형	생활 속 문제의 상황 및 시나리오 제시	창의적 문제 해결 문단 및 생활 속 문제 사례의 탐구 활동 진행	생활 속 문제 사례에 대한 창의적 문제 해결 문단 작성	발표 및 동료평가 그리고 성찰일지
강의 및 발표, EBS 온라인 클래스, Zoom	EBS 온라인 클래스, Zoom	네이버, 구글, 인터넷 익스플로러	Zoom, PPT, 구글 프레젠테이션	Zoom, PPT, 구글 프레젠테이션
온/오프라인	온/오프라인	온/오프라인	온/오프라인	온/오프라인

2. 블렌디드 러닝 기반 PBL 수업 실행 과정 개요

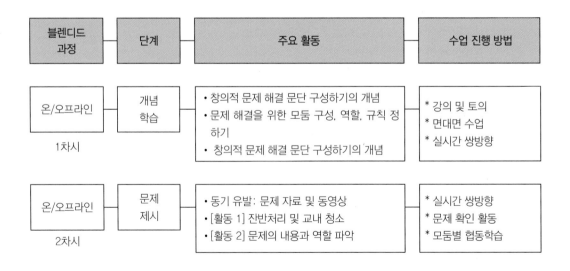

블렌디드 과정	단계	주요 활동	수업 진행 방법
온/오프라인 1차시	개념 학습	• 창의적 문제 해결 문단 구성하기의 개념 • 문제 해결을 위한 모둠 구성, 역할, 규칙 정하기 • 창의적 문제 해결 문단 구성하기의 개념	* 강의 및 토의 * 면대면 수업 * 실시간 쌍방향
온/오프라인 2차시	문제 제시	• 동기 유발: 문제 자료 및 동영상 • [활동 1] 잔반처리 및 교내 청소 • [활동 2] 문제의 내용과 역할 파악	* 실시간 쌍방향 * 문제 확인 활동 * 모둠별 협동학습

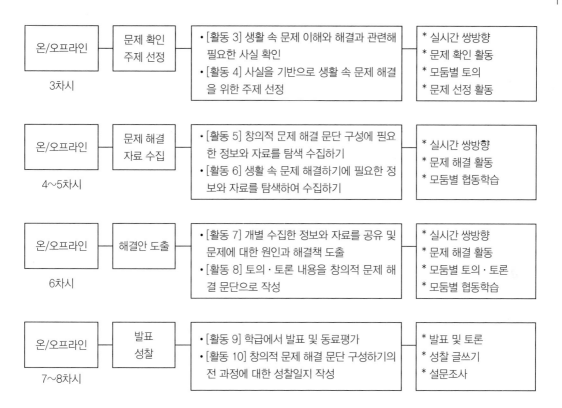

온/오프라인 3차시	문제 확인 주제 선정	• [활동 3] 생활 속 문제 이해와 해결과 관련해 필요한 사실 확인 • [활동 4] 사실을 기반으로 생활 속 문제 해결을 위한 주제 선정	* 실시간 쌍방향 * 문제 확인 활동 * 모둠별 토의 * 문제 선정 활동
온/오프라인 4~5차시	문제 해결 자료 수집	• [활동 5] 창의적 문제 해결 문단 구성에 필요한 정보와 자료를 탐색 수집하기 • [활동 6] 생활 속 문제 해결하기에 필요한 정보와 자료를 탐색하여 수집하기	* 실시간 쌍방향 * 문제 해결 활동 * 모둠별 협동학습
온/오프라인 6차시	해결안 도출	• [활동 7] 개별 수집한 정보와 자료를 공유 및 문제에 대한 원인과 해결책 도출 • [활동 8] 토의·토론 내용을 창의적 문제 해결 문단으로 작성	* 실시간 쌍방향 * 문제 해결 활동 * 모둠별 토의·토론 * 모둠별 협동학습
온/오프라인 7~8차시	발표 성찰	• [활동 9] 학급에서 발표 및 동료평가 • [활동 10] 창의적 문제 해결 문단 구성하기의 전 과정에 대한 성찰일지 작성	* 발표 및 토론 * 성찰 글쓰기 * 설문조사

3. 교수 · 학습과정안

문제	학교급식에서 잔반 처리와 학교 내 학생 청소를 어떻게 해결할 수 있을까?		총 8차시	
학습목표	1. [창의적 문제 해결 문단 구성하기: 예시, 학교급식에서 잔반 처리와 학교 내 학생 청소 등]에 관하여 듣거나 읽고 세부 정보를 기록할 수 있다. 2. [창의적 문제 해결 문단 구성하기: 예시, 학교급식에서 잔반 처리와 학교 내 학생 청소 등]에 관해 자신의 의견이나 감정을 쓸 수 있다. 3. [창의적 문제 해결 문단 구성하기: 예시, 학교급식에서 잔반 처리와 학교 내 학생 청소 등]의 내용이나 상황을 묘사하는 글을 쓸 수 있다. 4. 자신과 자신이 속한 집단과 환경에 대하여 창의적 문제 해결 문단을 쓸 수 있다.			
성취기준	[10영04-01], [10영04-03], [10영04-04]			
핵심 역량	자기관리 역량	✓	의사소통 역량	✓
	지식정보처리 역량	✓	심미적 감성 역량	✓
	창의적 사고 역량	✓	공동체 역량	✓

단계	문제 해결 활동 내용
개념 학습	• 창의적 문제 해결 문단 구성하기의 개념 • 생활 속 문제 해결을 위한 모둠 구성, 역할, 규칙 정하기
문제 제시	• 동기 유발: 교통, 청소, 쓰레기 등 생활 속 문제에 관련 동영상 • 문제 상황: 교통, 청소, 쓰레기 등 생활 속 문제 시나리오 제시 • 문제 파악: 교통, 청소, 쓰레기 등 생활 속 문제에 대한 이해
문제 확인	• 생각(가설): 교통, 청소, 쓰레기 등 생활 속 문제 이해와 해결에 필요한 다양한 아이디어 • 사실: 생활 속 문제 이해와 해결과 관련해 학습자가 알고 있는 것과 필요한 사실 확인 • 수행 과제: 사실을 기반으로 생활 속 문제 해결을 위한 실천 계획 수립
문제 해결 자료 수집 (개별 수행)	• 창의적 문제 해결 문단 구성에 필요한 정보와 자료를 탐색하여 수집하기 • 생활 속 문제 해결하기에 필요한 정보와 자료를 탐색하여 수집하기
해결안 도출 (팀)	• 개별적으로 수집한 정보와 자료를 공유하고 생활 속 문제에 대한 원인과 해결책 그리고 효과를 토의·토론 • 토의·토론을 통해서 정리된 내용을 창의적 문제 해결 문단으로 작성
발표 및 평가	• 영문으로 작성한 창의적 문제 해결 문단을 제출하고 학급에서 발표 • 영문으로 작성한 창의적 문제 해결 문단 발표의 내용과 형식에 대한 동료평가 • 성찰일지를 통해서 생활 속 창의적 문제 해결 문단 구성하기의 전 과정을 정리

4. 차시 운영 및 평가 계획

차시	단계	주요 산출물	필수평가 항목	기대 역량
1차시	문제 제시	활동 **1** 창의적 문제 해결 문단 구성에 대한 이해	문제 이해의 정확성	의사소통 역량 심미적 감성 역량 공동체 역량
2차시	문제 확인	활동 **2** 생활 속 문제 해결 과제수행 시나리오	생활 속 문제 해결 과제수행 계획의 적설성	창의적 사고 역량 지식정보처리 역량
3~4차시	자료 수집	활동 **3** 정보 및 자료 수집 수행 결과 정리	과제수행 내용의 정확성과 충실성	자기관리 역량 지식정보처리 역량
5~6차시	해결안 도출	활동 **4** 생활 속 문제 해결 문단 구성	문제 해결 문단의 내용 및 형식의 적합성과 정확성	창의적 사고 역량 공동체 역량
7~8차시	발표 및 평가	활동 **5** 발표 및 동료평가 활동 **6** 성찰 저널	발표의 유창성과 의미 표현의 구체성	의사소통 역량 창의적 사고 역량 심미적 감성 역량

✏️ 블렌디드 환경 설계

　온라인 수업 진행을 위한 기본적인 플랫폼은 EBS의 온라인 클래스로 정규 교과 시간에 내 강좌에서 강좌 생성 후 배포할 수 있다. 쌍방향 실시간 화상수업과 동아리 활동의 도구는 Zoom이다. Zoom을 기반으로 한 쌍방향 수업에서 PPT를 수업의 콘티로 활용하여 수업의 흐름을 자연스럽게 하여 수업의 질을 높일 수 있다. 그리고 구글 퀴즈를 사용하여 형성평가를 함으로써 학생들의 수업 과정과 내용을 탄탄하게 할 수 있다.

〈표 10-1〉 **활용 에듀테크**

플랫폼 및 애플리케이션	용도
EBS 온라인 클래스	온라인 수업 및 관리 플랫폼
Zoom	쌍방향 수업과 의사소통력을 높이는 협동수업 또는 토론을 위한 애플리케이션
PPT	쌍방향 수업의 기본적이고 핵심적인 콘티
구글 퀴즈	과정중심 평가로서의 형성평가 애플리케이션

II 수업 실행

✏️ Team 구성과 개념학습

활동	1. 창의적 문제 해결 문단 구성하기의 개념
안내	2. 문제 해결을 위한 모둠 구성, 역할, 규칙 정하기

- Team 구성 및 Team 과제 제시: [창의적 문제 해결 문단 구성하기: 학교급식에서 잔반 처리와 학교 내 학생 청소]를 대면 수업과 온라인 수업의 장점을 효과

적으로 살릴 수 있는 Blended Learning을 통해서 효과적으로 해결하려면 먼저 학생들이 자신들의 현안 문제와 관심 문제가 무엇인지를 성찰하는 시간을 가져야 할 것이다. 이를 위해서 혼자만의 개인적 명상보다는 함께 생각하고 이야기하는 것이 더 효과적일 것이다. 교수·학습 진행을 위하여 희망자를 중심으로 6~7명의 팀장을 선정하고 팀원은 조장이 무작위로 3~4명의 팀원을 뽑는다. Zoom에서 팀별 소회의실을 만드는 과정은 [그림 10-1]과 같다.

① Zoom의 새회의 클릭	② 전체 화면에서 소회의실 클릭
Team 별 소회의실 미팅 만들기: Zoom의 새회의 █를 클릭	기록 소회의실 반응
③ 소화의실 갯수 입력	④ 모든 회의실 열기 클릭
█ 개의 소회의실 만들기 개수 입력후 아래쪽 ○ 자동으로 할당 █ 수동으로 할당 만들기 클릭	다시 만들기 회의실 추가 모든 회의실 열기

[그림 10-1] 팀 토론방 만들기

• 문제 해결 문단은 어떻게 구성되는가?

우리는 생활 속에서 다양한 문제에 직면한다. 학생들이 자신의 생활 속에서의 문제에 맞닥뜨렸을 때, 그 문제를 어떻게 생각하고 어떻게 해결할 것인지에 대하여 가장 기본적인 사고 틀을 형성하고 그 틀을 활용하여 창의적으로 사고하는 역량을 키우는 과정이 '창의적 문제 해결을 위한 문단 구성하기'이다. 이러한 '창의적 문제 해결 문단'은 ① 문제 및 문제 상황 제기, ② 문제의 원인가 이유 등의 내용 분석, ③ 문제에 대한 창의적 해결책 제시, ④ 해결책에 의해서 얻을 수 있는 효과 제시로 구성된다(〈예시 문단 1〉).

〈예시 문단 1〉

The problem I am going to talk about is environmental pollution caused by trash. This is a serious problem because it costs a lot of time and money to dispose of plastic and food waste. Here are what can be done about it. First, a solution to the plastic waste problem is not to use plastic straws. If you need to use a straw, it is recommended to use a paper, corn, or reusable metal straw that can be decomposed naturally. Plastic straws are the most commonly used plastic products in everyday life, so if we do not use plastic straws, the plastic waste problem can be reduced, and it can also help reduce plastic waste thrown into the sea. Second, if customers leave a lot of food at restaurants, they must be given penalty points, and if they leave almost no food, they should get rewards. At home, reduce as much food waste as possible, and dry food waste in the sun to reduce its volume and mass. If restaurants implement such a system, they can reduce the amount of leftovers. Also, dried food waste can be used as manure. I think these two actions can help solve the waste problem effectively.

문제 해결을 위한 문단의 구성은 먼저, 문제를 제기하는 문장이 문단의 가장 앞에 온다. 문제를 제기한다는 것은 문제가 되는 현상을 요약하여 제시하거나 문제 상황을 제시하는 것이다. 앞의 PBL 문제에서 "학우 여러분이 점심이나 저녁을 먹고 남은 잔반은 음식물 쓰레기로 처리비용이 많이 들 뿐만 아니라 처리할 공간이 마땅치 않아 토지와 공기 등 환경을 해치는 원인이 되고 있습니다."라고 한 것이나 "학교 내 복도나 체육실, 도서실 등 학생들이 사용하는 공간과 교사가 사용하는 교무실 등에서의 쓰레기를 학생들이 청소하는 문제에 대해서 봉사활동 등으로 학생들이 청소하고 있는 현실에 대해서도 다양한 찬성과 반대 의견들이 존재합니다." 등이 그 예시들이다.

문제를 제시한 후에는 문제에 대한 원인이나 이유를 분석하는 내용을 쓴다. 원인이나 이유가 문제 상황에 이미 주어져 있다면 문제 해결 방안을 제시하는 것이 순서이다. 앞서 제시한 음식의 잔반에서 발생하는 문제는 처리비용 증가와 환경오염이다. 교내 청소 문제는 특별식이나 교무실을 학생들이 청소하는 것에 대해서 이것이 왜 문제인지 정확한 이유와 원인을 밝히지 않고 있다. 문제 해결 문단을 구성하기 위해서는 이유나 원인을 명확히 밝는 것이 필요하다. 이에 대해서는 문단을 구성하는 학생 스스로의 관점에서 이유를 밝히는 것이 요구된다. 학생이 특별실이나 교무실을 청소하는 것이 적당하지 않다는 이유를 제시하는 것이다. 이 과정에서 학생들의 사고력과 분석력이 향상된다.

원인이나 이유에 대한 내용 분석은 자연스럽게 문제에 대한 해결책이 고안될 것이다. 해결책을 고안하는 과정에서 학생들은 자신의 상상력과 창의력을 발휘할 기회를 가지게 된다. 학생들의 상상력과 창의력에 따라서 해결책은 여러 가지 다양한 모습으로 제시되고 해결책에 따르는 효과도 다양하게 설명될 수 있을 것이다. 예를 들어, 학생은 청소를 하러 학교에 오는 것이 아니라는 생각에 교무실 청소를 학생이 하는 것에 대하여 반대하는 학생이라면 '교무실 청소는 어떻게 할 것인가?'를 생각하게 될 것이다. 교사들이 교무실을 청소하는 것과 청소용역을 맡기는 것을 생각할 것이고, 교사가 교무실을 청소하는 것은 정당한가, 청소용역의 비용은 어떻게 할 것인가 등을 상상하면서 창의력을 키우게 될 것이다.

• 문제 해결을 위하여 팀 구성과 활동 과정은 어떻게 되는가?

〈예시 문단 1〉과 같은 창의적 문제 해결 문단을 창작하기 위해서 첫째, 팀을 만드는 데 구성원의 4명을 기준으로 한다. 팀을 구성하는 것과 관련해서 학생들은 여러 가지 방법을 제시했다. 서로가 한 팀이 되고 싶은 사람들로 구성하자는 의견, 무작위로 뽑기로 하자는 의견, 번호순으로 하자는 의견, 팀장이 되고 싶은 학생을 먼저 정하고 그 팀장을 선택하는 방식으로 하자는 의견 등이 있었다. 이번 창의적 문제 해결을 위한 과제에서는 먼저 무작위로 추첨을 하여 팀을 만들고 팀 내에서 협의를 통해서 팀장을 정하고 팀 이름을 정하는 방식을 선택했다. 팀 구성원의 역할은 기록, 발표, 자료조사 등을 중심으로 대면 또는 비대면 ZOOM 회의를 통해서 정했다. 팀의 1차 과제는 팀 구성원들이 비대면 ZOOM 회의를 하면서 각자가 생각하는 문제나 주제를 제시하고 토의를 통해서 팀 전체의 문제나 주제를 하나로 정하는 과정을 캡처하여 온라인 클래스에 정해진 날짜까지 올리는 것이었다. 팀의 2차 과제는 앞서 선정된 팀의 문제나 주제를 비대면 ZOOM 회의에서 하나의 '창의적 문제 해결 문단'을 영어로 완성하는 것을 캡처하여 온라인 클래스에 정해진 날짜까지 올리는 것이었다.

팀을 구성하고 팀장과 팀의 이름을 정하는 활동은 교실에서 대면 활동을 통해서 이루어졌다. 팀장을 정하는 일이 협의를 통해서 순조롭게 정해지는 팀이 있는가 하면, 서로 하기 힘들다고 회피하여 가위바위보로 팀장을 정하기도 하고, 여러 팀원들이 한 사람을 팀장으로 몰아주기도 했다. 팀 이름을 정하는 과정에서 학생들은 '팀 이름을 영어로 정해야 하나요?'라고 묻는다. 영어로 하는 것도 좋지만 다양한 생각을 하기 위해서 한글 이름을 사용하는 것도 가능하게 했다. 학생들이 팀 이름을 정하면 발표하고 반의 명렬에 기록했다.

학생들이 정한 팀 이름은 'DON'T WORRY, Solomon, Be Happy, English Vaccine, Number one, Happiness, Cleaner, GMS, Sleeping, Beauty, Business, GIRLS, PURE, Magic Lamp, Quintrillion' 등 영어와 '배달의민족, 문제아들, 오지구요, 구해조!, 이게 뭐조, 우리가 해결하조, 일기짱, 철이 없었조' 등 한글, 그리고 '레모나, 스카이캐슬, 스위트 공주' 등 한글과 영어가 결합된 것이 있었다. 팀 이름을 정하는 가운데 학생들의 재치와 지향을 추론할 수 있다. 청순함과 아름다움에 대한 지향은 'Cleaner, GIRLS, PURE, Beauty, 레모나, 스위트 공주'라는 이름에서, 현실적·경제적 지향은 'Number one, Business, English Vaccine, Quintrillion, 구해조!, 문제아들, 스기 이게슬'에서, 삶의 이상에 대한 지향은 'DON'T WORRY, Solomon, Be Happy, Happiness, Magic Lamp, 철이 없었조, 일기짱, 우리가 해결하조'에서 드러난다.

📝 문제 상황 및 문제 제시

활동 안내	1. 동기 유발 단계에서는 생활 속 문제를 신문 자료나 동영상 등을 보고 실태를 인식한다. 2. 문제 제시 단계에서는 생활 속 문제 해결을 위한 시나리오의 내용을 파악한다.

• 동기 유발: 신문 자료나 동영상을 통해 생활 속 문제 상황을 인식한다.

제목	먹지 않고 버려지는 음식-잔반

현재 인류가 직면한 가장 큰 위험은 지구온난화이며, 온난화의 원인 중 빼놓을 수 없는 것이 바로 무분별하게 버려지는 음식물 쓰레기입니다. 음식물 쓰레기는 처리과정에서 환경오염과 막대한 경제적 손실을 야기합니다. 게다가 각종 식재료의 생산과 수입, 유통, 가공, 조리 단계에서도 폐기물이 발생하는 것은 물론 많은 에너지가 소모되고 온실가스가 배출됩니다.

전 국민이 음식물 쓰레기를 20% 줄이면 연간 1,600억 원의 쓰레기 처리비용이 줄고, 에너지 절약 등으로 5조 원에 달하는 경제적 이익이 생깁니다.

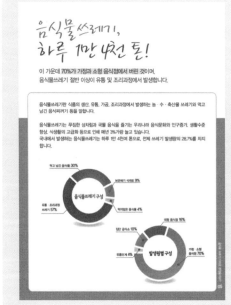

음식물 쓰레기는 하루 1만 4천 톤입니다. 이 가운데 70%가 가정과 소형음식점에서 버린 것이며, 음식물 쓰레기 절반 이상이 유통 및 조리과정에서 발생합니다. 음식물 쓰레기란 식품의 생산, 유통, 가공, 조리과정에서 발생하는 농·수·축산물 쓰레기와 먹고 남긴 음식 찌꺼기 등을 말합니다. 음식물 쓰레기는 푸짐한 상차림과 국물 음식을 즐기는 우리나라 음식문화와 인구 증가, 생활수준 향상, 식생활의 고급화 등으로 인해 매년 3%가량 늘고 있습니다. 국내에서 발생하는 음식물 쓰레기는 하루 1만 4천여 톤으로, 전체 쓰레기 발생량의 28.7%를 차지합니다.

음식물의 1/7이 쓰레기로 버려집니다. 환경부와 농림축산식품부 등에 따르면 전국에서 발생하는 음식물 쓰레기는 하루 평균 1만 5,680톤 안팎으로 1년에 570만 톤이 버려집니다. 1만 5,680톤을 인구 수로 나눠 보면 우리나라 국민 1인당 매일 음식물 쓰레기를 약 300그램 배출한다는 것입니다. 그로 인해 연간 20조 원 이상의 경제적 손실이 발생하고 음식물 쓰레기 처리비용으로 8천억 원이 들어갑니다. 음식물 쓰레기는 에너지 낭비, 온실가스 배출, 수거·처리 시 악취 발생, 고농도, 폐수로 수질오염 등 환경오염의 원천입니다. 연간 20조 원의 식량자원 가치가 있으며 처리하는 비용은 8천억 원의 경제적 손실을 야기합니다.

• 문제 제시: 생활 세계에서의 문제 상황에 대해 이해한다.

PBL 문제는 시나리오로 제시하여, 학생들이 주인공의 입장에서 해결해야 할 과제가 무엇인지에 관하여 묻고 답하는 과정을 Q&A로 진행한다. 이 과정을 통해 학생들이 수행해야 할 과제에 대해서 충분히 인지하도록 했다. 앞에서 이미 제시한 문제 시나리오를 제시하고 설명한 일부는 다음과 같다.

PBL 문제	학교급식에서 잔반 처리와 학교 내 학생 청소를 어떻게 해결할 수 있을까?

[제한 조건]
1. 생활 속 문제 중에서 심각하다고 생각하는 사례를 선정하여 탐구 계획을 세워 주세요.
2. 생활 속 문제의 원인과 결과 및 효과를 [창의적 문제 해결 문단]으로 구성하세요.
3. 생활 속 문제에 대하여 다양한 해결 방안을 예를 들어서 자신만의 창의적인 방식으로 표현해 주세요.

📝 문제 확인 및 주제 선정하기

활동 안내	1. PBL 문제 시나리오에서 제시된 [전제 조건]을 참고하여 [생활 속 문제 해결]을 확인한다. 2. [창의적 문제 해결 문단]을 구성하기 위하여 주제를 선정한다.

조건	1. [생활 속 문제] 중에서 심각하다고 생각하는 사례를 토의하세요. 2. 팀원들 개개인이 하나씩 자신의 문제와 주제를 제시하여 토의하세요. 3. [생활 속 문제]에 대하여 [창의적 문제 해결 문단]으로 구성하기 위하여 주제를 선정하세요.

문제를 확인하고 주제를 선정하기 위해서 학생들이 해야 할 과정을 온라인 클래스의 공지 사항에 게시하여 학생들이 이 과정을 잘 인지하도록 준비한다. 공지 내용은 다음과 같다.

[문제 확인 및 주제 선정하기] Zoom 과제를 ○○월 ○○일까지 온라인 클래스에 올리세요.
　① 팀원들 각각이 자신이 해결하고 싶은 문제를 하나씩 제시한다.
　② 전체 3~4명이 제시한 문제를 기록한다(제시자 이름도 표시).
　③ 팀원들은 제시된 문제 중에서 무엇을 할 것인지 또는 다른 문제를 할 것인지에 대한 의견을 나눈 내용을 기록한다(의견 제시자 이름도 표시).
　④ 정리된 내용을 통해서 최종적으로 합의된 문제를 기록한다.
　⑤ 이렇게 정리된 내용을 PPT로 작성한다.
　⑥ 이 PPT를 Zoom으로 화면공유 공유하여 PPT 내용에 대해 토의하는 회의 장면을 캡처해서 Project Zoom 과제 1방에 올린다.

• 생활 속 문제 이해와 해결과 관련해 필요한 개별 사실을 확인한다.

팀 구성원들은 개별적으로 해결해야 할 문제나 주제를 제시하고 설명한다. 즉, 학생들은 자신의 생활 속에서 느끼는 다양한 문제들 중에서 자신이 해결할 문제로 인식하는 것을 Zoom 회의에서 제시한다. 실제로 학생들은 자신의 문제―밤에 잠을 잘 자지 못하는 것, 휴대폰 중독, 아침에 잘 못 일어나는 것, 수업 중 필기를 놓치는 것 등 개인적인 문제를 해결해야 할 주제로 제시하는 것에서 What should we do to clean up altogether?, How can all students take the same class?, 급식 순서, 수업시간 중 졸음, 등하굣길의 문제, 학교폭력 등 학교와 교실에서의 문제, 그리고 보이스피싱, 미세플라스틱, 쓰레기 처리 문제, 유기견 안락사, 층간 흡연, 개인정보 해킹, 코로나로 인한 학습 저하 및 격차, 딥페이크 문제 등 사회적인 문제를 해결해야 할 문제로 제시하고 있다.

• 제시된 문제와 주제들을 토의하여 하나의 문제나 주제를 설정한다.

학생들은 생활 속에서 다양한 문제에 직면한다. 주제를 선정하면서 학생들은 오프라인 수업과 관련하여 과다한 경쟁적 교육 열기, 주입식 수업 방식, 교사에 따라 다른 수업내용과 방식, 수업내용에 대한 기억 방법과 필기 방법, 학습에 도움 되는 문제집 선택 문제, 사교육을 전제로 한 수업에 대한 문제, 많은 수행평가에 대한 중압감, 학습과 성적 스트레스, 자율학습과 소음 등을 의논하고 있다.

온라인 학습과 관련하여 많이 의논되는 문제는 학력 저하 또는 학습 격차이다. 사회 영역에서의 문제는 학생들이 고령화 및 저출산 문제를 다수 의논하고 있다. 환경 영역에서 가장 높은 빈도가 나타난 항목은 해양 및 대기 오염이다. 정보 도구 영역의 문제에서는 학생들은 스마트폰 과다 사용 또는 중독을 가장 심각한 문제로 받아들인다. 건강 영역에서의 문제는 다이어트와 식단에 대한 관심이 높았다. '코로나 19'와 관련하여 위생과 우울증에 대해서도 의견이 많았다.

📝 문제 해결안 도출과 '창의적 문제 해결 문단' 구성

활동 안내	1. 개별 수집한 정보와 자료를 공유 및 문제에 대한 원인과 해결책 도출 2. 토의·토론 내용을 창의적 문제 해결 문단으로 작성

조건	1. 선정한 문제를 [창의적 문제 해결 문단]으로 구성하기 위해서 토의하세요. 2. [창의적 문제 해결 문단]은 문제 시나리오, 해결책, 효과를 포함해야 합니다.

4차시에서 6차시에 이르는 문제 해결 과정과 '창의적 문제 해결 문단'을 영어로 작성하여 온라인 클래스에 올리는 것에 대한 공지 사항은 다음과 같다.

[창의적 문제 해결 영문] Zoom 과제를 ○○월 ○○일까지 온라인 클래스에 올리세요.

① 합의된 해결문제/주제에 대해서 팀원들의 역할을 결정하여 명시하고 문제 해결을 위한 자료를 수집한다(역할과 담당자 이름도 표시).

② 수집된 자료를 기초로 팀원들은 문제의 정의/정리하고 문제의 원인과 해결 방안 및 효과에 대하여 회의를 하는 과정을 기록한다(의견 제시자 이름도 표시).

③ 회의 과정을 기록한 내용을 PPT로 작성하고 회의를 통해서 검토한 후에 160단어 내외의 영문 'Problem-Solution Paragraph'를 PPT로 작성한다.

④ 문제 해결을 위한 회의 과정을 기록한 PPT와 160단어 내외의 영문 'Problem-Solution Paragraph' PPT를 Zoom 화면에 공유하고 팀원들이 최종 점검하는 장면을 캡처해서 온라인 클래스에 올린다.

• 화상회의와 구글 문서를 통해서 생각과 정보를 공유하고 해결책을 도출하여 '창의적 문제 해결 문단'을 제시한다.

주제: '코로나19로 인한 일회용품 사용과 음식물 쓰레기의 폭증'

A: 코로나19로 인해 일회용품의 사용이 얼마나 늘었는지 궁금하지 않아? 환경부에 따르면 지난해 공공선별 시설에서 처리한 플라스틱 폐기물은 923톤으로 재작년의 776톤 대비 8.9%나 증가한 것으로 나타났어. 이건 코로나19에 따른 음식 배달 등 확대로 일회용품 사용이 급증했기 때문으로 보여.

코로나19의 여파로 배달 주문이 늘어나면서 재활용품 선별장 곳곳에 플라스틱과 비닐 등이 쌓여 가고 있대. 그래서 지자체가 일회용품 줄이기에 안간힘을 쓰는 중이래.

일회용품의 사용을 줄이는 방안으로는 일단 코로나19로 인한 배달의 증가로 일회용품 사용이 늘어난 거잖아? 그래서 난 배달을 시킬 때 자신이 먹지 않는 반찬은 빼 달라고 요청했으면 좋겠어. 또, 주문 시 일회용 수저는 받지 않는 방법도 있어.

B: 코로나19로 인해 사람들이 카페에서 식음이 불가능하다 보니까 테이크아웃을 해서 먹는 경우가 많아. 이런 경우에 플라스틱 컵을 자주 쓰게 되다 보니까 사람들은 환경을 보호하기 위해 텀블러를 사서 사용하고는 해. 어떤 사람들은 자신의 취미로 모으기까지 하더라고. 그런데 환경을 보호하려면 텀블러 하나를 오래 써야지 효과가 있어. 일회용 컵을 대체하기 위해 생산하는 텀블러가 일회용 컵보다 더 많은 온실가스를 배출하거든. 그래서 나는 사람들의 잘못된 소비를 막기 위해, 플라스틱 컵을 자제하고 텀블러의 사용을 권장하는 캠페인처럼, 텀블러를 하나씩만 사서 쓰기를 권장하는 캠페인이 있었으면 좋겠어. 그러면 사람들도 쓸데없는 소비를 하지 않을 것이고 지구도 정확한 방법으로 지킬 수 있을 거야. 돈도 절약하고 지구도 살리는 일석이조의 효과를 볼 수 있다는 걸 내세운다면 분명 사람들도 실천하려고 할 거야.

C: 우리는 오늘도 마스크를 쓴 채 하루를 보내고 다 쓴 마스크를 쓰레기통에 버려. 한국 산업 기술 시험원에 따르면 일회용 마스크는 재활용이 안 돼. 내피와 외피를 구분하는 부직포, 미세 입자를 거르는 MB 필터, 코에 고정하는 노즈 클립, 귀걸이 밴드까지 다양한 재질로 이루어져 있어 분리배출이 어렵기 때문이라고 해. 특히 MB 필터의 주성분인 폴리프로필렌은 대기와 토양오염의 주범이 되고 있다고 해. 그리고 지난 7월 영국 BBC 보도에 따르면 '코로나 19' 대유

행 이후 매달 전 세계에서 1,290억 개의 마스크가 버려진다고 해.

코로나19 때문에 마스크는 필수품이고 위생과 방역 관리가 우선 되어야 하지만 코로나19 종식이 언제일지도 모르는 지금, 우리가 할 수 있는 선에서 최대한 환경을 생각해야 한다고 생각해. 최근 나는 마스크를 열풍기로 녹여서 의자로 만든 사람의 이야기를 SNS에서 봤어. 이렇게 업사이클링하는 사람들이 더 많아지기 위해 그 사람들을 직접 응원할 수 있는 앱이 있으면 좋겠다고 생각했어. 사람들이 자기가 업사이클링해서 만든 작품을 서로 공유하는 것이지. 그럼, 사람들의 환경에 대한 관심도 높이고 환경을 보호할 수 있을 거 같아.

D: 의학신문의 기사에 의하면 코로나19 의료폐기물은 지난해 1월 23일 집계가 시작된 이래로 2021년 1월 15일 총 359일 동안 하루 평균 21톤, 총 7,517톤이 수거가 되었다고 해. 이는 메르스 때 의료폐기물의 약 30배에 달하는 양이라고 해.

실제로 2020년 9월에 멸균처리시설 도입이 되었지만, 아직 보편화되지는 못한 추세야. 병원별 멸균 처리 시설 유무를 보여 주고 근처 병원들이 시설을 사용할 수 있게 해 주는 일종의 병원 간의 커뮤니티 사이트를 만들면 어떨까?

한번 구축해 놓은 시스템은 쉽게 무너지지 않을 테니 코로나 사태가 오래 지속된다고 해도 의료폐기물을 보다 친환경적으로 처리하는 데 유용할 거야. 이 커뮤니티 시스템은 의료폐기물뿐만이 아니라 병원 간의 부족한 물품들이 있을 때 빌려올 때도 쓸모가 있을 거라고 생각해.

C: 나는 특히 텀블러를 쓰는 것을 권장하는 캠페인을 하자는 해결 방안이 좋은 것 같아. 이런 캠페인이 전 지구적으로 일어난다면 공동체 의식도 생길 것 같고, 환경 보호에 효과적일 것 같아. 그런데 내가 생각하기에 이런 프로젝트는 단기간만 실시하기보다는 모두가 관심을 가지고 장기적으로 하는 게 가장 중요할 것 같아.

D: 코로나 이후로 일회용품 사용량이 그만큼이나 늘어났을 줄은 몰랐어. 일회용품을 줄이기 위해서 배달음식의 먹지 않을 반찬이나 수저를 빼달라고 요청하는 건 분명 쉬우면서도 잘 하지 않는 방법이라 생각돼. 이런 실천 모습을 SNS를 통해 많은 사람들에게 노출시키면 효과가 있지 않을까?

A: 코로나로 인해 의료계에 대한 의식이 높아졌는데 의료폐기물이 메르스 때에 비해 30배나 늘어난 것이 놀라웠어. 이런 폐기물을 소각하는 과정에서 환경오염의 주범이 될 수 있고 멸균분

쇄를 통해 좀 더 환경친화적으로 처리할 수 있을 것 같아. 추가적으로 내가 조사해 보니 멸균 분쇄 중 듀얼 모터로 분쇄를 하면 폐기물의 부피 및 무게를 최대 80% 줄일 수 있대.

B: 마스크는 재활용이 안 되니까 그냥 버리는 게 답이라고 생각했어. 그런데 마스크를 업사이클 링해서 하나의 용품을 만들어 사용할 수 있다는 것에 굉장히 놀랐어. 업사이클링 방법을 알려 주는 앱이 있다면 사람들이 업사이클링에 더 관심을 갖고 참여할 수 있을 것 같아.

A: 그럼 해결 방안이 "첫째, 먹지 않는 반찬 사절, 일회용 수저 받지 않기 등 다양한 배달용 일회 용품 줄이기 운동을 스스로 실천해 본다. 둘째, 텀블러를 개인당 하나만 사서 쓰도록 권장하 는 캠페인을 한다. 셋째, 자신이 만든 작품을 공유하는 업사이클링 앱을 만든다. 넷째, 멸균분 쇄장치를 확대 도입하고 의료시설 간의 커뮤니티 웹 사이트를 생성한다."이구나. 그럼 이걸 바탕으로 'Creative Problem-Solution Paragraph'를 써 보자.

〈Creative Problem-Solution Paragraph: Disposable Stuff〉

We're going to talk about some environmental problems caused by COVID-19. The first one we'd like to talk about is using too much disposable stuff from delivery containers. To solve this problem, we put a campaign to reduce disposable products into practice. By doing so, we can reduce the amount of pollution emitted. The second one we'd like to talk about is there is a lot of medical waste. Using sterile shredding devices and creating community websites between hospitals can bea solution. It can be more environmental-friendly than normal waste disposal methods. The last one we'd like to talk about is there are too many masks thrown away after use once. Creating an upcycling application that shares people's work can be a resolution. It will be effective in protecting the environment because it will attract people's attention to the environment and help those who haven't upcycled to try it. We think these things can solve the problem effectively.

III 수업 성찰

블렌디드 PBL 수업에 대한 아이들의 반응

'창의적 문제 해결 문단'을 구성하기 위한 '블렌디드 기반 PBL 수업'을 위해 팀으로 활동하면서 아이들은 이번 블렌디드 기반 PBL 수업을 즐겁고 유익한 것으로 생각했다. 전체적으로 상당히 많은 학생들이 즐겁고 유익했으며, 다른 학생들에게 이 수업을 추천하려는 것을 알 수 있다(〈표 10-2〉).

〈표 10-2〉 블렌디드 기반 PBL 수업의 즐거움과 유익성

항목	수업 즐거움		수업 유익성		수업 추천	
척도	빈도	퍼센트	빈도	퍼센트	빈도	퍼센트
1	0	0	0	0	2	1.1
2	7	3.7	4	2.1	7	3.7
3	33	17.6	45	23.9	48	25.5
4	75	39.9	73	38.8	63	33.5
5	73	38.8	66	35.1	68	36.2
합계	188	100.0	188	100.0	188	100.0

온라인 수업이 유익한지, 오프라인 수업이 유익한지를 보면 온라인 수업과 오프라인 수업을 비교했을 때 오프라인, 즉 대면 교실 수업이 더 유익하다는 것이 결론이다(〈표 10-3〉).

〈표 10-3〉 온라인 수업과 오프라인 수업의 유익도

항목	온라인 유익도		오프라인 유익도	
척도	빈도	퍼센트	빈도	퍼센트
1	0	0	0	0

2	8	4.3	4	2.1
3	51	27.1	38	20.2
4	65	34.6	65	34.6
5	64	34.0	81	43.1
합계	188	100.0	188	100.0

블렌디드 기반 PBL 수업은 온라인 수업과 오프라인 수업이 가지고 있는 각각의 장점을 잘 살릴 때 그 수업적 효과가 클 것이라는 것은 상식이다. 현재 이야기되고 있는 온라인 수업의 단점만을 가지고 대면 교실 수업과 비교해서 온라인 수업이 가치가 없다고 단정하는 것은 설익은 결론이다. 온라인 화상회의 도구 등을 사용해서 팀별 활동을 하는 경우에는 학습능력이 낮은 학생들도 집중력을 발휘하여 적극적으로 활동에 참여하여 학습의 효과가 상승하는 사례를 볼 수 있다. 이는 PBL 팀 과제를 온라인 화상회의를 사용해서 진행했던 결과와 온라인 퀴즈 활동에서도 확인된다(〈표 10-4〉).

〈표 10-4〉 온라인 도구를 활용한 활동의 유익도

항목	온라인 PBL 팀과제 활동 유익도		온라인 퀴즈 유익도	
척도	빈도	퍼센트	빈도	퍼센트
1.00	2	1.1	5	2.7
2.00	11	5.9	8	4.3
3.00	42	22.3	28	14.9
4.00	75	39.9	67	35.6
5.00	58	30.9	80	42.6
합계	188	100.0	188	100.0

활동은 전체 학습을 유익하게 하는 데 얼마나 영향력을 발휘했는가를 보면,

모형 1: $Y1 = 0.381 + 0.24X1 + 0.553X2 + 0.123X3 + 0.001X4 + -0.017X5$.

모형 2: $Y2 = 0.384 + 0.234X1 + 0.552X2 + 0.12X3$이다.

모형 1은 전체 수업을 구성하는 다섯 가지 학습 활동을 모두 포함하는 것으로 X4, 온라인 퀴즈의 효과는 0.001로 극히 미미하다. 그래서 가장 먼저 제거되었고 두 번째로 효과가 작은 X5, 개인과제 편익이 제거되었다(〈표 10-5〉). 수업 유익도 측면에서는 온라인 수업 유익도와 오프라인 수업 유익도 그리고 팀과제 유익도로 구성되는 것이 가장 적절한 블렌디드 기반 PBL 수업이 된다.

〈표 10-5〉 전체 블렌디드 기반 PBL 수업 유익도 모형

모형		회귀 계수				
		비표준화 계수		표준화 계수	t	유의확률
		B	표준화 오류	베타		
1	(절편 상수)	.381	.211		1.806	.073
	온라인 유익도	.240	.057	.259	4.180	.000
	오프라인 유익도	.553	.061	.558	9.012	.000
	팀과제 유익도	.123	.044	.140	2.791	.006
	온라인 퀴즈	.001	.043	.002	.033	.974
	개인과제 편익	−.017	.050	−.018	−.341	.734
2	(절편상수)	.354	.193		1.834	.068
	온라인 유익도	.234	.054	.253	4.305	.000
	오프라인 유익도	.552	.061	.557	9.112	.000
	팀과제 유익도	.120	.041	.135	2.910	.004

생활 속 PBL 수업을 마치면서

또 하나의 적절한 수업을 찾아 나선 길은 의도치 않은 다른 길로 이어지고 해는 저물고 있다. 의도한 여정과 의도하지 않은 여정의 개입으로 길은 이어지고 이 길이 끝나면 또 다른 길이 우리를 기다리고 있겠지. 그 길을 여행하면서 우리는 또 하나의 새로운 길을 만들 것이다.

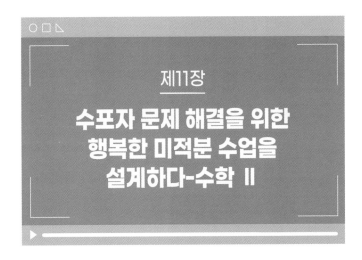

제11장

수포자 문제 해결을 위한 행복한 미적분 수업을 설계하다-수학 Ⅱ

📝 무기력한 교실, 수업을 바꿔 보자

신종 코로나바이러스 감염증에 따른 세계적 팬데믹(pandemic)의 장기화는 교육 현장에 예상치 못한 여러 가지 현상을 초래하고 있다. 학교에서는 온라인 수업과 오프라인 수업의 병행으로 인해 학생들이 점차 무기력해지고, 언론 매체는 학력이 저하되었다는 여러 조사 기관의 통계 자료를 연이어 발표하고 있다. 한 조사에 의하면 "원격 수업 상황에서 중·고등학교 학생 모두는 '자기관리'가 가장 어려웠고, 코로나 이전에 비해 코로나 이후 수업태도와 자기주도 학습능력이 낮아졌다고 응답하였다(서울교육정책연구소[서교연], 2020)."

이에 무기력한 수업을 변화시킬 목적으로 〈표 11-1〉과 같이 수행평가 영역에 PBL이 포함된 평가 계획을 수립하고, PBL 수업을 설계하였다.

⟨표 11-1⟩ '2021학년도 수학 II 평가 계획'의 일부

평가 종류	지필평가				수행평가	
평가 영역	중간고사		기말고사		구술	미적분 프로젝트
	선택형 및 단답형	서술형	선택형 및 단답형	서술형		
반영 비율	21%	9%	21%	9%	20%	20%
만점	100점		100점		100점	100점
평가 방법	• 서술형 30점 • 선택형 및 단답형 70점		• 서술형 30점 • 선택형 및 단답형 70점		• 교사 관찰평가	• 교사 관찰평가 • 자기평가 • 동료평가
평가 시기	4월		7월		3~6월	5월
평가 횟수	1회		1회		4회	1회
교육과정 성취기준 (평가내용)	[12수학 II 01-01] ~ [12수학 II 02-08]		[12수학 II 02-09] ~ [12수학 II 03-06]		[12수학 II 01-01] ~ [12수학 II 03-06]	[12수학 II 01-01] ~ [12수학 II 02-11]

I 수업 설계

교육과정 재구성

1. 단원: II. 미분, III. 적분
2. 성취기준

[12수학 II 02-06] 접선의 방정식을 구할 수 있다.

[12수학 II 02-11] 속도와 가속도에 대한 문제를 해결할 수 있다.

[12수학 II 03-05] 곡선으로 둘러싸인 도형의 넓이를 구할 수 있다.

[12수학 II 03-06] 속도와 거리에 대한 문제를 해결할 수 있다.

[12수학 II 04-01] 실생활 속에서 미적분의 원리가 적용되는 사례를 찾고, 그 원리를 설명할 수 있다.

3. 학습주제

일반계 고등학교의 수학II 과목에서 성취기준을 바탕으로 PBL의 근본 취지를 살리는 '다양한 해결책이 존재하는 Open ended problem'을 설정하는 건 쉽지 않은 일이다. 그래서 비교적 활용성이 많은 성취기준을 근거로 사회문제 해결 과정에서 수학적 문제 해결력을 기르는 방향으로 다음과 같이 학습주제를 설정했다.

학습주제 1	수포자 문제 인식 및 수업과 연계한 탐구 계획 수립하기
학습주제 2	수포자 문제에 대한 관점 확인 및 수업과 연계한 문제 해결 방안 도출하기

PBL 문제 개발

1. PBL 문제 시나리오 구성을 위한 아이디어

배경	• 수포자 문제에 대한 사회적 이슈 • 수포자 문제의 지속성으로 인한 심각한 사회 문제
상황	• 모든 학교급에서 발생하는 수포자 문제에 대한 대책 마련 필요 • 교실 수업을 중심으로 수포자 실태, 원인, 해결 방안 모색 필요
주인공의 해결과제	• 수포자 문제 해결을 위한 행복한 미적분 수업 수행 계획 수립하기 • 다양한 방법으로 수포자의 실태, 원인 및 해결 방안 탐색하기 • 행복한 미적분 수업 실행을 위한 소재 발굴 및 수업 아이디어 개발하기 • 탐구 결과 발표하고, 발표 과정에서 모의 수업 시연하기
제한점	• 수포자 실태 파악은 양적 연구 및 질적 연구를 위한 다양한 연구방법을 적용하는 것이 효과적이지만, 교과의 성취기준 특성에 따른 PBL 수행 방향과 온라인 수업에서 발생할 수 있는 변수와 그에 따른 시간 제약으로 자료 조사 및 분석 정도로 한정함. • 제한된 시간에 따라 모의 수업의 시연은 특별한 형식 없이 자유로이 하되, 10분 정도의 최종 발표 시간 내에서 간략히 실시함.

2. PBL 문제 시나리오 구성하기

PBL 수업도 근본적으로는 성취기준에 도달하는 것을 목표로 하지만, 수학 교과의 PBL 수업에서는 PBL의 근본 취지를 살리는 의미에서 사회문제를 연계한 학습주제를 설정하는 것이 수업을 운영하는 데 있어서 유용한 면이 없지 않다. 그래서 PBL 시나리오는 주제 1과 주제 2를 모두 담아내고, 아울러 학생들의 학습 동기를 유발하여 참여도를 높이는 방향으로 구상했다.

기본 아이디어는 수포자 문제의 원인 중 하나가 교실 속 수업에 있다고 가정하고, 다양한 매체를 이용하여 수포자 문제와 수업 문제에 대한 자료를 탐색·수집·분석해서 수포자 문제 해결을 위한 행복한 미적분 수업 아이디어를 제시하는 것이다. 물론 해결안은 제시된 성취기준에 따라 이루어져야 하며, 최종 보고서에는 행복한 미적분 수업을 위해 발굴한 소재와 방법을 포함해야 하고, 발표 과정에서는 탐구과정에서 발굴한 소재와 방법으로 행복한 모의 수업을 하는 것으로 시나리오를 제작했다.

> ### PBL 문제
>
> 수포자 문제 해결을 위한 행복한 미적분 수업, 어떻게 할까?

♣ 수포자 문제 해결을 위한 행복한 미적분 수업 아이디어 공모전 개최 안내 ♣

학생 여러분, 반갑습니다.
여러 조사 결과에 의하면 학생들은 수학을 가장 어렵고 부담스러운 과목으로 여기고 있는 것으로 나타났습니다. '수포자(수학을 포기한 학생)'라는 말이 일상적인 용어가 되었듯이 학생들의 수학에 대한 흥미와 자신감은 떨어져 있는 상태입니다. 고등학교 학생 10명 중 6명이 수학을 포기할 만큼 고등학교 학생들의 수학에 대한 흥미도와 행복지수가 낮은 원인은 매우 다양하고 복합적입니다.

이에 한국수학교육학회 미적분 분과에서는 교실 수업 개선을 통한 학생들의 수학 과목에 대한 흥미도 제고를 위하여 단순 지식의 습득과 그 지식을 이용한 문제 풀이 형식의 수학 수업에서 벗어나고자 '수포자 문제 해결을 위한 행복한 미적분 수업 아이디어 공모전'을 고등학교 학생들을 대상으로 개최합니다. 학생들은 수학 교사가 되어 '수포자 문제 해결을 위한 행복한 미적분 수업'을 위한 소재 발굴과 그 소재를 적용한 수업 설계 및 모의 수업을 실행하고 보고서를 제출해야 합니다. 최종 심사를 통과한 5개 팀은 하계 학술 세미나에서 연구 결과를 발표합니다.

본 공모전의 입상자에게는 적지 않은 장학금 외에 다양한 혜택이 주어지니 첨부된 심사 요소를 확인하여 적극적으로 참여해 주시기 바랍니다.

심사 요소: 별첨

2022. ○. ○.

한국수학교육학회장 드림

✏️ PBL 교수 · 학습과정안 설계

1. 블렌디드 러닝에 기반한 PBL 수업의 흐름

개념학습	문제 제시 문제 확인	문제 해결 탐색 활동	문제 해결안 도출	발표 및 성찰
미적분의 개념 수포자의 의미 수업 시나리오 이해	문제 시나리오 제시 문제 확인서 작성	문제 해결을 위한 자료 탐색 및 수집	탐구 보고서 작성 발표 PPT 작성	학술 세미나 발표 비평 및 평가 성찰록 작성
구글 클래스룸 구글 미트	구글 클래스룸 구글 미트 구글 잼보드	도서, 인터넷 구글 미트 구글 잼보드	구글 클래스룸 구글 미트 구글 잼보드 구글 문서	구글 클래스 구글 미트 구글 프레젠테이션
온라인	온라인	온라인	온라인	오프라인

2. 블렌디드 러닝 기반 PBL 수업 실행 과정 개요

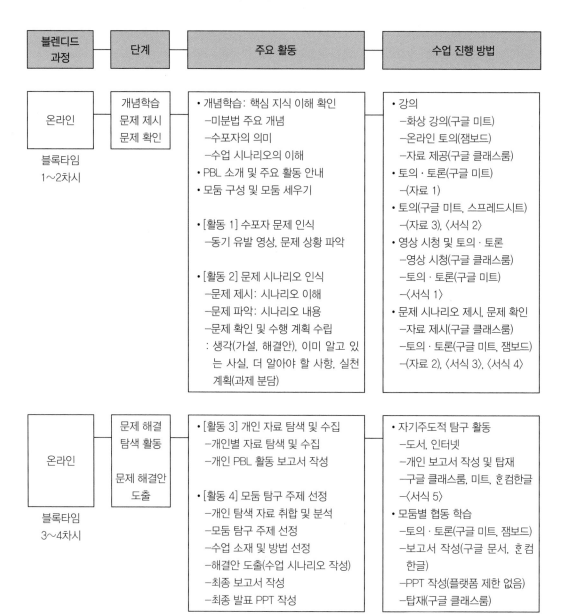

블렌디드 과정	단계	주요 활동	수업 진행 방법
온라인 블록타임 1~2차시	개념학습 문제 제시 문제 확인	• 개념학습: 핵심 지식 이해 확인 　－미분법 주요 개념 　－수포자의 의미 　－수업 시나리오의 이해 • PBL 소개 및 주요 활동 안내 • 모둠 구성 및 모둠 세우기 • [활동 1] 수포자 문제 인식 　－동기 유발 영상, 문제 상황 파악 • [활동 2] 문제 시나리오 인식 　－문제 제시: 시나리오 이해 　－문제 파악: 시나리오 내용 　－문제 확인 및 수행 계획 수립 　: 생각(가설, 해결안), 이미 알고 있 　는 사실, 더 알아야 할 사항, 실천 　계획(과제 분담)	• 강의 　－화상 강의(구글 미트) 　－온라인 토의(잼보드) 　－자료 제공(구글 클래스룸) • 토의 · 토론(구글 미트) 　－〈자료 1〉 • 토의(구글 미트, 스프레드시트) 　－〈자료 3〉, 〈서식 2〉 • 영상 시청 및 토의 · 토론 　－영상 시청(구글 클래스룸) 　－토의 · 토론(구글 미트) 　－〈서식 1〉 • 문제 시나리오 제시, 문제 확인 　－자료 제시(구글 클래스룸) 　－토의 · 토론(구글 미트, 잼보드) 　－〈자료 2〉, 〈서식 3〉, 〈서식 4〉
온라인 블록타임 3~4차시	문제 해결 탐색 활동 문제 해결안 도출	• [활동 3] 개인 자료 탐색 및 수집 　－개인별 자료 탐색 및 수집 　－개인 PBL 활동 보고서 작성 • [활동 4] 모둠 탐구 주제 선정 　－개인 탐색 자료 취합 및 분석 　－모둠 탐구 주제 선정 　－수업 소재 및 방법 선정 　－해결안 도출(수업 시나리오 작성) 　－최종 보고서 작성 　－최종 발표 PPT 작성	• 자기주도적 탐구 활동 　－도서, 인터넷 　－개인 보고서 작성 및 탑재 　－구글 클래스룸, 미트, 흔컴한글 　－〈서식 5〉 • 모둠별 협동 학습 　－토의 · 토론(구글 미트, 잼보드) 　－보고서 작성(구글 문서, 흔컴 　한글) 　－PPT 작성(플랫폼 제한 없음) 　－탑재(구글 클래스룸)

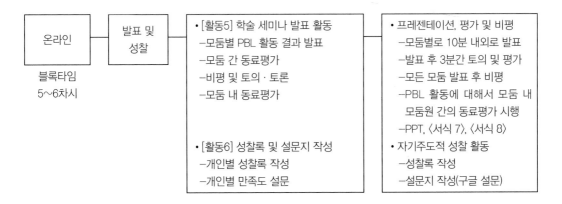

3. 교수 · 학습과정안 개요

문제	수포자 문제 해결을 위한 행복한 미적분 수업, 어떻게 할까?	총 6차시
학습 목표	1. 사회 문제 탐구 절차를 활용하여 수포자 문제에 대한 탐구 계획을 세울 수 있다. 2. 수포자 문제 사례별 탐구 결과를 실태, 원인, 해결 방안 순의 보고서로 작성할 수 있다. 3. 수포자 문제 해결을 위한 행복한 미적분 수업 아이디어를 제안하고 수업으로 실행해 보일 수 있다.	

성취 기준	[12수학Ⅱ02-06] 접선의 방정식을 구할 수 있다. [12수학Ⅱ02-11] 속도와 가속도에 대한 문제를 해결할 수 있다. [12수학Ⅱ03-05] 곡선으로 둘러싸인 도형의 넓이를 구할 수 있다. [12수학Ⅱ03-06] 속도와 거리에 대한 문제를 해결할 수 있다. [12수학Ⅱ04-01] 실생활 속에서 미적분의 원리가 적용되는 사례를 찾고, 그 원리를 설명할 수 있다.

핵심 역량	문제 해결	✓	정보처리	✓
	추론	✓	의사소통	✓
	창의 · 융합	✓	태도 및 실천(협업)	✓

단계	문제 해결 활동 내용
개념 학습	• 미분법에 대한 주요 개념 개론 학습 • 수포자 및 행복한 수업의 의미 파악 • PBL의 전반적인 진행 소개 및 모둠 구성, 역할, 규칙 정하기

문제 제시	• 동기 유발: 수포자 문제 및 행복한 수업 관련 동영상 • 문제 상황: 수포자 문제 해결을 위한 행복한 미적분 수업 실행 문제 시나리오 제시 • 문제 파악: 문제 시나리오의 내용과 해결 과제 파악 및 역할 이해
문제 확인	• 생각(가설): PBL 문제와 해결 방안에 대한 다양한 생각 및 가설 등 • 사실: 제시된 문제 해결에 필요한 사실, 문제 해결과 관련해 학습자가 알고 있는 것 • 학습 과제: 문제 해결을 위해 알아야 할 내용 선정 • 수행 과제: 문제 해결을 위해 학습자가 해야 할 일 또는 실천 계획 수립
문제 해결 탐색 활동	• 개별 과제 수행: 수포자 문제의 사례, 원인 및 알려진 해결 방안과 행복한 미적분 수업을 위한 소재 및 수업 방법을 조사하여 자료를 수집하고, 모의 수업 시나리오를 작성
문제 해결안 도출	• 모둠별 토의 토론: 개별 수행 과제를 바탕으로 구글 미트와 잼보드를 이용하여 모둠별로 토의 · 토론 활동을 하고, 의견을 수렴하여 해결 방안을 도출한 후 결과를 보고서 및 발표 PPT로 작성
발표 및 성찰	• 하계 학술 세미나에서 발표하는 형식으로 발표 활동 및 토의 · 토론 활동 진행 • 발표 활동에 대한 모둠 간 동료 평가하기 • PBL 활동 과정에 대한 모둠 내 동료 평가하기 • PBL 활동 과정에 대해 성찰 및 PBL 활동 만족도 설문에 답하기

4. 차시 운영 및 평가 계획

차시	단계	주요 산출물	필수 평가 항목	기대 역량
블록 타임 1~2 차시	개념학습 문제 제시 문제 확인	• [활동 1] PBL 오리엔테이션 (자료 1) 문제 상황 파악하기 〈서식 1〉 PBL 모둠 편성 자료 (자료 2) 모둠 세우기 〈서식 2〉 • [활동 2] PBL 문제 시나리오 (자료 3) 개인 PBL 활동 문제 확인서 〈서식 3〉 모둠 PBL 활동 문제 확인서 〈서식 4〉	이해의 정확도 계획의 적절성 참여의 적극성	의사소통 〈서식 4〉 정보처리 〈서식 4〉 태도 및 실천 〈서식 4〉 추론 〈서식 4〉 메타인지 능력 〈서식 1〉

블록 타임 3~4 차시	문제 해결 탐색 활동 문제 해결안 도출	• [활동 3] 개인 PBL 활동 보고서 〈서식 5〉 • [활동 4] 모둠 PBL 활동 보고서 〈서식 6〉 모둠 잼보드 〈링크〉	내용의 충실성 과정의 체계성 방안의 창의성 참여의 적극성	문제 해결〈서식 5〉, 〈서식 6〉 의사소통 〈서식 6〉 창의 · 융합 〈서식 6〉 정보처리〈서식 5〉 태도 및 실천 〈서식 5〉
블록 타임 5~6 차시	발표 및 성찰	• [활동 5] 학술 세미나에서 발표 PPT 발표 활동 동료 평가지 〈서식 7〉 PBL 활동 동료 평가지 〈서식 8〉 • [활동 6] 개인 성찰록 작성 〈서식 9〉 PBL 만족도 조사 〈서식 10〉	문제의 이해도 소재의 참신성 수업의 매력도 발표의 체계성 참여의 적극성	문제 해결 〈서식 7〉 의사소통 〈서식 7〉 창의 · 융합 〈서식 7〉 태도 및 실천 〈서식 8〉 메타인지 능력〈서식 9〉

블렌디드 러닝 환경 조성

구글 클래스룸은 수업에 필요한 대부분의 온라인 에듀테크 도구를 활용할 수 있는 강력한 온라인 협업 교육 플랫폼으로 Google Workspace for Education 계정을 활용한다면 좀 더 효율적으로 수업을 운영할 수 있다. 구글 클래스룸을 이용한 온라인 수업은 전체 화상수업과 모둠별 화상회의를 기반으로 하기에 구글 미트에 대한 기능을 숙지할 필요가 있다. 그리고 Google Workspace for Education 계정을 비롯한 무료 버전의 구글 미트에서 지원하지 않는 소그룹 화상 회의 기능을 보완하기 위해서 Zoom을 함께 이용하는 것이 좋다. 또한, 크롬 브라우저의 확장 프로그램인 'Google meet Breakout Rooms'를 이용하면 구글 미트에서도 소그룹 화상회의 기능을 활용할 수 있으니 사전에 설정 방법과 기능을 익히고 모둠을 편성해 둘 필요가 있다.

온라인 화상수업에서 모둠별 협업 활동을 위한 프로그램으로 구글 잼보드나 패들렛 등을 이용할 수 있다. 모든 활동이 계획된 시간 내에서 이루어져야 하기에 수업에 활용되는 에듀테크 애플리케이션은 꼭 필요한 것을 중심으로 선정하여 사전에 숙지해야 한다. 본 PBL에서 사용한 주요 도구는 〈표 11-1〉과 같다.

〈표 11-1〉 **활용 에듀테크**

에듀테크7	용도
구글 클래스룸	온라인 수업 및 관리 플랫폼
구글 미트 및 Zoom	원격 화상수업 플랫폼
구글 잼보드	협력학습을 위한 인터랙티브 화이트보드 애플리케이션
Google meet Breakout Rooms	구글 미트용 소그룹 활동 크롬 확장 프로그램
EquatIO	구글 문서 수식 입력 지원 크롬 확장 프로그램

Ⅱ 수업 실행

문제 제시 및 문제 확인

일반적으로 프로젝트 수업은 활동 안내와 모둠 편성 및 학습 동기 유발로 시작한다. 오리엔테이션을 통해 본 차시 PBL 수업의 목적, 활동 내용, PBL 문제, 산출물 및 평가 방법, 차시별 활동 계획 등을 구체적으로 설명하고 주지시킴으로써 학생들이 방향을 잃지 않고 프로젝트를 원만하게 수행할 수 있도록 한다. 프로젝트 수업 이전 일상의 수업 중에 모둠을 지어 토론하고 협력하는 수업을 하는 것은 꽤 긴 시간 동안 팀으로써 협업해야 하는 프로젝트 수업에서 잘 어울리는 모둠을 편성하는 데 큰 도움이 된다. 모둠 편성에 있어서 편성의 주도권을 학생과 교사 중 어느 쪽에 두느냐는 일장일단이 있다. 교사와 학생이 주도할 부분을 나누는 것이 바람직하며, 이 또한, 학생들과 충분히 논의해야 할 사항이다.

1~2차시 블록타임 수업은 '활동 1'과 '활동 2'로 나누어 온라인으로 진행한다. 온라인 수업은 구글 미트를 이용하여 화상으로 진행된다. 그 과정에서 학생들은 구글

클래스룸에 탑재한 (자료)와 〈서식〉을 사용하고, 구글 잼보드를 이용하여 의견을 나누고 결론을 도출한다.

[표1]

반	번호	이름	그룹
4			A
4			A
4			A
4			A
4			A
4			A
4			B
4			B
4			B
4			B
4			B
4			B
4			C
4			C
4			C
4			C
4			C
4			C
4			D
4			D
4			D
4			D
4			D
재적수	23		

[표2]

모둠	그룹	학번	이름	역할
1	A			모둠장
1	B			
1	C			
1	D			
2	A			모둠장
2	B			
2	C			
2	D			
3	A			모둠장
3	B			
3	C			
3	D			
4	A			모둠장
4	B			
4	C			
4	D			
5	A			모둠장
5	B			
5	C			
5	D			
6	A			모둠장
6	B			
6	C			
재적수	23			

[엑셀 파일 열기]
1. 구글 G Suite (@geumgok.hs.kr) 계정으로 로그인 한 후 구글 클래스룸(수학II 2-4)입실한다.
2. 수업 -> 주제(PBL-행복한 미적분 수업 만들기) ->과제(PBL 수업 모둠 편성)을 연다.
3. Google Sheets(PBL 모둠 편성)을 연다.
4. 아래 [모둠 구성 방법]에 따라 본인이 희망하는 모둠에 학번과 성명을 입력한다.
5. 제출 과제 '완료로 표시'를 클릭하여 제출한다.

[모둠 구성 방법]
1. 원칙1: [표2]의 각 모둠(1, 2, 3, 4, 5, 6)은 [표1]의 각 그룹(A, B, C, D)에서 1명 씩 뽑아 4명으로 구성한다.
2. 원칙2: [표2]의 모둠 6은 그룹 A, B, C에서 1명씩 뽑아 3명으로 구성한다.
3. 원칙3: [표1]의 그룹 A에 속하는 6명은 [표2]의 각 모둠의 모둠장에 본인이 희망하는 곳에 배정한다.
4. 원칙4: 남은 학생은 채팅을 통하거나 본인의 소신에 따라 [표2]의 각 모둠의 본인의 해당 그룹에 배정한다.

[그림 11-1] 모둠 편성하기

PBL 모둠 세우기<서식1>

모둠 세우기		
활동 안내	1. PBL 문제 해결에 적합한 모둠 이름을 정한다. 2. PBL 문제 해결에 적합한 모둠원들의 역할과 할 일을 정한다. 3. PBL 문제 해결에 적합한 모둠 규칙을 정한다.	
PBL 문제	수포자 문제 해결을 위한 행복한 미적분 수업, 어떻게 할까?	
모둠 이름	2모둠- 수박	
모둠원 (학번 이름)	역할	구체적 할 일
	모둠장	모둠활동 주도하기 발표 및 수업 자료 만들기 개인 보고서 작성하기
	수업자	수업 주도하기 발표 및 수업 자료 만들기 개인 보고서 작성하기
	기록자	보고서 기록하기 발표 및 수업 자료 만들기 개인 보고서 작성하기
	발표자	발표 주도하기 발표 및 수업 자료 만들기 개인 보고서 작성하기
모둠 규칙		
① 매 수업에 최선을 다 할 것. ② 활발하게 참여 안 하는 사람 없이 의견을 내놓을 것. ③ 무임승차 하려는 마음을 갖지 않을 것. ④ 서로의 의견을 존중해줄 것.		

[그림 11-2] 모둠 세우기

'활동 1'에서 교사는 [그림 11−1]에서와 같이 모둠 편성용 구글 시트 파일을 이용하여 온라인으로 모둠을 편성하였다. 교사는 학기 초부터 실행해 온 모둠 수업을 통해 파악된 자료를 바탕으로 학생들을 네 수준의 그룹으로 나누었다. "각 모둠의 구성원은 수준이 서로 달라야 한다"는 간단한 규칙에 따라 학생들은 본인이 원하는 모둠을 선택하여 자신의 이름을 입력하는 방식으로 모둠을 편성하고, [그림 11−2]와 같이 〈서식 2〉를 이용하여 모둠 세우기를 하였다.

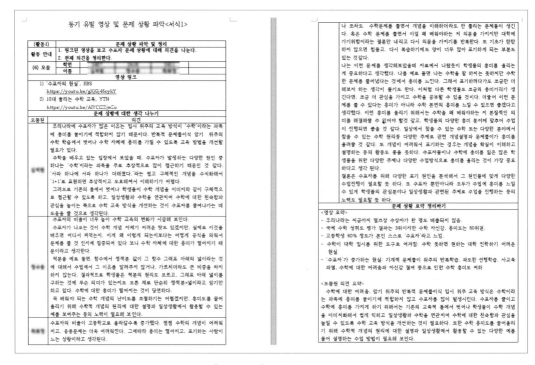

[그림 11-3] 문제 상황 확인

　　교사는 〈서식 1〉 자료와 동영상 자료를 제공하여 학습 동기를 유발하였다. 학생들은 [그림 11-3]과 같이 개인별로 문제 상황을 파악하고 모둠별로 취합하여 구글 클래스룸에 제출하였다. 학생들은 영상의 내용을 다소 충격적으로 받아들인 한편 상당히 현실적인 문제로 파악하고 있다는 느낌을 받았다.

　　'활동 2'에서 교사는 학생들에게 (자료 2) 'PBL 문제 시나리오'를 제시하였고, 학생들은 [그림 11-4]와 같이 PBL 문제 시나리오를 분석하여 〈서식 3〉의 PBL 문제 확인서(수행 계획서)를 개인별로 작성하였다.

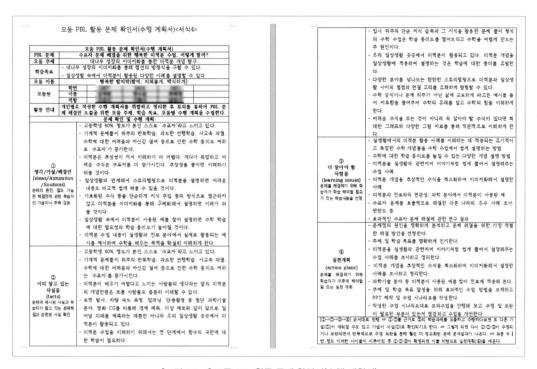

[그림 11-4] 모둠 PBL 활동 문제 확인서(수행 계획서)

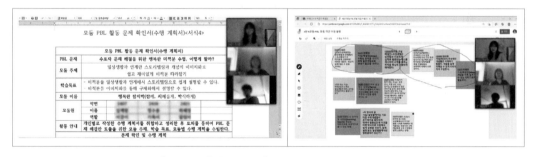

[그림 11-5] 잼보드를 활용한 의견 수렴

학생들은 개인별 자료를 바탕으로 [그림 11-5]와 같이 구글 잼보드를 활용하여 모둠별로 의견을 수렴하고, [그림 11-4] 〈서식 4〉의 모둠 PBL 문제 확인서(수행 계획서)를 작성하였다.

문제 해결 과정에서 가장 중요한 것은 학습자가 문제 상황 속의 문제를 얼마만큼 정확하게 이해하고 있는가이다. 따라서 교사는 학습자에게 문제 상황 속의 핵심 질문이 무엇인지 확인하도록 해야 한다. 일반적으로 학습자는 문제 확인의 각 항목에 대한 개념을 이해하는 데 어려움을 겪는다. 문제 해결에 필요한 다양한 생각과 가설을 수립하는 과정은 효과적으로 해결안에 도달하는 방법임을 이해할 수 있도록 해야 한다. 가설은 정보 수집과 분석 과정에서 수정되어 다시 설정될 수 있고, 학습자는 문제의 해결안에 도달하는 과정에서 가설의 설정과 분석 활동을 반복적으로 수행해야 한다는 것도 이해해야 한다. 사실(facts) 항목은 자료(data)가 중요하기에 가능한 범위에서 많은 자료를 수집해야 하지만, 자료로서의 가치가 보장될 수 있도록 체계적으로 분석하고 재구성하는 일이 중요함을 강조할 필요가 있다(안윤지, 2020). 이러한 의견 수립 과정에서 구글 잼보드는 효과적인 온라인 협업 도구가 될 수 있다.

◆ **평가를 고려한 모둠 편성, 이렇게 했다.**

PBL 수업 활동이 성적에 민감한 수행평가의 한 영역이고, 프로젝트 수업에서 발생하는 모둠원 사이의 갈등 사례를 고려해 교사는 다소 신중하게 모둠을 편성했다. 학기 초부터 수업은 모둠 활동으로 운영되었고, 그 과정에서 발견한 문제점들을 보완하여 교사는 PBL 수업의 모둠을 편성했다. 교사는 코로나19 팬데믹에 따른 온라인 수업 상황에서 모둠 내 활동을 활성화하고자 전적으로 학생들의 뜻을 반영하여 모둠을 편성하였는데, 문제 해결력이나 참여도에서 모둠 간의 편차가 크게 나타났다. 그래서 이번 PBL 활동에서 모둠은 교사의 선택권과 학생의 선택권을 절충하여 편성되었다. 편성의 바탕은 수준과 참여도에 두었다. 교사는 이전까지의 평가 결과를 바탕으로 학생들의 문제 해결력의 수준을 4단계로 구분하여 각 모둠에 네 가지 수준의 학생이 고루 편성되도록 했다. 그리고 교사는 그동안 수업 중에 관찰 기록한 것을 바탕으로 수업에 임하는 태도가 좋지 못한 학생 중 서로 친근한 관계에 있는 학생들은 같은 모둠에 편성되지 않도록 사전에 선택 그룹을 조정했다. 모둠 편성은 구글 스프레드시트로 작성한 모둠 편성 기초 자료(자료 3)를 이용하여 구글 클래스룸과 구글 미트를 이용한 온라인 수업에서 진행되었다. 교사는 모둠 편성 기초 자료에 문제 해결력과 친화력을 고려한 4개의 선택군으로 학생들을 그룹화했다. 교사는 먼저 학생들의 의사를 반영하여 6명의 모둠장을 선정했다. 이어서 교사는 문제 해결력과 태도를 바탕으로 구성한 4개의 그룹에서 1명씩 뽑아 수준을 고려한 4인 1조의 모둠을 구성했다. 모둠장을 정하는 것을 제외한 나머지 과정에서 교사의 개입은 없었고, 전적으로 학생들의 의지와 논의로 4인 1조의 5개 모둠과 3인 1조의 1개 모둠 등 총 6개의 모둠이 편성되었다.

📝 문제 해결을 위한 탐색 활동 및 문제 해결안 도출

본격적으로 탐구 활동을 하고 개인별 보고서와 팀별 최종 보고서를 작성하는 시간이다. 이 시간에는 무엇보다도 모둠의 구성원들 사이에 활발한 의견 교환이 이루어진다. 따라서 학습자는 논리적인 메시지를 전달하여 상대방을 설득해야 한다. 그러기 위해서는 답변해야 할 과제가 제시되고, 과제에 대한 필요한 요소를 충족시킨 답이 있으며, 의견 교환 후 상대방에게 기대하는 반응을 포함하는 좋은 메시지를 만들 수 있어야 한다. 그래서 반복적으로 과제를 확인하고 자신에게 스스로 질문해 보는 일이 무엇보다도 중요함을 강조한다.

3~4차시 블록타임 수업은 '활동 3'과 '활동 4'로 나누어 온라인으로 진행하였다. 학생들은 구글 클래스룸에 탑재한 〈서식〉을 활용하였고, 구글 미트와 구글 잼보드를 통하여 모둠원끼리 토의하고 의견을 수렴했다. 학생들은 구글 문서와 구글 프레젠테이션을 이용하여 보고서와 발표 자료를 정리하였으며, 완성된 자료는 흔컴 한글과 MS 파워포인트로 변환하여 보관함으로써 인터넷 연결이 되지 않는 오프라인 수업 상황에도 대비했다.

'활동 3'에서 학생들은 개인별로 자기주도적 자료 탐색 및 학습 활동을 하고, [그림 11-6]의 〈서식 5〉를 이용하여 개인 보고서를 작성했다. 〈서식 5〉는 ① 책에서 발견한 자료, ② 나의 진로와 관련된 자료, ③ 역사 · 영화 · 음악 · 미술 · 건축 · 과학 · 공학 · 생활 · 기타에서 발견한 자료, ④ PBL 문제 해결안, ⑤ 출처 등으로 구성되었다.

'활동 4'에서 학생들은 개인별 보고서를 바탕으로 협의를 통해 [그림 11-7]의 〈서식 6〉을 이용하여 모둠 보고서를 작성했다. 학생들은 구글 미트를 통해 화상회의를 하고 구글 잼보드를 토의에 활용하였으며 구글 문서, 구글 프레젠테이션으로 보고서와 발표 자료를 정리했다. 〈서식 6〉은 ① 모둠 주제 선정의 이유, ② 관련 성취기준, ③ 관련 영역, ④ 자료 취합 및 주요 활동 내용 서술, ⑤ PBL 문제 해결안 도출, ⑥ 모의 수업 시연 계획 및 출처 등으로 구성되었다.

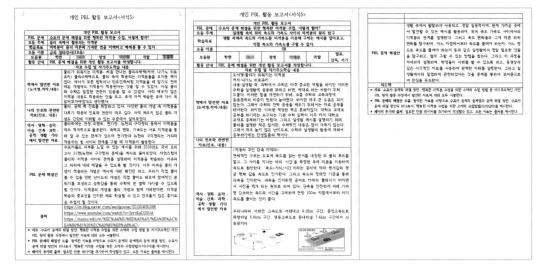

[그림 11-6] 개인 PBL 활동 보고서

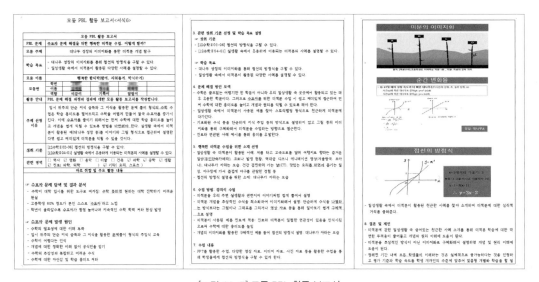

[그림 11-7] 모둠 PBL 활동 보고서

📝 발표 및 성찰/평가와 기록

프로젝트 활동의 결과는 산출물로 나타난다는 점과 동료평가와 자기 성찰이 이루어진다는 점에서 이 단계는 교사와 학생의 관심이 많으며 학생들은 기대하는 만큼 긴장하기도 한다. 따라서 교사는 발표와 평가 및 성찰이 원활하게 이루어질 수 있도록 세심하게 준비해야 한다. 하지만 진행 시간에 대한 계획을 잘 수립했다 하더라도 발표 과정에 모의 수업 시연을 포함하고, 발표가 끝난 후 동료평가를 하는 일 등을 순조롭게 진행하기에는 시간이 촉박할 수 있다. 이런 경우에 성찰의 시간을 조정하는 일이 있더라도 발표 시간을 야박하게 제한하지는 않아야 한다.

[그림 11-8] 모둠별 발표 활동

5~6차시 블록타임 수업은 '활동 5'와 '활동 6'으로 나누어 교실에서 번내민으로 진행하였다. 학생들은 온라인 화상수업에서 제작한 보고서와 프레젠테이션 자료를 이용하여 모둠별로 발표하고, [그림 11-9]의 〈서식 7〉을 이용하여 모둠 간 동료평가를 했다.

'활동 5'에서 학생들은 모둠별로 PBL 문제 해결 방안에 대해 발표했다. 한 모둠당 발표 시간은 10분 내외로 주어졌고, 발표가 끝나면 모둠 간 동료평가를 하기 위해 3분의 시간을 부여했다. 발표 중이나 발표 후에 학생들의 질의응답이 있었고, 교사는 모든 모둠의 발표와 평가가 끝난 후에 종합적으로 피드백했다.

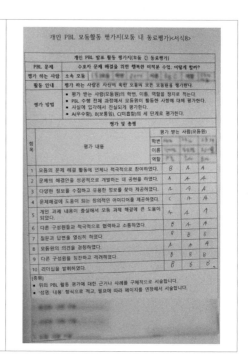

[그림 11-9] 모둠 간 동료평가

'활동 6'에서 학생들은 [그림 11-10]의 〈서식 9〉를 이용하여 개인 PBL 활동 성찰록을 작성하고, PBL 활동에 대한 만족도 설문에 답했다.

개인 PBL 성찰록<서식9>

개인 PBL 발표 성찰록						
PBL 문제	수포자 문제 해결을 위한 행복한 미적분 수업. 어떻게 할까?					
모둠 주제	세상에 필요없는 미적분은 없다.					
성취 기준	수포자 없는 미적분 수업					
(4)모둠	학번	2420	이름	최준서	역할	수업자
활동 안내	▪ 6차시 PBL 활동 과정에서 자신이 했던 활동 내용과 태도를 사실에 근거하여 성찰합니다. ▪ 학교생활기록부의 '교과 세부능력 및 특기사항'을 기록한다는 마음으로 정성껏 기술합니다. 필요하면 페이지는 얼마든지 늘려도 됩니다.					

1. PBL 활동의 모둠 주제는 무엇이었나요.

세상에 필요없는 미적분은 없다.

2. PBL 활동에서 내가 주로 맡았던 일은 무엇이었나요?

PBL 문제에 대한 각자 자료 조사, ppt 발표자료 제작

3. PBL 활동에서 나는 무엇을 탐구하였고, 어떤 방법으로 탐구하였나요?

3D 프린팅 기술이 작동하는 원리가 미적분과 어떻게 연관되어 있는지 인터넷으로 조사하고 탐구하였다.

4. 모둠원들과 협업하여 문제를 해결하는 과정에서 나는 어떤 의견을 제시하였나요?

미적분이 일상생활이나 주변에 흥미롭게 적용되는 예시들을 보여주고 그것과 관련된 미적분 및 수학 개념들을 가르쳐주어 미적분에 관심도를 키워준다.

5. 탐구하는 과정에서 알게 된 미적분에 관련된 새로운 사실은 무엇이었나요?

미적분이 항공 분야, 도로 설계, 과속 단속 무인 카메라 같은 상황에서 활용되어 일상생활에서 보고 들어보지만 생각보다 많은 곳에서 미적분이 활용 된다는 사실을 알게 되었다.

6. 탐구과정에서 알게 된 사실을 진로와 관련하여 적용해보고 싶은 것이 있나요?

기계 공학과와 미적분의 실생활 사용 방식과 연관 지어보고 싶다.

7. 탐구과정에서 앞으로 더 공부하고 알아야겠다고 생각한 것은 무엇이었나요?

우리가 일상생활 속에서 생각보다 여러 가지 방식으로 미적분과 연관되어 있어 이번에 조사한 것 말고도 우리 일상생활 속에서 사용되는 미적분이 무엇이 있는지 더 자세히 찾아보며 나도 아직 자세히 모르는 새로운 미적분의 개념들을 배워보고 싶다.

8. PBL 문제 해결을 위해 읽고 참고했던 미적분 관련 책이 있었나요?

미적분의 쓸모(저자:한화택)

9. PBL 활동에서 모둠원들로부터 받았던 칭찬이 있었다면, 어떤 상황에서 어떤 칭찬을 들었나요?

자료 조사를 잘 준비해 왔고 PPT 발표자료를 잘 만들어왔다는 등의 칭찬을 받았다.

10. PBL 활동에서 부족했던 점, 어려웠던 점, 좋았던 점, 개선해야 할 점 등 느낀 점을 자유롭게 기술해 봅시다.

코로나로 인해 온라인 수업에서 주로 이번 활동을 진행하게 되니 조별로 소통이나 활동이 조금 어려웠다. 그리고 PBL 자료 조사와 발표 준비 그리고 발표를 할 때 문제를 제대로 이해하지 못하여 만족스럽지 못한 자료를 만든 것 같아 더 잘 만들었을 수 있었을 것 같아 아쉬웠다.

11. 위 내용을 종합하여 '교과 세부능력 및 특기사항' 기록해 봅시다.

'수포자 문제 해결을 위한 행복한 미적분 수업, 어떻게 할까?'라는 PBL 활동의 '세상에 필요 없는 미적분은 없다'를 탐구 주제로 한 4모둠에서 최준서가 맡았던 활동은 PBL 문제에 대한 각자 자료 조사, ppt 발표자료 제작 등이 있다. 4조의 PBL 문제의 해결법으로 미적분이 일상생활이나 주변에 흥미롭게 적용되는 예시들을 보여주고 그것과 관련된 미적분 및 여러 수학 개념들을 가르쳐주어 미적분에 관심도를 키워주는 방식으로 미적분의 관심도를 키우고 수포자들에게 다시 수학에 대한 의지를 키워 주는 방식으로 정했다. 미적분을 흥미롭게 만들어주는 내용으로 최준서는 3D 프린팅 기술이 작동하는 원리가 미적분과 어떻게 연관되어 있는지 인터넷으로 조사하고 탐구하였다. 그 외에도 한화택 작가가 지은 미적분의 쓸모라는 책으로 미적분이 일상생활이나 어떠한 상황에서 필요한지 조사하였다. 거기에 자신의 목표인 기계 공학과와 미적분의 연관성들을 찾아 자신의 진로에 대해서 더욱더 자세히 알고 이해하는 계기가 되었다. 그 뿐만 아니라 기계 공학과가 미적분과 실생활 사용 방식과 연관 지어 활동들을 더욱더 풍성하게 만들었다. 이번 PBL 활동에서 우리가 일상생활 속에서 생각보다 여러 가지 방식으로 미적분과 연관되어 있다는 것을 알게 되어 이번에 조사한 것 말고도 우리 일상생활 속에서 사용되는 미적분이 무엇이 있는지 더 자세히 찾아보며 나도 아직 자세히 모르는 새로운 미적분의 개념들을 배워보길 원한다. 하지만 이번 PBL 활동은 코로나로 인해 온라인 수업에서 주로 진행하게 되어 조별로 소통이나 활동이 조금 어려웠다. 그리고 PBL 자료 조사와 발표 준비 그리고 발표를 할 때 문제를 제대로 이해하지 못하여 만족스럽지 못한 자료를 만든 것 같아 더 잘 만들었을 수 있었을 것 같아 아쉬웠다. 다음번에 혹시나 이런 PBL 활동을 할 기회가 생긴다면 그 때는 더욱 확실히 조사해서 지금보다 좋은 결과를 내 볼 것이다.

교과 세부 능력 및 특기 사항
'수포자 문제 해결을 위한 행복한 미적분 수업, 어떻게 할까?'라는 PBL 문제를 해결하는 활동에서 '세상에 필요 없는 미적분은 없다'를 주제로 탐구하고 발표함. 실생활 속에서 적용되는 흥미로운 소재를 찾아 학습에 대한 학생들의 관심을 높이고, 그 속에서 학생들이 미적분에 대한 개념과 원리를 발견하도록 하는 학생 참여형 수업을 설계함. 이를 위해 독서(미적분 쓸모, 한화택) 활동과 인터넷 자료 탐색 활동을 통하여 3D 프린터 속의 미적분의 원리, 인공지능 속의 미적분의 원리 등 실생활 속에서 적용되는 다양한 사례를 제시함. 마찰력을 결정하기 위한 복잡한 물체의 표면적 계산이나 유속에 따른 펌프 설계 등에 미적분이 중요한 역할을 함을 알고, 학생의 희망 진로인 기계 공학 분야에 대한 미적분의 활용 사례에 대해 특별한 관심을 가지고 모둠원들과 토론하는 모습을 보임. 발표 활동 과정에서 모의 수업을 담당하는 수업자로서의 역할을 훌륭하게 해냈으며, PBL 수업에 적극적으로 참여하고 소통함으로써 모둠 활동 과정에 대한 모둠 내 동료평가의 모든 항목에서 높은 평점을 받음. 수학에 대한 기본 개념이 잘 갖추어져 있으며, 온라인 수업을 비롯한 모든 수업에 언제나 성실한 자세로 참여함.

[그림 11-10] 개인 PBL 성찰록 및 교과 세부 능력 및 특기 사항 기록 예시

〈서식 9〉 성찰록은 모두 11개의 항목의 질문지를 제시하여 자유롭게 답하게 했다. 1번 항목부터 10번 항목까지를 종합하여 11번 항목을 완성함으로써 수학II 과목의 '교과 세부 능력 및 특기 사항'을 사실에 근거하여 스스로 작성해 보게 했다. 그

리고 교사는 학생의 기록과 교사의 관찰을 바탕으로 '교과 세부 능력 및 특기 사항' 에 반영하였다.

📝 수행평가 성적 처리

교사는 〈서식〉에 맞춰 학생들의 산출물에 대해 평가했다. 교사는 학기 초에 작성 한 평가 계획서의 〈서식〉을 개발하려고 했지만, PBL을 준비하는 과정에서 〈서식〉 의 상당 부분이 수정되었다. 1차 지필평가가 끝난 시점이고, 수행평가의 또 다른 영 역인 '구술' 영역에 대한 평가가 학기 초부터 진행되는 상황이었기에 교사는 평가 계 획서를 변경하지 않고, 개발한 〈서식〉의 항목을 유목화하여 평가 계획서의 채점 기 준에 맞췄다. 개발한 총 10개의 〈서식〉 중에서 평가에는 〈서식 3〉, 〈서식 4〉, 〈서 식 5〉, 〈서식 6〉, 〈서식 7〉, 〈서식 8〉, 〈서식 9〉가 반영되었다. 이 중 〈서식 4〉부터 〈서식 8〉까지는 점수화하여 성적에 반영되었고, 〈서식 3〉, 〈서식 9〉는 문장화하여 '교과 세부 능력 및 특기 사항'에 반영되었다.

〈표 11-3〉 점수화하여 반영한 평가 서식 및 내용

서식	내용	평가자	평가 대상
〈서식 4〉	모둠 PBL 활동 문제 확인서(수행 계획서)	교사	모둠
〈서식 5〉	개인 PBL 활동 보고서	교사	개인
〈서식 6〉	모둠 PBL 활동 보고서	교사	모둠
〈서식 7〉	모둠 PBL 발표 활동 평가지	동료	다른 모둠
〈서식 8〉	개인 PBL 모둠 활동 평가지	동료	모둠 내 동료

[그림 11-11]은 학기 초 작성했던 평가 계획서의 '미적분 프로젝트' 영역에 대한 수행평가 '평가 개요'와 〈서식 4〉에 대한 '채점기준표'이다.

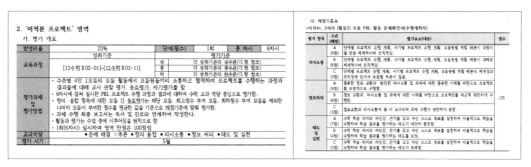

[그림 11-11] 평가 개요 및 채점기준

교사는 [그림 11-12]와 같이 사전에 엑셀을 이용하여 개발한 '수행평가 관리표'를 동과 선생님께 제공함으로써 평가의 공정성과 투명성을 기하고자 했다. 그 결과 수학II 과목을 이수한 모든 학급의 '미적분 프로젝트' 영역에 대한 학급 간 편차가 매우 작게 나타났고, '구술' 영역보다 '미적분 프로젝트' 영역에서 학생들의 성취율이 더 높았다.

수행평가 영역별 개요

영역 (반영비율)	평가 방법	평가 항목	평가 요소	해당 요소별 만점	영역 만점
구술 (20%)	• 자신의 수준에 맞춰 선택한 과제에 대해 질문에 풀이하는 과정, 학생들 • 개인당 기본 4회(온라인 2회, 오프라인 2회)를 평가하며, 본인의 회의만… • 매회 25점 만점으로 4회 평가자료, 영역 만점은 100점임 • 평가 항목 및 평가 근거 <table><tr><td>추론, 문제해결</td><td>칠판 풀이</td></tr><tr><td>의사소통</td><td>설명 능력</td></tr><tr><td>태도 및 실천</td><td>발표 자세</td></tr></table>	추론·문제해결	문제해결력, 추론 능력, 체계적 서술 능력, 수학 기호 사용의 정확성	10	100(4회×25점)
		의사소통	체계적 구술 능력, 의사 전달 능력, 수학적 기호 표현 능력	10	
		태도 및 실천	자신감, 청자에 대한 배려심	5	
주제 탐구 프로젝트 (20%)	• 수업내 4인 1모둠의 모둠 활동에서 모둠원끼리 소통하고 협력하며 프로젝트를 수행하는 과정과 결과물에 대해 교사 관찰 평가, 능력평가, 자기평가 함. • 6차시에 걸쳐 실시한 PBL 프로젝트 수행 과정과 결과에 대하여 수학 교과 역량 중심으로 평가함. • 창의·융합 항목에 대한 모둠 간 동료평가는 해당 모둠, 최고점수 부여 모둠, 최하점수 부여 모둠을 제외한 나머지 모둠이 부여한 점수를 평균한 값을 기준으로 함. • 과제 수행 최종 보고서는 독서 및 진로와 연계하여 작성함. • 활동과 평가는 수업 중에 이루어짐을 원칙으로 함. • 1회(6차시) 실시하며 영역 만점은 100점임. • 차시별 항목 및 평가 근거				

차시	평가 항목	평가 근거	평가 요소	항목 만점	영역 만점
2차시(활동2)	의사소통	<서식4> ①	수행계획, 역할 배분, 정보도 분석	9	
	정보처리	<서식4> ②	정보 탐색, 정보 공유, 정보 분석	9	
	태도 및 실천	<서식4> ③	자기주도성, 협업능력, 수행 의지, 참여도	9	
3-4차시(활동3)	문제해결	<서식5> ①	주제, 학습 목표, 해결안 제시	9	100 (4개 활동×25점)
	정보처리	<서식5> ①②③	자료 탐색 과정	9	
	태도 및 실천	<서식8>	참여도, 공헌도, 아이디어 제공, 협력, 소통, 리더십	7	
5차시(활동5)	문제해결	<서식6> ①	문제 제시, 원인 분석, 수업 디자인, 결론	9	
	의사소통	<서식6> ②	수학적 모델링, 정보도 토의, 협업능력, 소통	9	
	창의·융합	<서식6> ① ~ ③	미적분 연계 능력, 창의적 아이디어, 교과 융합력	7	
6차시(활동6)	문제해결	<서식7> ① ~ ②	문제 제시, 원인 분석, 수업 디자인, 결론	9	
	의사소통	<서식7> ② ~ ③	발표자간 의사소통력, 청자와의 의사소통력	9	
	창의·융합	<서식7> ③ ~ ⑤	미적분 연계 능력, 창의적 아이디어, 교과 융합력	7	

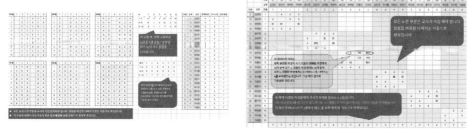

[그림 11-12] 수행평가 관리표

Ⅲ 수업 성찰

설문 분석을 통한 수업 성찰

교사는 구글 설문지를 이용하여 [그림 11-13]의 〈서식 10〉 PBL 설문지를 만들었고, 학생들은 구글 클래스룸에 링크된 설문지 URL을 통해 설문에 응했다. 설문지는 객관식 및 단답형 14문항과 장문형 1문항 등 15개 문항으로 구성되었다. 문항 [1~3]은 PBL 수업의 이전 경험에 대한 설문이고, 문항 [4~7]은 이번 PBL 수업의 만족도에 대한 설문이다. 문항 [8~10]은 이번 PBL 수업의 이해도에 대한 설문이고, 문항 [11~12]는 이번 PBL 수업의 참여도에 대한 설문이다. 문항 [13~14]는 이번 PBL 수업의 진행에 대한 설문이며, 마지막 15번 문항은 이번 PBL 활동에 대한 소감을 묻는 장문형 설문이다. 설문에 대한 응답지는 제출 후에도 수정은 가능했지만, 정확한 통계치를 얻기 위해 응답 횟수는 1회로 제한했고, 2개 반 46명의 학생이 빠짐없이 응답했다.

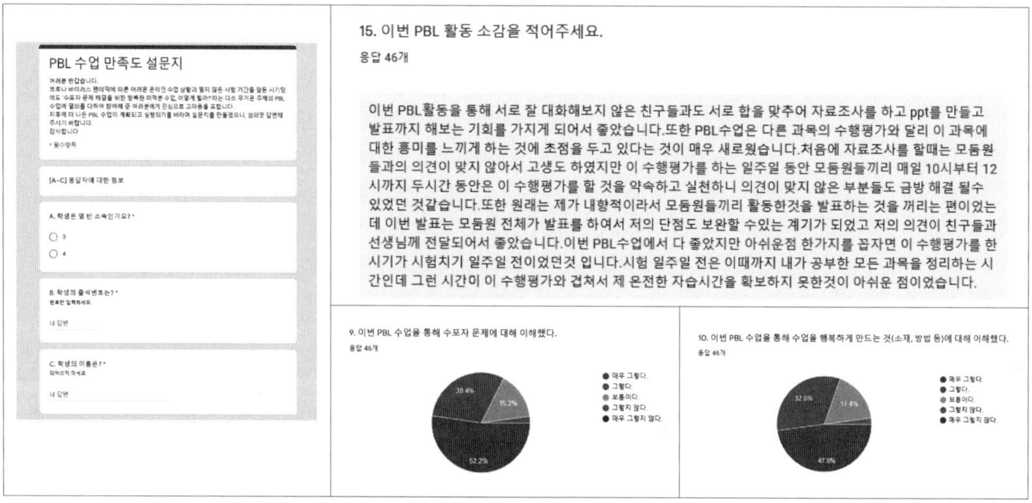

[그림 11-13] 설문지 및 통계

구글 설문지는 자체로 통계표를 제공했다. PBL 수업에 대한 이전 경험은 예상했던 대로 적은 편이었는데, 초등학교와 중학교 때보다 고등학교 때 경험이 더 많은 것은 의외였다. PBL 수업이 다른 방식의 수업보다 재미있었다고 답한 응답자가 63.1%였고, 65.2%의 응답자가 PBL 수업을 통해서 미적분에 대한 이해도가 높아졌다고 답했다. 또한 67.4%의 응답자가 PBL 수입이 학습과 진로에 도움이 된다고 답하였으며, PBL 수업에 대한 기회가 또 주어지기를 바라는 응답자는 60.9%였다. 78.3%의 응답자가 PBL 문제에 대해 이해했었고, 85.6%의 응답자가 수포자 문제의 심각성에 대해 이해했으며, 행복한 수업이 수포자 문제를 해결에 이바지할 것이라고 믿는 응답자는 80.2%였다. 93.7%의 응답자가 이번 PBL 활동에 적극적으로 참여했다고 답하였고, 모둠원들 또한 적극적으로 참여했다고 답한 응답자는 89.2%였다. 89.2%의 응답자가 온라인 수업에서 협업이 잘 이루어졌다고 답하였으며, 교사의 노력에 대해 84.7%의 응답자가 긍정적인 반응을 보였다. 설문의 결과는 어려운 여건 속에서도 이번 PBL 수업이 학생들에게 높은 만족감을 준 것으로 나타났다고 할 수 있다.

15번 문항 PBL 활동 소감에 대한 워드 클라우드를 작성하였는데, 명사형으로 분석하지 않은 것이 학생들의 의도를 파악하는 데 좀 더 효과적이었다. 교사는 응답지에서 학생들이 PBL 수업에 얼마나 적극적으로 참여했고, 수포자 문제 해결을 위해 어떻게 수업을 디자인할 것인지에 대해 고뇌한 흔적을

[그림 11-14] 워드 클라우드 작성

발견할 수 있었다. 교사는 학생들이 처음에는 힘들어했지만, 모둠원들과 함께 생각을 나눔으로써 어려움을 극복할 수 있었다는 것을 알 수 있었다. 교사는 질 좋은 결과물을 얻기 위해 학생들이 늦은 밤까지 화상회의를 하며 토의했다는 것도 알았다. 모둠원들과 함께 한 PBL 활동이 좋았고, 기회가 또 주어지기를 바라는 학생들의 마음도 교사는 엿볼 수 있었다. 본 PBL 활동을 통해 자신감이 생겼다는 학생, 본인의

처지와 비교하며 앞으로의 각오를 다지는 학생들의 글도 있었다. 그러나 기말고사가 임박한 시기에 행해진 PBL 활동에 대한 학생들의 긴장감과 시간적 여유가 있었다면 좀 더 완성도 높은 결과물을 만들 수 있었을 것이라고 아쉬워하는 학생들의 글에 교사는 미안함을 느낀다.

교사의 자평과 성찰

부담감으로 시작한 PBL 수업이 행복감으로 끝났다. 이 글의 서두에서 언급했듯이 고등학교 수학 교과에서 성취기준에 바탕을 두고 PBL의 취지를 엄격히 살리는 PBL 문제를 만들어 PBL 수업을 시행하는 건 쉽지 않다. 그래서 교사는 수업 진행에 대한 부담을 안고 수학적 문제 해결력을 높이는 방향에서 사회문제와 연계하여 PBL 문제의 취지를 살리는 PBL 수업을 설계했다. 그렇게 됨으로써 학생들이 소화할 수 있을지 염려스러울 만큼 PBL 문제는 어려워졌다. 하지만 코로나19 팬데믹에 따른 온라인 수업과 기말고사가 임박한 시기라는 불편한 상황에도 불구하고, 우려한 바와 다르게 학생들은 잘 이해하고 정말 열심히 과제를 수행했다. 교사의 안내에 잘 따라와 준 학생들이 자랑스럽고 참으로 고맙다.

교사는 학생들의 무기력한 모습을 바꿔 보고자 이번 PBL 수업을 기획했지만, 실은 학교생활기록부의 '교과 세부 능력 및 특기 사항'을 좀 더 풍부하게 하고자 하는 숨은 의도가 없지 않았다. 그런 의미에서 보면 이번 PBL 수업은 성공적이라고 자평하고 싶다.

개인적으로 PBL 문제가 좋았다고 생각하지만, 조금은 꿰맞춘 듯한 느낌도 없지 않다. 오히려 사회 교과와 융합하여 8차시 수업을 기획했다면 훨씬 만족스러운 결과를 기대할 수 있었을 것 같다.

미처 예상하지 못했던 학생들의 PBL 활동 소감에 교사는 큰 감동과 PBL 수업에 대한 자신감을 얻었다. 학생들이 남긴 소중한 결과물을 큰 활자로 소개하고 싶었지만, 지면의 한정으로 작은 이미지로 대신한 것이 못내 아쉽다. 학생들의 소감문 중 일부를 단문으로 남기며 글을 마무리한다. 어법에 맞지 않는 부분이 있더라도 학생들의 글을 교정하지 않고 그대로 옮겼다.

- 모둠원 중 무임승차를 만나서 힘들었지만, 나머지 모둠원들이 열심히 해 줘서 극복할 수 있었다.
- 모둠 활동을 할 때 서로 모자란 부분을 챙겨 줄 수 있어서 좋았다.
- PBL 활동을 하면서 무엇보다 중요한 건 모둠원들의 협업이라는 걸 느꼈다.
- 수학 성적이 많이 뒤처지지만, 수학에 대한 열정 가득하게 활동을 끝마쳤다.
- 이 활동을 통하여 수학에 대한 흥미가 높아졌다.
- PBL 문제를 해결해 가는 과정에서 수학에 관한 생각이 조금은 긍정적으로 변했다.
- 1학기에 한 모든 활동을 통틀어 가장 재미있었다.
- 이번 과제를 통해 미적분과 수포자 문제에 대해 생각해 볼 시간을 가지게 되었고, 그에 대한 이해도가 높아진 것 같다.
- 미적분에 관한 관심을 확대할 수 있었고 동기 부여가 확실하게 된 것 같다.
- 다른 모둠의 발표를 들으면서 새로운 사례들을 알게 되었고 친구들의 모의 수업이 재미있었다.
- 다른 모둠이 고민해서 만든 다양한 수업 방식을 보는 것이 재미있었다.
- 수포자의 문제의 심각성을 알게 되었고, 수포자가 되는 이유를 알아보는 중에 나는 어떤지를 생각하면서 자신을 되돌아보는 계기가 되었다.
- 이 수업은 단순히 수포자 문제를 해결하기 위한 수업이 아니라, 나 자신을 되돌아볼 수 있는 좋은 수업인 것 같다.
- 수업을 진행할수록 PBL 활동의 본질적인 목적에 대해 깨닫게 되었다.
- 수학교육에 변화가 생겨야 한다고 느꼈고, 미적분에 대한 이해도가 좀 더 올라갔다.
- 평소에 장난으로 하던 말인 수포자가 얼마나 심각한 일인지 알게 되었다.
- 직접 수업도 해 보는 과정을 통해 간접적으로나마 교사의 심정을 체험해 볼 수 있었다.
- 모둠원들에게 민폐가 되지 않기 위해 열심히 했다.
- PBL 활동을 통하여 문제를 해결하며 수학에 대한 흥미도 가질 수 있었고, 모둠원들과의 사이도 좋아져 매우 유익한 시간이었다.
- 이런 수업을 진행해 주신 ○○○ 선생님께 감사하고, 항상 아이들을 위해서 노력하시는 모습이 정말 보기 좋다.

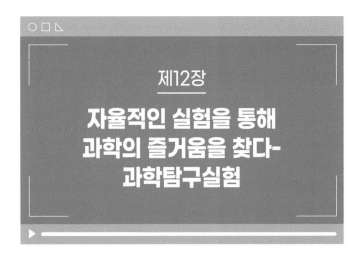

제12장
자율적인 실험을 통해
과학의 즐거움을 찾다-
과학탐구실험

함께 즐기는 과학 수업, 해결 방법은?

과학탐구실험 과목은 과학 수업 시간에 부족한 실험 내용을 좀 더 깊이, 자유롭게 실험, 탐구 위주의 수업을 하면서 문제 해결력과 창의력을 키우기에 좋은 과목이다. 학생들은 생활 속의 현상과 궁금점을 탐구하면서 다양하고 재미있는 실험을 하고 싶어 한다. 한정된 시간에 학생들이 스스로 자발적으로 참여할 수 있도록 다양하고 재미있는 실험을 고민하고 있는 선생님이라면 본 수업을 시도하면 좋을 것이다.

본 수업은 학생들이 스스로 주제를 정해서 실험하고 함께 공유하는 수업이다.

늘 새로이 개정되는 교육과정에서는 학생들의 협업적 소통과 문제 해결력, 창의력을 중요하게 생각한다. 이런 역량을 키우기 위한 수업 방법으로 학생들이 스스로 실험 주제를 정해서 모둠마다 다른 실험을 하면서 서로 공유하게 하다면 적은 시간에 다양한 실험을 할 수 있다. 교사로서 성공한 수업은 열심히 내가 가르친 것이 아니라 학생들이 다채로운 경험을 통해 발견의 기쁨을 느낄 수 있도록 설계하는 것이다. 본 수업의 특징은 교사의 일방적인 수업 진행이 아니라 학생들이 협의의 과정을 통해 자율적으로 탐구 주제를 선정하여 실험 재료, 방법 등을 논의한다. 모둠별로 실험을 실시하고 탐구 결과를 공유함으로써 학생들에게 성공적 경험과 과학적 즐거움을 느끼게 하는 수업이다. 실험 후 결과물을 서로 공유하기 위하여 온라인 전자책을 만들 수 있는 사이트인 'Bookcreator'를 이용하여 발표하였다.

I 수업 설계

교육과정 재구성

1. 단원: II. 생활 속의 과학 탐구
2. 성취기준

> [10과탐02-03] 과학 원리를 활용한 놀이 체험을 통해 과학의 즐거움을 느낄 수 있다.

3. 학습주제

우리는 생활 속에서 과학 원리가 담긴 기구, 놀이 그리고 과학 현상들을 많이 접한다. 본 단원은 생활 주변의 소재에서 탐구할 문제를 찾고, 원리를 알아가는 활동을 통해 탐구에 대한 호기심과 과학의 즐거움을 키우는 수업이다. 본 수업의 학습주제는 다음과 같다.

학습주제 1	과학 원리를 이용한 재미있는 실험 탐구 활동 수행하기
학습주제 2	과학 원리를 이용한 실험 탐구 활동으로 과학 체험 ZONE 아이디어 제안하기

PBL 문제 개발

1. PBL 문제 시나리오 구성을 위한 아이디어

배경	• 실제 생활에 적용될 수 있는 살아 있는 탐구의 중요성 인식
상황	• 생활 속에 있는 현상 및 놀이 속의 과학적 요소 인식 • 실생활 속의 많은 것에 과학적 원리가 숨어 있음을 안내 • 과학의 어려운 이론보다 체험 위주의 중요성을 강조
팀의 해결 과제	• 재미있는 과학 탐구를 위한 주제 선정하기 • 선정한 주제의 과학적 원리 및 실험 및 탐구 활동 구현 가능성 탐색하기 • 선정한 주제의 실제 탐구 활동 수행하기 • 탐구한 실험 탐구 활동을 정리하고 발표하기
제한점	• 주변에서 쉽게 구할 수 있으며, 비용과 장비가 많이 들지 않아야 함. • 안전성에 위험 요소가 있는 것을 제한함.

2. PBL 문제 시나리오 구성하기

　교사들은 교과서 내용뿐만 아니라 교과서를 벗어난 흥미롭고 다양한 실험을 수행하고, 수행 탐구한 내용을 공유하기 위한 가장 적절한 방법을 고민한다. 이 고민을 해결하기 좋은 방법이 바로 PBL 문제를 통한 접근이다.

　흥미를 유발시키기 위하여 제시한 PBL 문제는 '21C 미래과학관 체험 ZONE 아이디어 제안서'를 만들어 보는 것이다. 가상의 21C 미래과학관 체험 ZONE에서 학생들을 위한 실험 코너를 운영할 수 있는 아이디어를 제시하고, 제안한 내용을 온라인 책자로 발표하게 하면 다양한 실험을 함께 즐길 수 있다. 이를 실행하기 위해 PBL 문제로 비구조화된 문제는 다음과 같다.

PBL 문제

21세기 미래과학관 체험 ZONE에서 어떤 체험 활동을 하면 좋을까?

♣ 21세기 미래과학관 체험 ZONE 아이디어 공모전 개최 안내 ♣

학생 여러분! 반갑습니다.

저희 미래과학관에서 체험 ZONE 아이디어 제안 공모전을 실시하고자 합니다.

4차 산업혁명의 시대에 빠르게 변화하고 있는 과학 문명에 대해 때로는 경이롭기도 하고 때로는 당황스럽기도 합니다. 멈출 수 없는 과학기술의 사회! 오랜 세월 동안 과학은 발견과 오류, 그리고 논쟁 속에서 발전해 왔습니다. 이제는 지구를 벗어나서 우주로 향한 과학기술 경쟁이 불붙고 있습니다. 언젠가 화성 기지로 출장을 가는 상상이 현실이 될 수 있을지도 모릅니다. 과학기술의 발전은 우리에게 닥친 수많은 어려움을 해결해 줄 수 있는 방안 중 하나임에 분명합니다. 학생들 중에는 과학이 너무 이론적이고 어려워서 과학을 싫어하는 학생들이 많습니다. 따라서 21C 미래과학관에서 과학을 쉽게, 친근하게 즐길 수 있는 과학 체험 코너를 운영하고자 합니다.

학생 여러분들이 21C 미래과학관을 찾는 학생들이 체험할 수 있는 과학실험 아이디어를 제안해 주시기 바랍니다. 여러분의 생생한 경험을 바탕으로 한 아이디어를 발전시켜 도전해 주시기 바랍니다.

제안서는 21C 미래과학관에서 학생들이 참여해서 과학의 즐거움을 느낄 뿐 아니라 그 속에서 과학 원리를 쉽게 이해할 수 있는 실험 영상과 관련 원리 설명서로 구성해 주시기 바랍니다. 여러분이 제시하는 체험 아이디어가 실제 체험 가능한가? 과학적 원리를 쉽게 설명되고 있는가? 등에 대하여 심사하여 선발하고자 합니다. 5월 20일까지 공모해 주시고 좋은 아이디어 제안서를 제출해 주시기 바랍니다.

2022. ○. ○.

21C 미래과학관 관장 드림

📝 PBL 교수 · 학습과정안 설계

1. 블렌디드 러닝 기반 PBL 수업의 흐름

개념학습		문제 제시, 문제 확인		문제 해결 및 탐색 활동		문제 해결안 도출		발표 및 성찰
모둠 구성, 생각을 키우는 실험 활동	▷	문제 시나리오 제시, 과학 체험 아이디어 구상하기	▷	주제 선정 실험 수행	▷	공모전 제출 제안서 및 영상 온라인 책자 만들기	▷	제안서 발표 및 비평을 통한 보완
실험하기		MS 팀즈		실험 수행		Bookcreator		Bookcreator Microsoft Whiteboard
오프라인		온라인		오프라인		온라인		온/오프라인

2. 블렌디드 러닝 기반 PBL 수업 실행 과정 개요

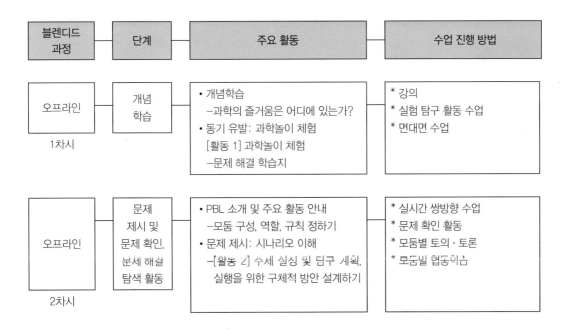

블렌디드 과정	단계	주요 활동	수업 진행 방법
오프라인 1차시	개념 학습	• 개념학습 　－과학의 즐거움은 어디에 있는가? • 동기 유발: 과학놀이 체험 　[활동 1] 과학놀이 체험 　－문제 해결 학습지	* 강의 * 실험 탐구 활동 수업 * 면대면 수업
오프라인 2차시	문제 제시 및 문제 확인, 문제 해결 탐색 활동	• PBL 소개 및 주요 활동 안내 　－모둠 구성, 역할, 규칙 정하기 • 문제 제시: 시나리오 이해 　－[활동 2] 주제 실정 및 탐구 세획, 실행을 위한 구체적 방안 설계하기	* 실시간 쌍방향 수업 * 문제 확인 활동 * 모둠별 토의 · 토론 * 모둠별 협동학습

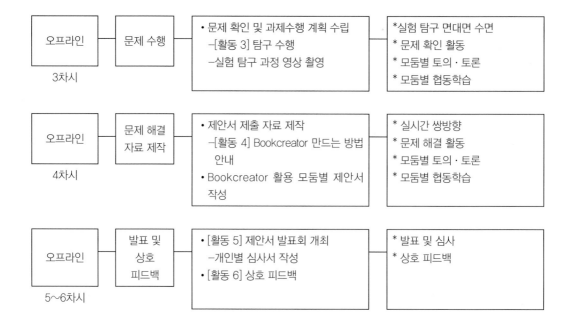

3. 교수 · 학습과정안 개요

문제	21세기 미래과학관 체험 ZONE에서 어떤 체험 활동을 하면 좋을까?			총 5차시	
학습 목표	과학 원리를 이용한 다양한 실험 탐구 활동으로 과학의 즐거움을 공유한다.				
성취 기준	[10과탐02−03] 과학 원리를 활용한 놀이 체험을 통해 과학의 즐거움을 느낄 수 있다.				
핵심 역량	비판적 사고력	✓	의사소통 능력		✓
	문제 해결력	✓	정보처리 능력		✓
	창의융합 능력(비판적 사고)	✓	협업 능력		✓

단계	문제 해결 활동 내용
개념 학습	• 동기 유발: 제시된 문제를 실험으로 구현하기 • 생활 속 다양한 기구 및 현상 속에는 많은 과학 원리가 들어 있음을 알게 한다.
문제 제시	• PBL의 전반적인 진행 소개 및 모둠 구성, 역할, 규칙 정하기 • 문제 상황: 재미있는 과학 활동 만들기 위한 문제 시나리오 제시 • 문제 파악: 문제 시나리오의 내용과 해결 과제 파악 및 역할 이해

문제 확인	• 생각: 재미있는 과학 체험 활동에 대한 생각 나누기, 필요성에 대하여 생각해 보기 • 사실: 제시된 문제 해결에 필요한 사실, 문제 해결과 관련해 학습자가 알고 있는 것 • 학습 과제: 문제 해결을 위해 알아야 할 내용 선정 • 수행 과제: 문제 해결을 위해 학습자가 해야 할 일 또는 실천 계획 수립
문제 해결 탐색 활동	• 개별 과제 수행: 온라인 및 오프라인 수업 시간을 활용해서 모둠별 실험 탐구 활동 주제를 기 위한 정보 및 자료 탐색 및 실험 수행 실시
문제 해결안 도출	• 모둠별 제안서 만들기: 모둠별 탐구 활동 수행을 통해서 재미있는 과학 활동 자료를 정리 및 보완하여 제안서를 작성하여 최종 해결안 도출하기
발표 및 평가	• 제안서 온라인 발표 및 심사 • 제안서 발표에 따른 다른 모둠의 발표 자료 비평하기 • 본 주제의 활동 과정 전반에 걸친 소감 기록, 교사 피드백 • Microsoft Whiteboard에 주제의 활동 과정 전반에 걸친 소감 기록, 교사 피드백

4. 차시 운영 및 평가 계획

차시	단계	주요 산출물	필수평가 항목	기대 역량
1차시	문제 제시	활동 **1** 과학놀이 후 실험 활동 보고서	문제 이해의 정확성	문제 해결 역량
2차시	문제 확인	활동 **2** 과제수행 계획서	수행 계획의 적설성	비판적 사고력 문제 해결 역량
3차시	문제 해결 탐색 활동	활동 **3** 과학실험 수행 결과 영상작품	과제수행 내용의 정확성과 충실성	정보처리 역량 협업 능력
4차시	문제 해결안 도출	활동 **4** 공모전 제출 제안서	보고서 내용의 적합성과 충실성	정보처리 역량 문제 해결 역량
5~6차시	발표 및 평가	활동 **5** 제안서 발표 및 심사지	발표의 전달력 의미 표현의 구체성	문제 해결 역량

✏️ 블렌디드 환경 조성

온라인 수업 진행을 위한 기본적인 플랫폼은 MS 팀즈이다. 이 플랫폼의 장점은 팀즈 안에 있는 화상 미팅을 통해서 실시간 쌍방향으로 수업을 진행할 수 있으며, 토의할 때 소그룹 회의를 할 수 있어 모둠 간에 소통과 협업을 쉽게 할 수 있다. 본 수업 시 MS 팀즈 안에 PBL 문제 인식을 위한 제안서, 학생들의 보고서와 산출물이 탑재하였으며, 소회의실 사용하여 주제 선정 및 역할 배분 등 협의를 온라인상에서 실시하였다. 또한 MS 팀즈와 연계된 Microsoft Whiteboard 등을 글쓰기, 스티커 메모 등을 통해 개인, 모둠별 의견을 자유롭게 게시할 수 있다. 수업의 최종 산출물을 제출하는 제안서의 양식은 온라인 전자집필 사이트 'Bookcreator'이다. 'Bookcreator'는 온라인 책을 만들 수 있는 것으로 학생들의 실험 활동 과정과 실험 내용, 실험 영상 등이 수록되어 공유할 수 있는 좋은 에듀테크라고 할 수 있다. 학생들은 스스로 정한 주제의 실험을 수행하면서 영상을 제작하고, 실험 원리와 심화된 자료 등을 온라인 전자책에 담을 수 있다.

〈표 12-1〉 **활용 에듀테크**

에듀테크	용도
MS 팀즈	온라인 수업 및 관리 플랫폼으로 쌍방향 실시간 수업 및 소회의실 사용으로 전체 수업뿐 아니라 모둠별 회의 사용
Microsoft Whiteboard	협력학습을 위한 인터랙티브 화이트보드 애플리케이션. 스티커 형태, 글쓰기. 발표 후 의견 게시. 수업 후 소감 나누기 활용
Bookcreator	온라인 전자책으로 협업을 통한 산출물 제작. 실험 동영상 삽입, 유튜브 자료 링크, 오토 드로우 기능 활용

II   수업 실행

문제 제시 및 문제 확인

1차시 수업은 과학의 즐거움 알기이다. 동기 유발 단계로 협업 과정을 통해 문제를 해결하여 탐구의 즐거움을 느끼게 하는 것을 목표로 했다.

몇 가지 간단한 질문이 학생들에게 제시된다. 문제를 해결하기 위해 제시된 준비물 중 필요한 재료를 스스로 선택하여 문제를 해결하는 수업이다. 관찰을 통해서 스스로 문제를 발견하여 실험으로 구현해 보는 놀이 형태의 활동이다.

이와 같은 간단한 문제 해결력 실험을 통해 학생들에게 실험 탐구 활동의 즐거움을 느끼게 한 후 생활 속 다양한 기구 및 현상 속에는 많은 과학 원리가 들어 있음을 알게 한다.

1. 동기 유발: 과학의 즐거움 알기

모둠별로 협업하여 해결하는 발견의 기쁨을 위한 동기 유발 자료로 제시된 문제는 다음과 같다.

여러분은 지금 21C 미래과학관에 방문했습니다. 입구에 네 가지 질문이 있습니다.

질문 1. 양초의 촛불을 입으로 불지 않고 빈 유리컵으로 끄는 방법은?
질문 2. 초코볼을 이용하여 무지개 색깔 모양의 멋진 작품을 만들 수 있는 방법은?
질문 3. 클립을 물 위에 띄울 수 있는 방법은?
질문 4. 풍선을 침으로 찌르지 않고 오렌지를 이용하여 터트리는 방법은?

이 질문 중 모둠별로 한 가지만 선택해서 해결하세요. 문제를 해결했을 경우 미래과학관 내부로 입장이 가능합니다. 단 휴대전화나 태블릿 PC로 검색할 수 없습니다. 여러분의 공동 사고를 통해서 문제를 해결해야만 합니다.

자! 시작해 볼까요. 탐구를 수행하기 위한 필요한 재료를 선택하여 실험하시오.

(준비물) 식초, 색색 초코볼, 클립, 플라스틱 잔, 접시, 우유, 풍선, 면봉, 양초, 식용유, 빨대, 세제, 탄산소다. 종이

1. 탐구 결과: 당신의 팀에서 선택한 질문은 무엇인가요?

2. 선택한 질문을 해결하기 위해 어떤 과학적 원리가 적용되었나요?

동기 유발 실험에서 휴대전화나 태블릿 PC로 검색할 수 없음을 강조하는 것이 매우 중요하다. 어떤 문제가 있을 때, 학생들은 생각조차 하지 않고 검색부터 먼저 한다. 함께 모둠원들이 의견을 모으면서 문제를 해결하기 위하여 노력할 때 학생들은 매우 강한 과학의 즐거움을 느낀다.

질문 1은 식초와 탄산소다를 이용해서 이산화탄소를 발생하여 촛불을 끌 수 있으며, 질문 2는 초코볼에 우유를 붓게 되면 색깔이 우려 나오고 세제와 면봉으로 우유의 표면을 닿게 하면 표면장력의 효과에 의해 멋진 그림이 만들어진다. 질문 3은 클립을 표면장력을 이용해서 물 위에 올려놓을 수 있다. 질문 4는 오렌지 껍질에 있는 오렌지오일을 풍선에 바르면 풍선을 쉽게 터트릴 수 있다. 간단하고 재미있는 실험을 제시하여 학생들이 스마트 기기의 도움 없이 오로지 사고만으로 문제를 해결할 수 있는 즐거움을 제공하는 좋은 수업 방법이라고 할 수 있다.

2. PBL 문제 제시 및 문제 확인

수업 설계 시 제작한 문제 시나리오인 '21C 미래과학관 체험 ZONE 아이디어 공모전'을 학생들에게 제시하여 문제를 확인한 후 모둠을 구성한다. 모둠 구성은 관심 분야가 같은 학생들이 모둠을 만들어 할 수 있도록 한다.

📝 문제 해결을 위한 탐색 활동

2차시 수업은 문제 제시 및 문제 해결 수행 계획 수립 단계로 PBL 문제 시나리오에서 제시된 것을 생각하여 공모전에 낼 제안서 계획을 세우는 단계이다.

PBL 문제는 21세기 미래과학관에서 실험할 수 있는 멋진 실험을 제안해 달라는 제안서에 관한 것이다.

1. 제안서 조건 제시하기

학생들이 모둠별로 수행 계획을 세우도록 안내한다. 21C 미래과학관 체험 ZONE 아이디어 제안서를 만들 때 체험하는 실험 조건에 대해 제시한다. 제안서 관련 실험 조건은 첫째, 안전한 실험이어야 한다. 둘째, 과학적 원리가 들어간 내용으로 중·고등학생의 수준에 맞는 활동이어야 한다. 셋째, 이론적인 조사 활동이 아니라 체험 가능하며, 실험 활동으로 구현될 수 있어야 한다.

2. 탐구 계획 수립하기

21C 미래과학관 체험 ZONE에서 할 수 있는 실험 아이디어에 관한 계획서이다.

계획서를 작성할 때 준비물을 꼼꼼하게 확인하여 실제 실험을 할 때 준비물이 없어 실험 진행이 잘 되지 못하는 상황이 발생하지 않도록 해야 한다. 실험 및 체험 활동 시 위험 요소가 없는지 점검해야 한다. 또한 정해진 시간 안에 마칠 수 있도록 역할 분담을 잘 하는 것이 중요하다. 계획서를 세울 때 스마트기기를 이용하여 자료를 수집하고 검토하여 세운다. 전체를 조율하는 리더, 실험을 수행하는 학생, 영상 촬영을 하는 학생, 뒷정리를 하는 학생 등으로 역할을 잘 분담해서 정해진 시간 안에 실험 과제를 해결할 수 있도록 철저히 세워야 한다.

[그림 12-1] 21C 미래과학관 체험 ZONE 아이디어 제안 계획서 예시

문제 해결안 도출

작성한 계획서를 바탕으로 선정한 실험을 수행하면서 학생들이 흥미롭게 참여할 수 있는 내용으로 적절한지 알아보는 단계로, 총 2시간이 소요된다. 1차시에는 모둠에서 선정한 실험을 하면서 실험 장면을 촬영하는 것이다. 다음 차시에는 앞 시간에서 했던 실험 내용을 정리하여 제안서를 만드는 활동이다. 제안서는 Book creator를 이용해서 모둠에서 협업하여 작성한다. 서로 역할을 배분하여 표지 작성, 실험 원리 및 내용, 실험 영상 삽입 등을 수행한다. PBL 수업의 산출물을 만들기 위한 가장 중요하고 학생들의 협업이 많이 요구되는 시간이다.

1. 실험 수행 및 실험 영상 촬영하기

실험을 수행하기 전에 실험 주제와 준비물에 관해서는 교사의 피드백을 받은 후 실시한다. 재활용품 등을 이용한 재료를 활용하는 것이 좋으며, 재료 구입이 필요한 경우 교사가 미리 구입하여 준비한다.

실험 장면을 촬영할 때, 실험을 진행하는 친구, 촬영하는 친구, 실험 시 재료를 바로바로 제공하는 친구 등 역할 분담이 순조롭게 이루어져야 시간 내에 실험을 끝낼 수 있다. 영상의 길이는 3분을 초과하지 않도록 한다. 영상에 들어가는 내용으로 실험 제목, 실험 원리 설명(내레이션이나 자막으로 설명하기)이 자연스럽게 될 수 있도록 한다. 실험 중간에 준비물이 없어서 실험 촬영을 연기하는 일이 없도록 한다.

2. 실험 영상 학생 산출물 예시

| 오호 물병 만들기 실험 | 오호(Ooho) 물병은 플라스틱 사용을 줄이기 위한 적정 기술이다. 해양 오염원인 플라스틱의 양을 줄이기 위한 아이디어로, 마시는 물병이다. 만드는 과학적 원리는 해초에서 추출하는 '알긴산나트륨'과 식품첨가제로 활용되는 '젖산칼슘'을 이용한 화학 반응에서 기초한다. | |

딸기 DNA 추출 실험	생물의 유전정보를 담고 있는 DNA에 대한 검출 실험으로 딸기를 이용하여 DNA를 추출한다. 에탄올의 용해도를 이용하여 DNA를 추출하는 실험으로 하얀 실처럼 보이는 DNA를 비교적 쉽게 분리할 수 있다. DNA를 추출하기 위한 원리와 과정을 익힐 수 있는 실험이다.	

3. 학생들의 다양한 실험 영상 주제

- 정전기의 원리 알아보기: 정전기를 발생시켜 흐르는 물 휘어지게 만들기, 정전기로 물건 들어올리기 실험
- 마이야르 반응 알아보기: 단백질의 아미노기와 카보닐기가 합쳐져 특유의 색과 향을 생성하는 반응 체험하기
- 우유로 치즈 만들기: 식초를 이용한 우유 단백질 카제인을 응고한 치즈 만들기 실험
- 우블렉의 원리: 옥수수전분을 이용한 현탁액을 만들어 힘의 정도에 따라 물질의 상태를 체험해 보는 실험
- 전자기 유도 실험: 코일과 자석을 이용하여 전기 발생 실험
- 딸기, 바나나, 브로콜리 DNA 추출 실험: 다양한 재료를 이용한 DNA 추출 실험
- 춤추는 그림: 유성 매직으로 호일 위에 그린 그림이 물을 부으면 호일 위에서 떨어져 나온 그림이 움직이는 실험
- 유체의 층류 실험: 물풍선을 이용하여 물이 나오는 속도를 느리게 하여 물이 멈추어 있는 것과 같은 효과를 내는 실험
- 물속에서도 꺼지지 않는 불 실험: 연소의 세 가지 조건(타는 물질, 발화점 이상의 온도, 산소)을 이용한 실험. 기름종이로 싸인 스파클라 화약에 불을 붙여 물속에서도 타는 모습을 보여 준 실험
- 물엿을 이용한 섞여 있는 물감 되돌리기: 물엿의 점성에 의해 층류 이동 및 확산이 잘 일어나지 않는 원리를 이용한 실험. 물감을 혼합한 후에 다시 되돌리면 섞여 있던 물감이 원래대로 돌아가는 것을 알아보는 실험

[그림 12-2] 학생들의 실험하는 모습

4. Bookcreator를 이용하여 제안서 작성하기

4차시 수업에서는 온라인 북 만들기 프로그램인 'Bookcreator'를 활용할 수 있다. 비대면 수업뿐 아니라 교실에서도 태블릿 등의 도구를 이용하여 사이트에 접속하여 협업 작업을 할 수 있다. 제안서를 만들 때 반드시 들어가야 필수 내용이 들어갈 수 있도록 안내해야 방향성을 가진다. 필수 내용은 공모전 제출 제안서 표지 만들기, 활동 주제 소개, 실험 내용 영상 삽입, 실험 내용에 관한 과학 원리 설명, 공모전에 선정되어야 하는 이유 등이다. 이와 같이 학생들은 모둠의 실험 탐구 활동을 정리하면서 본인들이 궁금해하는 것, 생활 속 다양한 실험을 구현할 수 있다.

5. 학생들이 제작한 제안서 예시
■세상에서 가장 강한 마법의 액체, 전분물의 비밀

[그림 12-3] 세상에서 강한 마법의 액체, 전분물의 비밀 Book creator 제안서

세상에서 가장 강한 마법의 액체인 전분물의 점탄성에 대한 내용 실험으로 21C 미래과학원에서 학생들이 탐구할 수 있는 재미있는 실험에 관련된 내용으로 제안 서를 만들었다. 점탄성은 점성과 탄성의 특성을 둘 다 가지고 있는 것으로 외부의 힘이 가해지면 형태가 변하지만, 시간이 지나면 다시 원래의 형태로 돌아오게 되는 성질이다. 이에 관한 내용이 제안서에 담겨 있다.

■ 감열지의 비밀

슈퍼마켓이나 상점에서 물건을 산 후 발행되는 영수증은 감열지를 이용한 것이 다. 학생들의 실험 내용은 감열지에 높은 온도의 열을 가했을 때 감열지가 까맣게 변하는 과정과 열을 받으면 색깔이 변하는 원리가 들어 있다.

[그림 12-4] 감열지의 비밀 Bookcreator 제안서

📝 문제 해결안 발표

1. Bookcreator를 이용하여 제안서 발표하기

모둠의 협업으로 만들어진 제안서이브로 Bookcreator에 참여하여 작성한 부분 을 발표한다. 발표는 다음과 같은 내용으로 진행한다.

| 제안서 주제 | ➡ | 실험 원리 설명 | ➡ | 실험 영상 소개 | ➡ | 제안서가 선정되어야 하는 이유 설명 |

2. 제안서 발표 심사

산출물 발표를 할 때 다른 모둠의 발표를 보고 탐구한 내용의 우수성뿐 아니라 인상적인 내용, 과학적 오류, 발표 태도 등에 대해 기록하여 비판한다. 건전한 비판은 다른 모둠의 탐구 내용을 정리하여 내 것으로 만드는 것 이외에도 실험한 모둠이 미처 생각하지 못했던 점을 짚어 주는 좋은 방법이다.

심사지의 양식은 다른 모둠의 제안서를 보고 좋은 점과 보완해야 할 점을 말하고, 각 팀의 제안서를 채점하는 형식이다.

[그림 12-5] 제안서 발표 및 심사

📝 평가 및 성찰

1. 심사서 공유 및 수업 소감 나누기

학생들의 심사서를 Microsoft Whiteboard에 공유하여 어떤 관점으로 다시 볼 수 있는지, 실험 과정에서의 오류, 발표 시 전달력 등에 대해 건전한 비평을 하게 한다. 과학 발전은 오류를 수정해 가는 과정에서 발전되어 왔음을 수업 소감 나누기를 통해서 느끼게 하는 것을 목적으로 하였다.

2. 학생들의 심사의 예시

■ 밀도탑 쌓기 관련 제안서에 관한 학생 심사평

밀도 탑 쌓기는 물질의 밀도 차에 따라 밀도가 큰 물질은 아래로 가라앉고 작은 물질이 위에 뜨는 간단한 실험이다. 이 쉬운 실험을 과학 체험관에 한 코너에 비치해 둔다면 어린 학생들이 왔을 때 쉽게 할 수 있는 실험이라 제안한 것으로 생각된다. 체험관에서 많은 사람들이 체험하려면 사람들이 올 때마다 여러 번 할 수 있는 실험이면 좋을 것 같다는 생각을 했는데 이 실험은 간단하고 준비물도 많이 필요하지 않으며 비교적 안전하기 때문에 주제를 잘 정한 것 같았다. 또 실험에 대한 설명 외에 여러 밀도에 관한 내용도 설명을 해 주어서 좋았던 것 같다. 아쉬운 점이라기보다는 이 실험에 추가적인 아이디어를 제공하자면 ppt에서 설명한 내용 중에 고체와 액체의 밀도에 대한 기본 개념 설명을 하였는데 좀 더 다양한 예시를 알려 주면 더 좋지 않을까 하는 생각을 했다. 특히, 기체의 밀도는 어떤 방법으로 측정하면 좋을지에 관해서 학생들에게 질문을 제시하여 같이 토론해 보았으면 더 좋았을 것 같다.

■ 오렌지 전지 만들기 제안서에 관한 학생 심사평

오렌지 전지는 산과 금속의 반응에 관한 실험이다. 오렌지에 꽂혀 있는 아연판과 구리판 사이에서 전자가 이동하여 전류가 흐르는 실험 영상이 재미있었다. 화학 시간에 배운 내용과 연계되었으며 과학적 원리가 잘 드러날 수 있는 실험이어서 좋았다. 발표도 친구들에게 질문을 하면서 설명하는 방식이라 쉽게 이해가 되었다. 아쉬운 점은 이 실험을 과학교육원의 체험 코너에서 하게 된다면 실험 준비물이 많고 과정이 복잡하여 보조교사가 있어야 하지 않을까 하는 생각이 들었다. 그리고 전기가 흐르는 것이 눈으로 잘 보이지 않는다는 단점이 있었다. 흐르는 전류가 너무 약해서 LED를 밝히는 데 좀 부족했다. 전압계를 연결해서 보니 눈금이 움직였다. 전압계 눈금이 움직임보다는 빛이 밝혀지는 것이 선명해야 학생들이 전류의 흐름을 실감한다. 전류의 흐름을 잘 보이게 하는 방법에 대해 고민하기 바란다.

📝 평가 및 기록

1. 평가

블렌디드 러닝 기반 PBL 수업으로 진행한 21C 미래과학관 체험 ZONE 아이디어 공모전 제작은 단계적인 활동을 수행평가로 실시할 수 있다. 주제 실험을 위한 계획 수립, 탐구실험실 영상, 산출물 제작, 산출물 발표의 전 과정을 평가할 수 있다. 평가를 하기 전 학생들에게 상세한 평가기준을 알려서 공정한 평가가 될 수 있도록 하며, 채점기준을 보고 학생들이 스스로 준비해서 대비할 수 있도록 하는 것이 좋다. 채점기준을 살펴보면 다음과 같다.

> 1. 탐구 계획서(20점)-탐구 계획서의 충실성(20점)
> 2. 탐구 실험 영상 제작(30점)-실험 영상 완성도(20). 모둠 활동 참여 정도(10)
> 3. 산출물 제작 및 발표(50점)-Bookcreator 활용 산출물 제작(40점)
>   발표 후 개인 피드백(10점)

2. 기록

기록은 수업 과정 속에서 학습을 통해 성취기준에 도달한 정도와 수업을 통한 학생의 변화를 기록하는 것이다. 수업은 교사의 주도하에 이루어지는 것이 아니라 학생의 자발성을 전제로 함께 만들어 가는 과정이다. 수업 관찰을 통하여 학생이 진로를 찾아가는 모습과 성장을 기록하는 것이 중요하다. 다음의 예는 본 수업을 통해서 학생의 수업 후 학생의 변화를 기록한 예시이다.

- 사례 1: 미래과학관 체험 실험 아이디어 제안서 작성하기 프로젝트 수업에서 모둠 친구들과 협동을 하는 실험에 열성을 가지고 참여하였음. 해양환경 파괴의 가장 큰 원인 중 하나로 알려져 있는 플라스틱 쓰레기의 문제점을 개선하기 위하여 패트병을 사용하지 않는 알긴산나트륨을 이용한 오호 물병 만들기 주제로 실험함. 주제 선정에서부터 실험 과정, 온라인 책 만들기의 전 과정을 모둠원과 협업하여 성공적으로 수행하였음. 온라인 책 만들기 사이트인 bookcreator에서 주제가 잘 드러날 수 있도록 성공한 실험 설명을 전자책에 영상 자료로 삽입하여 실험 원리가 잘 드러나게 하였음. 발표 시 내용 및 원리를 잘 전달할 수 있는 우수한 발표로 소통을 잘함. 활동을 통해 과학은 무조건 어렵다는 선입견을 가지고 있었으나 과학 분야에 대한 호기심과 관심이 증가했다는 소감을 말함.

- 사례 2: 미래과학관 체험 실험 아이디어 제안서 작성하기 프로젝트 수업에서 '섞인 물감 되돌리기' 실험을 주제로 제안서를 작성함. 모둠원들과 토의하여 실험 계획을 수립하고 관련된 준비물을 챙겨서 실험을 성공적으로 실시하였으며 실험 영상 편집을 하면서 과학 영상을 통해서 과학적 개념과 원리를 쉽게 설명함. 평소 과학 과목을 싫어하는 학생이었으나 본 주제의 수업에서 적극적이며, 함께 협업하면서 즐겁게 참여하는 모습을 볼 수 있었음. 평소에 발표에 자신이 없어 하는 학생이었으나 스스로 기획하고 자발적으로 수행한 실험이라 대본 없이 자신 있게 발표를 함, 온라인 책 만들기 프로그램을 이용하여 멋진 책을 완성하는 성공의 기쁨을 느꼈다는 소감을 말함.

교사는 수업을 통해서 학생 자신이 좋아하는 것이 무엇이며, 그리고 잘할 수 있는 것이 무엇인지를 발견할 수 있도록 안내하고 응원해 주는 것이라는 생각이 든다.

Ⅲ 수업 실행

PBL 기반의 수업은 재미있고 자발적인 탐구 실험을 할 수 있도록 해 주는 수업 방법이다. 2022 개정 교육과정에서 제시하고 있는 핵심 역량으로 자기관리, 지식정보처리, 창의적 사고, 심미적 감성, 협력적 소통, 공동체 역량이다. PBL 수업 방법으로 구상한 21세기 미래과학관 체험 ZONE 아이디어 제안서 수업은 창의적인 사고와 협력적 소통의 역량을 키울 수 있는 수업임에 틀림이 없다. 미래 사회에서 일어나는 문제는 혼자의 힘으로 해결할 수 있는 영역이 아닌 것이 많다. 기후 위기가 심각해지고 있으며, 양극화 현상, 소득 불균형, 난치병의 극복, 새로운 신종 감염병의 발생 등 심각하고 복잡한 문제이다. 이를 해결하기 위한 역량을 키울 수 있도록 돕는 것이 우리 교사의 몫이라고 생각한다. 학생들의 자율적인 사고의 폭을 넓혀 주고, 탐구하는 것을 즐겁게 할 수 있는 PBL 수업은 이런 점에서 상당한 효과가 있다고 본다. 다음은 수업을 마친 학생들의 소감문이다.

- 사례 1: 21C 미래과학관 체험 ZONE 아이디어 제안서로 수업하고 모둠 친구들과 협업하며 실험을 하는 과정에서 우리가 평소에 관심이 가지 않았던 다양한 과학 분야에 호기심을 가질 수 있었다. 뿐만 아니라 우블렉이라는 물질이 거의 모든 충격을 다 흡수할 수 있는 원리에 대해 탐구하게 되면서 과학적 지식을 함양할 수 있는 기회가 되었다. 평소 공부라는 것은 재미가 없는 것이라고 생각하였지만 친구들과 함께하는 실험은 재밌을 뿐만 아니라 협동심도 기를 수 있다는 것을 깨달았다. 평소 교육에 대해 관심이 있고 교육 관련 기업에 대해서 찾아본 경험이 있다. 교사가 꿈인 나에게 어떤 교육이 효과적인 교육일까 생각하던 와중에 선생님이 제시해 주신 제안서를 작성하라는 문제 해결 방식의 수

업이 참 좋았다. 그리고 이것을 해결하기 위한 협동 실험이 좋았으며 과학에 대해 흥미를 가지게 된 좋은 경험이었다.

- 사례 2: 나는 우리가 했던 과학 수업 중에 제일 좋았던 수업이 21C 미래과학관 체험 ZONE 아이디어 세안서 만들기 수업이었다. 특히, 마지막에 했던 섞여 있는 물감 되돌리기 실험은 내가 지금껏 수업 시간에 해 왔던 실험보다 가장 기억에 남았다. 우리 실험의 주제를 스스로 찾고 필요한 준비물을 가져와서 우리가 실험하고 우리가 편집한다는 게 색다르고 재미있었다. 비록 피곤하고 힘든 부분들도 있었지만 행복감과 내가 만든 영상에 자부심이 너무 커서 피곤함을 다 눌러 버렸다. 내 꿈이 극작가나 배우가 되는 것이다. 영상을 편집하면서 카메라 구도를 잡아 보고 자막을 어떻게 처리할까 등을 고민하면서 작업했다. 영상 만드는 것을 아주 빠르게 습득할 수 있었다. 또 배우라는 직업은 남에게 보여 주고 부끄러움 떨림이 없어야 하는데 그냥 앉아서 대답만 해도 벌벌 떨던 나를 이제는 대본 없이도 발표를 할 수 있을 만큼 떨리지 않게 되었다. 과학이라는 과목을 싫어하기만 했었는데 내가 능동적으로 행동하고 다양한 컴퓨터 기능들을 알아가며 한 과학탐구실험 과목이 너무 좋아졌고 수업 시간이 행복했다.

- 사례 3: 21C 미래과학관 체험 ZONE 아이디어 제안서 만들기 수업은 과학을 다시 생각하게 하는 점이 인상 깊었다. 실험 후 온라인 책 만들기에서 내가 맡은 역할은 미래과학관에서 우리가 했던 주제의 실험이 선정되어야 하는 이유를 설명하는 것이었다. 어떤 방법으로 전달하면 그 이유가 정말로 잘 전달될까 생각했고, 우리의 제안서가 긍정적인 평가를 받게 하려고 애를 썼다. Bookcreator는 우리의 창의력을 마음껏 표현해 내는 공간이었다. 이번 수업이 주제는 우리 미래에 있을 과학을 생각해 보며 그 전까지의 과학 역사를 다시 생각해 보는 중요한 계기가 되었고, 다양한 실험에 대해 조사해 보면서 우리 생활 속 많은 부분들이 과학과 연관이 있다는 것을 알게 되었다.

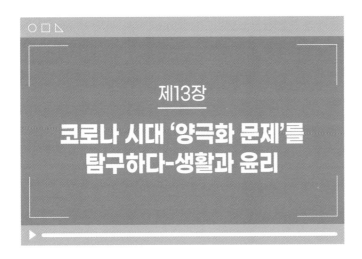

제13장
코로나 시대 '양극화 문제'를 탐구하다-생활과 윤리

📝 코로나19로 부각된 사회 양극화 문제 어떻게 해결할 것인가

자본주의 사회의 양극화 문제는 중요한 사회적 이슈이다. 우리나라는 IMF 사태 이후 신자유주의적 무한 경쟁의 시대로 전환되면서 양극화가 사회 문제 논쟁의 핵심으로 자리잡게 되었다. 특히, 2014년 송파 세 모녀 사건은 우리 사회에 많은 충격을 주었고, 복지 사각지대 해소를 위한 일명 세 모녀법(국민기초생활 보장법 개정안)이 국회를 통과하였다. 또 지속되는 출생률 저하, 청년실업, 노인 문제, 고용불안 등으로 심화되는 양극화의 한 해법으로 '기본소득제'가 강조되기도 하였다. 한편 코로나19로 인한 폐업, 정리해고, 실직 등의 만연 및 코로나 정부지원금 지급에 대한 보편/선별 논쟁으로 양극화 문제가 새롭게 부각되었다.

본 수업에서의 핵심 주제는 '양극화 문제'이다. 이는 수업 단워인 '사회 정의와 윤리', 그리고 성취기준의 핵심어인 '분배 정의'와 직결된다. 그리고 분배 정의와 관련된 윤리적 쟁점들은 '공정한 분배 기준을 어떻게 마련하는가?', 오랫동안 지속되어 차별의 문제를 해결하기 위해 실시하는 '우대정책들은 사회 구성원들 간의 새로운 갈등을 유발하지는 않는가?' 등이다. 학생들은 이와 관련된 윤리적 논쟁을 살펴봄으로써 자신의 입장과 태도를 합리적으로 제시할 수 있어야 한다.

본 수업은 블렌디드 기반 문제 해결학습으로 코로나19 팬데믹 상황에서 새롭게 부각된 '사회 양극화' 문제를 집중적으로 탐구함으로써 사회 정의 논쟁의 주요 개념들을 학습하고자 한다.

Ⅰ 수업 설계

교육과정 재구성

1. 단원: Ⅲ. 사회와 윤리
2. 성취기준

> [12생윤03-02] 공정한 분배를 이룰 수 있는 방안으로서 우대 정책과 이에 따른 역차별 문제를 분배 정의 이론을 통해 비판 또는 정당화할 수 있으며, 사형 제도를 교정적 정의의 관점에서 비판 또는 정당화할 수 있다.

3. 학습주제

정의와 관련된 본 단원의 대표적인 논점은 '공정한 분배기준을 어떻게 마련하는가?'이다. 그중에서도 양극화 문제는 분배 정의 논쟁과 깊은 관련이 있다. 특히, 코로나19로 이후 '코로나 정부지원금' 지급 방식에 대한 논쟁이 일어나면서 더욱 부각되었다. 그래서 본 수업의 학습주제를 다음과 같이 설정하였다.

학습주제 1	양극화 문제의 심각성 인식 및 양극화 문제 탐구 계획 수립하기
학습주제 2	양극화 문제 원인에 대한 다양한 관점 확인 및 해결 방안 도출하기

PBL 문제 개발

1. PBL 문제 시나리오 구성을 위한 아이디어

배경	• 신자유주의와 글로벌 경제위기 이후 양극화 문제가 사회적 이슈로 등장 • 코로나19 이후 폐업, 정리해고, 실직 등의 만연으로 인해 심각한 사회 문제
상황	• 양극화 현상의 심화로 저소득층, 지방의 소도시 지역, 여러 사회적 약자들의 삶의 문제 해결을 위한 대책 마련 필요 • 다양한 시민단체 및 연구 기관을 중심으로 양극화 문제 실태, 원인, 해결 방안 모색 필요
주인공의 해결과제	• 양극화 문제 탐구를 위한 사례 선정 및 탐구 계획 수립하기 • 연구방법을 활용하여 양극화 문제 실태, 원인, 해결 방안 탐색 • 양극화 문제 사례 탐구 결과를 전문가 포럼에서 발표 및 토론하기
제한점	• 양극화 문제는 경제, 사회, 정치, 국제 관계 등 다양한 영역의 사회 조직, 제도들의 구조 문제와 관련되는 거대 담론의 성격을 띠고 있어 제한된 시간에 학생들이 문제 해결의 과제를 찾는 것은 한계가 있음. • 하지만 학생들의 생활 주변에 나타나는 다양한 형태의 양극화 현상을 살펴봄으로써 거대 담론을 구성하는 실마리를 찾을 수 있을 것으로 기대함.

2. PBL 문제 시나리오 구성하기

PBL 문제

코로나19 이후 한국의 양극화 현상은 어떤 양상으로 나타날까?

♣ 양극화 문제 해결을 위한 전문가 포럼 안내 ♣

안녕하세요?

사회 양극화(社會兩極化, social polarization, the devided society)는 사회 불평등의 심화를 의미하는 것으로 중간계층이 줄어들고 사회계층이 양극단으로 쏠리는 현상을 의미합니다. 양극화 현상은 민주 국가의 근본적인 전제인 '평등의 추구'를 저해하고, 사회적 특권층을 발생시킬 수 있습니다. 현재 양극화는 사회에 많은 문제를 일으키고 있으며, 이는 심지어 인종차별보다 두 배 더 크다는 견해도 있습니다.

여러분은 우리 사회가 당면한 사회 문제를 진단하고 이를 극복할 수 있는 다양한 정책을 탐구하는 사회정책 운동가입니다. 코로나19로 인해 우리 사회는 경제구조의 변화, 실업자 증가, 폐업, 생활고 증가 등에 따른 양극화 현상이 더욱 심화되고 있다고 할 수 있습니다. 이제 여러분은 동료들과 협업하여 양극화의 여러 모습 중 한 분야를 집중적으로 탐구하여 문제의 원인을 분석하고, 그 해결 방향을 구체적으로 제시하여 우리 사회가 갖추어야 할 사회 정의의 공정한 기준을 제시해 주시기를 바랍니다.

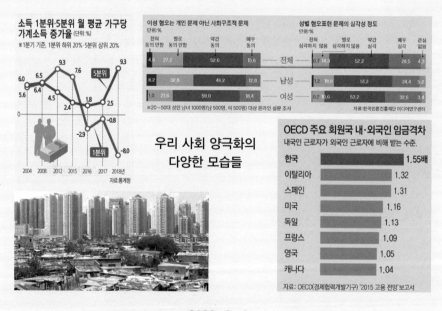

우리 사회 양극화의 다양한 모습들

2022. ○. ○.

양극화 해소를 위한 범국민운동 본부장 박 ○ ○ 드림

PBL 교수 · 학습과정안 설계

1. 블렌디드 기반 PBL 수업의 흐름

개념학습	문제 제시 및 문제 확인	문제 해결 및 탐색 활동	문제 해결안 도출	발표 및 성찰
정의론 논쟁, 양극화 개념 이해	양극화 상황 및 문제 시나리오 제시	양극화 문제 사례의 탐구 활동 진행	양극화 문제 사례 탐구 보고서 작성	전문가 포럼 발표 및 성찰일지
강의 및 발표	구글 문서, 프레젠테이션	구글 프레젠테이션	구글 프레젠테이션	구글 프레젠테이션
온/오프라인	온/오프라인	온/오프라인	온/오프라인	온/오프라인

2. 블렌디드 러닝 기반 PBL 수업 실행 과정 개요

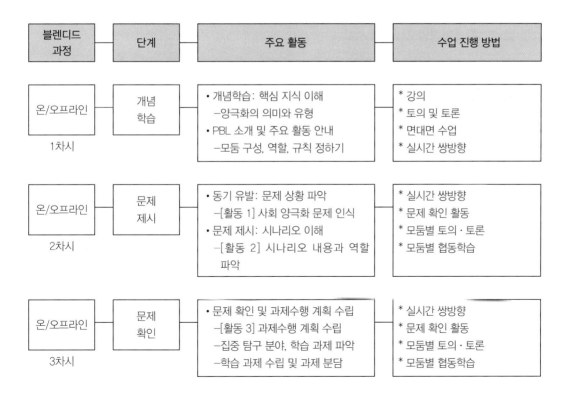

블렌디드 과정	단계	주요 활동	수업 진행 방법
온/오프라인 1차시	개념 학습	• 개념학습: 핵심 지식 이해 　−양극화의 의미와 유형 • PBL 소개 및 주요 활동 안내 　−모둠 구성, 역할, 규칙 정하기	* 강의 * 토의 및 토론 * 면대면 수업 * 실시간 쌍방향
온/오프라인 2차시	문제 제시	• 동기 유발: 문제 상황 파악 　−[활동 1] 사회 양극화 문제 인식 • 문제 제시: 시나리오 이해 　−[활동 2] 시나리오 내용과 역할 파악	* 실시간 쌍방향 * 문제 확인 활동 * 모둠별 토의 · 토론 * 모둠별 협동학습
온/오프라인 3차시	문제 확인	• 문제 확인 및 과제수행 계획 수립 　−[활동 3] 과제수행 계획 수립 　−집중 탐구 분야, 학습 과제 파악 　−학습 과제 수립 및 과제 분담	* 실시간 쌍방향 * 문제 확인 활동 * 모둠별 토의 · 토론 * 모둠별 협동학습

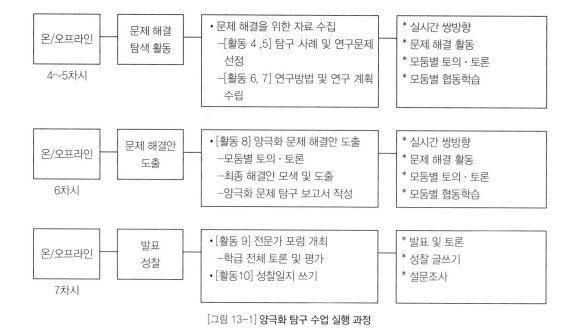

[그림 13-1] 양극화 탐구 수업 실행 과정

3. 교수 · 학습과정안 개요

문제	양극화 문제를 어떻게 해결할 수 있을까?			총 7차시	
학습 목표	1. 특정한 한 분야의 사회 양극화 문제를 선정하여 분석할 탐구 계획을 세울 수 있다. 2. 주제 분야 양극화 문제의 탐구 결과를 실태, 원인, 해결 방안 순의 보고서로 작성할 수 있다. 3. 우리 사회의 양극화 문제를 해결할 수 있는 정책과 구체적인 실천 방안을 제안할 수 있다.				
성취기준	[12생윤03-02]				
핵심 역량	자기 존중 및 관리 능력	✓	도덕적 사고 능력		✓
	도덕적 대인관계 능력	✓	도덕적 정서 능력		✓
	도덕적 공동체 의식	✓	윤리적 성찰 및 실천 능력		✓

단계	문제 해결 활동 내용
개념 학습	• 사회 양극화의 의미와 유형 파악 • PBL의 전반적인 진행 소개 및 모둠 구성, 역할, 규칙 정하기

문제 제시	• 동기 유발: 양극화 관련 동영상(뉴스, 시사 탐구) • 문제 상황: 양극화 문제 시나리오 제시 • 문제 파악: 문제 시나리오의 내용과 해결 과제 파악 및 역할 이해
문제 확인	• 생각: 양극화 문제 해결에 필요하다고 생각되는 다양한 생각, 해결책에 필요한 조건들을 생각함 • 사실: 제시된 문제 해결에 필요한 사실, 문제 해결과 관련해 학습자가 알고 있는 것 • 학습 과제: 문제 해결을 위해 알아야 할 내용 선정 • 수행 과제: 문제 해결을 위해 학습자가 해야 할 일 또는 실천 계획 수립
문제 해결 자료 수집	• 개별 과제수행: 온라인 및 오프라인 수업 시간을 활용해서 개별 과제수행을 통해서 문제 해결에 필요한 정보와 자료를 탐색하여 정보 공유
문제 해결안 도출	• 모둠별 토의·토론: 개별 수행 과제를 통합 및 모둠별 토의·토론을 통해서 사회 양극화 문제 사례 탐구에 필요한 정보를 정리 및 보완하여 보고서로 작성하여 최종 해결안 도출하기
발표 및 평가	• 포럼에 참여하는 사례 탐구 보고서 완성 및 포럼의 형식으로 발표 진행 • 양극화 문제 사례 탐구 활동 과정에 대한 자신의 참여 및 태도에 대해서 평가하기 • 성찰일지를 작성하여 포럼 전문가로 양극화 문제 해결의 전 과정 성찰 및 정리

4. 차시 운영 및 평가 계획

차시	단계	주요 산출물	필수평가 항목	기대 역량
1차시	문제 제시	활동 **1** 시나리오 이해	문제 이해의 정확성	도덕적 사고 능력
2차시	문제 확인	활동 **2** 양극화 문제 탐구 과제 수행 계획서	양극화 문제 탐구 과제 수행 계획의 적절성	윤리적 성찰 및 실천 능력
3~4차시	문제 해결 자료 수집	활동 **3** 개별 과제수행 결과 정리	과제수행 내용의 정확성 과 충실성	도덕적 사고 능력 도덕적 공동체 의식
5~6차시	문제 해결안 도출	활동 **4** 양극화 문제 탐구 결과 보고서	보고서 내용의 적합성과 충실성	도덕적 사고 능력 도덕적 공동체 의식
7차시	발표 및 평가	활동 **5** 전문가 포럼 발표 결과 활동 **6** 성찰 저널	발표의 전달력 의미 표현의 구체성	도덕적 정서 능력 윤리적 성찰 및 실천 능력

블렌디드 환경 조성

본 수업에서 활용한 LMS는 Google Workspace이다. 본 수업은 고3 학생들을 대상으로 운영되었는데, 고3은 등교 수업이 계속되어 대면 수업을 운영하였지만, 온라인 수업을 대비하고 다양한 학습 자료 활용과 학생참여 중심 수업을 위해 학기 초부터 구글 클래스룸을 활용하여 진행하였다. 구글 클래스룸에서 활용한 도구는 구글 문서, 구글 프레젠테이션, 패들렛 등이다.

〈표 13-1〉 **활용 에듀테크**

에플리케이션	용도
구글 클래스룸	수업관리 (생활과 윤리 수업 관련 학습 자료 공유, 수행평가 등의 학습관리를 진행함)
패들렛	도덕적 탐구 원리의 타당성 논쟁 진행 (도덕적 원리 탐색 과정의 예시 자료에 대한 학생들의 답안을 실시간으로 작성하고 공유하는 활동을 진행함)
구글 문서	윤리적 논쟁 토론 보고서 작성 (모둠의 토론 및 의사결정 과정 및 결과 내용을 실시간으로 작성함)
구글 프레젠테이션	모둠 활동 보고서 작성 및 발표 (모둠 보고서를 협업하여 실시간으로 작성하고, 보고서 발표를 실시함)

II 수업 실행

사회 정의 논쟁 학습

양극화 탐구 PBL 수업의 앞 단계에서 살펴보아야 할 내용은 사회 정의와 관련된 논쟁이다. 그 과정은 2차시로 구성되었다.

〈표 13-2〉 사회 정의 논쟁 학습과정

차시	활동명	활동 내용	비고
1차시	사회 정의 개념 학습하기	• 니부어의 개인윤리와 사회윤리 개념 학습 • 사회 정의의 필요성과 현대사회의 다양한 정의관(롤스, 노직, 왈처, 마르크스) 살펴보기	코넬 노트 작성
2차시	분배 정의와 관련된 윤리적 논쟁점 살펴보기	• 다양한 분배기준의 장단점 분석하기 • 부유세에 대한 롤스와 노직의 입장 비교하고 자신의 입장 말하기 • 우대정책의 윤리적 쟁점 살펴보고 자신의 주장 발표하기	활동지 작성 (협력학습)

먼저 1차시는 강의식 수업으로 현대사회의 사회 정의 이론을 학생들이 이해할 수 있도록 주요 개념들을 비교 분석하여 안내하고, 학생들은 강의 내용과 교과서를 참고하여 정의 이론 및 주요 논쟁점을 '코넬 노트'에 작성하도록 하였다. 코넬 노트는 1950년대 코넬대학교의 Walter Pauk 교수가 학생들의 학습 효과를 향상시키기 위해 고안해 낸 필기법으로 현재 전 세계적으로 널리 사용되고 있다.

2차시에는 앞 시간에서 학습한 정의 이론과 관련 사상가들의 주장을 실제 문제에 적용하여 찬반 논쟁을 살펴보고, 본인의 입장을 제시하는 것이다. 그 첫 번째 내용이 '부유세' 논쟁이다. 두 번째는 분배기준에 대한 대표적인 개념인 '평등, 노력, 능력, 필요' 등의 핵심 주장 내용과 그 장단점을 조사하는 것이다. 마지막으로는 '우대정책' 찬반 논쟁이다. 학생들에게는 이 세 주제에 대해 스스로 조사하고 동료들과 토론을 통해 내려진 결론을 자신의 활동지에 기록하도록 하였다.

학생들은 자연스럽게 주변 친구들과 토론하고, 친구의 기록 내용을 참고해서 자신의 활동지에 기록하기도 하고, 개념 이해를 위해 인터넷 검색도 한다. 이 활동의 중요성은 오개념과 난개념을 바로잡는 데 있다. 앞 시간에 정의에 대한 기본 이론을 학습하였지만, 막상 실제 상황에서는 어떻게 적용해야 하는지 어려움을 겪기도 하고, 또 추상적인 용어에 대한 개념 이해를 잘못하는 경우가 다소 있다. 친구들과 관련 내용에 대해 대화를 나누는 사이에 자연스럽게 오개념과 난개념이 등장하고 이

때 교사가 개입하여 그 해결 방법을 제시하기도 하고, 때로는 학생들의 질문에 적절한 피드백을 제공한다.

[그림 13-2] 분배 정의 논쟁 토론 및 검색 활동

📝 문제 제시 및 문제 확인

본격적인 PBL 수업을 진행하기 위해서 학생들에게 PBL 학습의 취지를 안내하고, 5명이 한 모둠이 되도록 구성하였다. 학생들이 모둠 구성에 대한 민감성을 보이지 않을 경우 class123를 활용하여 랜덤으로 구성하면 된다. 수행평가로 시행되는 활동으로 인해 모둠 구성에 학생들이 민감한 반응을 나타낼 경우에는 모둠 구성에 좀 더 세심한 방안을 강구하거나 모둠 간의 경쟁을 유발하는 채점기준을 세우지 않도록 한다.

◆ PBL의 이해와 본 수업의 목적

1) PBL(Problem Based Learning, 문제해결학습)은 실제 생활 속에 당면한 문제들을 동료들과
협업하여 스스로 해결해 가는 학습으로 4차 산업혁명 시대에 필요로 하는 역량(창의성, 문제
해결력, 협업 등)을 기를 수 있는 학습 방법이다.

2) 본 수업에서는 코로나19 이후 부각된 '양극화' 문제의 해결 방안을 찾아봄으로써 우리 사회
의 분배 정의에 대한 합리적인 논쟁을 할 수 있는 역량을 기르는 것을 목표로 한다.

PBL 문제 안내는 PPT로 제시하였다. 그 내용 체계는 양극화 개념 설명, 대표적인
사례(소득 양극화, 성 양극화, 주거 양극화, 내·외국인 임금 격차, 세대 간 일자리 양극화,
지역 간 일자리 격차, 코로나19로 불거진 학력 격차 등) 뉴스 자료를 활용하여 '코로나19
이후 한국의 양극화 현상은 어떤 양상으로 나타날까?'라는 물음을 던지면서 모둠원
들과 협업하여 이 문제를 탐구하도록 하였다.

[그림 13-3] 양극화 탐구 PBL 문제 안내 과정

문제 해결을 위한 탐색 활동

학생들에게 제시한 PBL 문제 탐구 절차의 구체화는 다음과 같이 제시하였다. 먼저 모둠별 탐구 계획서를 작성하고, 계획서 작성이 마무리되면 구글 프레젠테이션 슬라이드에 넣어야 할 내용 체계를 안내하고, 모둠원들의 역할 분담과 협업으로 작성하도록 안내하였다.

1. 모둠 탐구 계획서 작성: 구글 문서

- 모둠의 탐구 주제 작성(예: 소득 양극화, 학력의 양극화, 정규직과 비정규직의 양극화……)
- 이와 같은 탐구 주제를 정한 이유 작성
- 주제 선정까지의 모둠원들의 토론 내용이 구글 문서에 기록되도록 함

2. 탐구 보고서 작성: 구글 프레젠테이션

- 카드 뉴스 형식으로 제시
- 구글 프레젠테이션의 9개 이상의 슬라이드 구성
  ①면: 팀 소개, 탐구 주제 제시, 주제 선정 이유
  ②~④면: 주제 관련 개념, 문제점, 현황 등
  ⑤~⑦면: 문제점 진단
  ⑧~⑨면: 해결 방안(구체적 정책 등으로 제시함, 이때 관련 외국 사례, 유사한 성공 사례 조사)
  ⑩면: 전체 활동 과정의 느낀 점 등 마무리
- 필수 사항: 동영상 3분 이내 1가지, 관련 이미지 1가지, 통계 자료 1가지, 뉴스 자료 1가지 포함
- 모든 자료는 출처를 반드시 제시함

다음의 내용은 5명의 모둠원이 상호 토론을 하면서 구글 문서에 계획서를 작성하고 있는 모습과 탐구 계획서 결과물이다.

[그림 13-4] 모둠 토론 과정 및 보고서

문제 해결안 도출 및 발표

학생들이 채택한 탐구 주제는 교육 및 학력 격차, 내·외국인 노동자들의 임금 격
차 및 양극화, 백신 양극화, 소득 양극화 및 빈부 격차, 실업 증가 및 일자리 양극화
등이었다. 학생들은 슬라이드에 역할을 나누어 자료 검색 및 작성 활동을 하였고,
이를 바탕으로 발표 및 논의 과정을 가졌다.

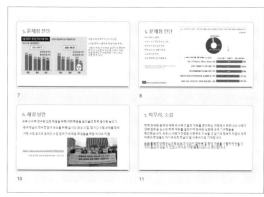

[그림 13-5] 양극화 탐구 결과 발표

학생들이 제시한 양극화 문제 해결의 내용들은 대부분 이미 국내외의 여러 기관에서 채택하고 있거나, 정책 제안 등에서 제시된 것들이어서 새로운 것은 없었다. 이는 양극화 문제는 경제, 사회, 정치, 국제 관계 등 다양한 영역의 사회 조직, 제도들의 구조 문제와 관련되는 거대 담론의 성격을 띠고 있어 제한된 시간에 학생들이 문제 해결의 과제를 찾는 것은 한계가 있기 때문이다. 하지만 학생들이 생활 주변에 나타나는 다양한 형태의 양극화 현상을 살펴봄으로써 거대 담론을 구성하는 실마리를 찾았다는 것에 그 의미를 둔다.

다음은 학생들이 양극화 문제 탐구 전 과정의 활동을 성찰하는 기록 내용의 일부이다.

〈표 13-3〉 탐구 활동 성찰 노트 작성 내용

학생	배운 점	느낀 점	실천할 점
A	각 조의 문제점 진단과 그 사례를 통해 우리나라의 양극화 문제와 그 원인이 생각보다 다양한 관점으로 뻗어 나간다는 점(특히, 백신의 양극화)을 알게 되었다.	생각보다 양극화에 대해 심각하게 공감하나, 사회 속에 그냥 지내다 보면 이 점을 경시하여 자신도 모르게 피해자가 될 수 있을 것 같다.	국가적 차원에서의 제도적 해결이 필요하지만, 개인적 측면에서 양극화를 해결하는 사람 중 한 명이 될 수 있도록 노력할 것이다.
B	학력 양극화가 심해지는 우리나라의 현황을 자료를 수집하면서 파악할 수 있었다.	모둠 활동에서 가장 중요하다고 생각하는 역할 분담과 수행이 원활하게 이루어져 조원들에게 고마움을 느꼈다.	다른 조원들에게 피해를 주지 않도록 자기 역할을 책임감 있게 수행하고, 좀 더 수행 속도를 빠르게 할 수 있도록 노력해야겠다.
C	프레젠테이션 자료 작성에 많은 노력이 들어가 주제에 대해 깊이 생각해 보는 기회가 되었다. 친구들이 날카로운 질문을 던지는 것을 보며 학습의 가장 중요한 부분이 의문을 갖는 것임을 배웠다.	학력의 양극화가 어떻게 가속화되었는지, 학력 양극화가 왜 심각한지를 생각할 수 있었다. 이대로 양극화가 장기화된다면 어떻게 될지 걱정이 들었다. 친구들의 발표를 들으면서 발표 능력을 향상시키고 싶은 마음이 커졌다.	학력의 양극화에 관한 프레젠테이션을 만들며 어떻게 공부해야 하는지에 대한 의문이 들었다. 앞으로 더욱 학습에 집중하고, 발표 능력을 기르는 데 증진하겠다.

D	빈부 격차나 교육 양극화, 소득 양극화 등 우리나라의 양극화에 대해 배울 수 있었고, 또 이것이 어떤 문제점을 가지고 있는지, 어떤 방식으로 해결해야 하고, 외국에서는 어떻게 해결 방법과 정책을 세우는지를 배우게 되었다.	교육 양극화라는 것을 조금은 알고 있었지만 정확히 알지는 못했다. 하지만 이 수업 활동을 통해 정확히 알게 되었고, 어떻게 해야 해결할 수 있는지에 대해 어떤 방법을 취해야 할지를 알 수 있어 유익한 시간이 되었다.	지금은 정책이나 이와 같은 것을 할 수는 없지만, 선거에서 이러한 정책을 한다는 사람을 뽑고 부자가 된다면 기부 등을 해야겠다고 생각했다.

 논술 글쓰기 활동

도덕과 2015 개정 교육과정의 교과 역량을 아우르는 핵심 개념은 '도덕함'과 '윤리함'이다. 교육과정에서는 그 의미를 다음과 같이 정의하고 있다.

> 도덕함은 인간다운 삶을 위해 추구해야 하는 궁극적인 도리로서의 도(道)와 그것을 삶 속에서 구현하는 과정에서 요청되는 총체적 능력으로서의 덕(德)을 스스로의 삶 속에서 인식하고 실천하고자 하는 역동적인 과정을 가리키는 개념이다. 이 개념에서 강조하는 '함(doing)'은 자신을 둘러싼 도덕 현상과 규범 및 원리를 탐구하고 내면적으로 성찰하는 과정으로서의 함과 이를 구체적으로 실천하는 과정으로서의 함을 포함한다(2015 도덕과 교육과정, p. 4).
> 윤리함(doing ethics)은 윤리적 논쟁거리를 중심으로 현실 속의 도덕 현상과 규범에 대해 탐구하고, 그것을 자신의 가치관과 연계시키는 윤리적 성찰의 과정 자체에 초점을 맞추는 실천적 개념으로 도덕함의 하위 영역에 속하는 것이다(2015 도덕과 교육과정, p. 33).

이상과 같은 도덕과의 교과 목표를 실현하는 고등학교 수업의 한 방법으로 윤리적 쟁점 토론 수업을 꾸준히 진행하였다. 윤리적 쟁점 토론 수업의 절차는 다음과 같다.

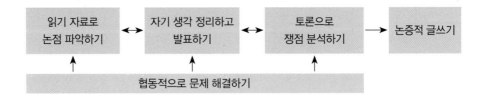

윤리적 쟁점 토론 수업에서 가장 많이 활용하는 자료는 신문이다. 인터넷과 스마트폰에서 보는 뉴스보다는 종이 신문을 넘겨 읽으면서 수업 주제와 관련된 자료를 찾는 과정에서부터 동료 학생들과의 토의가 시작된다. 위 단계는 수업의 필요에 따라 다양하게 재구성될 수 있다. 충분한 토의·토론이 이루어진 이후 필요한 경우 논증적 글쓰기로 이어진다. 이때 글쓰기는 그동안 수업 중에 이루어졌던 모든 자료를 참고하면서 1,000자 내외로 구성한다. 이와 같은 절차로 나타나는 학생 활동의 과정과 결과를 수행평가에 반영함으로써 '교육과정—수업—평가 일체화'를 자연스럽게 실현한다. 그리고 지필고사의 서·논술형 평가에도 토의·토론과 글쓰기 활동 내용을 그대로 반영한다. 학생들은 수업 중에 이루어진 활동과 내용이 평가되므로 자연스럽게 평소의 수업에 집중하게 된다. 각 단계의 주요 활동 내용을 살펴보면 다음과 같다.

단계	활동 내용
읽기 자료로 논점 파악하기	• 교과서 참고 자료 및 관련 시사 자료 등을 활용함 • 자료에서 성취기준 내용 요소의 핵심 개념을 도출함 • 자료 내용 요약하기, 핵심어 파악, 시사 이슈와 관련한 단원 핵심 개념의 논점 파악하기
자기 생각 정리하고 발표하기	• 자료 속의 다양한 현상에 대해 자기 생각을 정리함 • 툴민 6단계법을 활용하여 자신의 생각을 발표하기 • 친구의 발표에 대해 자신의 생각 덧붙여 말하기
토론으로 쟁점 분석하기	• 퍼블릭 포럼 디베이트 및 CEDA 토론의 형식을 응용함 • 토론의 여러 역할을 맡아 참여함으로써 다양한 의견을 청취하고, 토론 과정의 의사소통 방법 및 절차를 익히게 됨 • 찬/반 양측의 주장과 논거를 통해 토론의 쟁점 말하기

논증적 글쓰기	• 앞 단계의 여러 활동을 통해 논제에 대한 이해를 충분히 파악하고, 자신의 주장과 논거를 확립함 • 논술 글쓰기 원칙(이해 분석력, 창의력, 논증력, 표현력) • 자신의 주장과 생각을 논증적으로 제시하기(1,000자 내외)

    본 양극화 문제 탐구 PBL 수업에서는 '자기 생각 정리하고 발표하기' 단계와 '토론으로 쟁점 분색하기' 단계를 PBL 활동으로 진행하였다. 그리고 양극화 문제 탐구 PBL 활동이 모두 끝나고 학생들에게 제시한 논술 과제 및 활동 모습은 다음과 같다. 이때 학생들은 그동안 학습한 모든 자료, 스마트폰 검색 등을 활용하여 작성한다.

(논제) 우리 사회의 양극화 현상의 사례를 한 가지 제시하고, 이에 대한 문제점 진단 및 해결 방안을 제시하시오.

(조건) ① 정의에 관한 관점(롤스, 노직, 왈처, 마르크스), 분배 정의의 기준(평등, 노력, 업적, 능력, 필요)의 장단점 등을 활용함 ② 700자 이상 작성함 ③ 원고지 작성의 기본 규칙을 지켜야 함(원고지 작성법 도움 자료 참고)

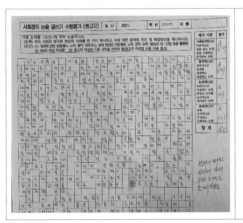 

[그림 13-6] 논술 글쓰기 모습

평가 및 기록

1. 평가

평가기준은 크게 3단계로 구성되었다. 첫 단계(채점기준표의 1단계)는 2차시 분배 정의와 관련된 논쟁점 살펴보기 활동으로 학습지 평가로 진행하였다. 두 번째 단계 (채점기준표의 2~4단계)는 PBL 활동 과정 및 결과에 대한 평가이며, 마지막 단계(채 점기준표의 5단계)는 논술 글쓰기 활동에 대한 평가이다.

〈표 13-4〉양극화 탐구 PBL 및 논술 글쓰기 수업 채점기준표

단계	평가 과제	배점	평가 요소	채점기준			
1	분배 정의의 논점 살펴보기	10	분배 정의 논쟁 분석 활동	분배 정의 논쟁 분석 활동지를 조건에 따라 타당하게 작성하였다.	분배 정의 논쟁 분석 활동지를 조건에 따라 작성하였으나 타당성이 부족한 부분이 일부 있다.	분배 정의 논쟁 분석 활동지를 성실하게 작성하려는 노력이 필요하다.	미작성
				10	8	6	4
2	양극화 문제 탐구 주제 정하기	20	활동의 역동성 (10)	모둠 활동 과정에 적극적으로 참여하였다.	모둠 활동에 참여하였으나 협업 활동이 부족한 점이 일부 있다.	동료들과의 모둠 활동에 적극 참여하려는 노력이 필요하다.	미참여
				10	8	6	4
			모둠 주제 탐구 활동 보고서 (10) [모둠평가]	구글 문서에 모둠의 협업 과정이 잘 나타나 있으며, 탐구 주제의 목표와 작성 방향을 제시하였다.	구글 문서에 모둠의 협업 과정과 탐구 주제 제시 부분에 타당성이 부족한 요소가 일부 있다.	구글 문서에 모둠이 협업하여 탐구하고, 그 결과를 성실하게 작성하려는 노력이 필요하다.	미작성
				10	8	6	4

3	양극화 문제 해결하기	20	활동의 역동성 (10)	모둠 활동 과정에 적극적으로 참여하였다.	모둠 활동에 참여하였으나 협업 활동이 부족한 점이 일부 있다.	동료들과의 모둠 활동에 적극 참여하려는 노력이 필요하다.	미참여
				10	8	6	4
			모둠 과제 활동 보고서 (10) [모둠평가]	모둠의 탐구 활동 결과를 조건에 맞게 구글 프레젠테이션에 창의적으로 제시하였다.	모둠의 탐구 활동 결과를 구글 프레젠테이션에 제시하였으나 조건에 부합하지 않는 요소가 일부 있다.	모둠의 탐구 활동 결과를 구글 프레젠테이션에 성실하게 작성하려는 노력이 필요하다.	미작성
				10	8	6	4
4	발표 및 토론	10	성찰 노트 작성 (10)	모둠 활동 결과의 발표 과정에 참여한 결과와 이를 통해 배운 점, 느낀 점, 실천할 점을 자신의 성찰 노트에 성실하게 기록하였다.	모둠 활동 결과의 발표 과정에 참여한 결과와 이를 통해 배운 점, 느낀 점, 실천할 점을 자신의 성찰 노트에 기록하였으나 조건에 부합하지 않는 요소가 일부 있다.	모둠 활동 결과의 발표 과정에 참여한 결과와 이를 통해 배운 점, 느낀 점, 실천할 점 등을 자신의 성찰 노트에 성실하게 기록하려는 노력이 필요하다.	미작성
				10	8	6	4
5	논술 글쓰기	40	이해 분석력 (10)	자료 검색, 모둠 활동 및 토론 내용 등에 나타난 주장과 쟁점을 활용하여 논술문 작성에 타당하게 반영하였다.	자료 검색, 모둠 활동 및 토론 내용 등에 나타난 주장과 쟁점을 활용하여 논술문 작성에 반영하였으나 타당성이 부족한 부분이 일부 있다.	자료 검색, 모둠 활동 및 토론 내용 등에 나타난 주장과 쟁점을 활용하여 논술문을 성실하게 작성하려는 노력이 필요하다.	미작성
				10	8	6	4
			창의력 (10)	양극화 문제에 대한 자신의 주장을 명확하게 제시하였다.	양극화 문제에 대한 자신의 주장을 제시하였으나 주장의 내용이 명확하지 않다.	양극화 문제에 대한 자신의 주장을 제시할 필요성이 있다.	미작성
				10	8	6	4

			논증력 (10)	양극화 문제에 대한 자신의 주장을 지지하는 타당한 근거를 제시하였다.	양극화 문제에 대한 자신의 주장을 지지하는 근거를 제시하였으나 그 타당성이 다소 부족하다.	양극화 문제에 대한 자신의 주장을 지지하는 타당한 근거를 제시할 필요성이 있다.	미작성
				10	8	6	4
			표현력 (10)	원고지 사용법에 맞추어 글을 조직적으로 구성하여 작성하였다.	글을 조직적으로 구성하여 작성하였으나 원고지 사용법에 오류가 일부 있다.	원고지 사용법 및 조직적 글쓰기에 더 많은 노력이 필요하다.	미작성
				10	8	6	4

2. 기록

이와 같은 수업 운영에서 학생 활동에 대한 피드백 및 기록의 주요 관점은 ① 성취기준 및 학습목표에 따라 학생이 수행한 활동 내용 기록하기, ② 학생의 학습 활동 참여도 및 태도 살펴보기, ③ 학습과정에서 발견한 학생의 강점과 성장 내용, 삶과의 연계성 등을 요약하기 등이었다. 이를 근거로 본 수업인 '양극화 문제 탐색 PBL 수업' 과정에서 나타난 한 학생의 활동 내용을 학생부 교과 세부 능력 특기 사항에 다음과 같이 기록하였다.

양극화 문제 탐구 PBL 활동에서 '정규직과 비정규직의 임금 격차' 문제에 대하여 모둠원들과 협업하여 문제점 및 현황을 통계 자료로 분석하여 발표함. 활동 이후의 성찰 노트 작성에서 코로나19 이후 소득 5분위와 1분위의 소득 격차가 더 커지게 된 현실을 안타까워하며, 특히 청년 실업의 문제 해결을 위한 정책으로 청년수당의 필요성을 강조함. 논술 글쓰기에서는 양극화로 인해 어려움을 겪고 있는 청년들의 고통을 깊이 공감하는 계기를 가지게 됨. 세대 간 계층 간 갈등을 최소화하면서 양극화 문제를 해소할 수 있는 소득재분배 정책의 필요성을 인식함으로써 이와 같은 사회 문제에 좀 더 깊이 탐구하는 활동을 하고 싶다고 함.

III 수업 성찰

코로나19 사태로 온라인 수업, 블렌디드 수업이 필수 사항이 됨에 따라 적응하느라 학교, 교사, 학부모, 학생 모두 힘은 들었지만 차차 적응이 되면서 새로운 교육 환경에 대한 기대와 변화에 대한 요구가 힘을 얻게 되었다. 하지만 아직 스마트폰 사용이 게임, 유튜브 등에 몰입하는 학생들로 인해 학교 내 스마트폰 자율화에 대한 논쟁은 지속되고 있다(특히, 학부모들의 반대가 절대적임). 또 고등학교 3학년 수업 현실이 수능 등 입시 준비로 실제적인 블렌디드 수업이 일상화되지 않는 측면도 있다.

그러나 학기 초부터 수업에서 꾸준히 강조한 자율성과 책임, 다양한 정보 활용의 가치, 협업을 통한 공동 사유의 효과 등을 단계적으로 체험하면서 고3 교실 '생활과 윤리' 교과목 수업에서 스마트폰과 구글 클래스룸의 활용은 효율성을 높이는 수업 시스템이 될 수 있음을 보였다. 수업에서 활용한 모든 자료는 구글 클래스룸에 저장되어 있어 학생들이 궁금해하는 내용 및 물음들은 언제 어디서든지 함께 그 자료를 열고 토론할 수 있는 환경을 구축하였다.

특히, 학생들의 글쓰기 역량을 향상시킬 수 있는 좋은 기회가 되었다. 학생들은 교과서 학습에서 익힌 이론적 개념, PBL 수업에서의 탐색한 실제 정보, 동료들과의 토론 및 발표 등에서 알게 된 새로운 지식 등을 글쓰기에 반영하여 내면화된 자신만의 글을 작성하게 되었다. 다음은 앞에서 언급한 '논술 글쓰기'에서 작성한 한 학생의 글 일부이다.

학력의 양극화는 경제적 수준에 따른 사교육의 차이에서 비롯되고 있다. 왈처는 정의를 다원적 평등으로 정의를 했는데, 즉 다른 사회적 가치에 영향을 미치지 않는 복합적 평등을 이야기했다. 학력의 양극화도 왈처의 정의에 따르면 성세적 배깅이 학업성취에서 기준이 될 수 없는 것이다. 그러나 경제력이 있는 가정은 더 질 높은 사교육을 통해 자녀의 성취도를 높이고, 그렇지 않은 가정의 자녀들은 이에 좌절하고 포기하는 것이다. 그렇기에 정부는 저소득층을 대상으로 질 높은 강의와 교재를 무상으로 제공하는 방식으로 문제를 해결해야 한다.

생활과 윤리 교과목 내용 중 학생들이 가장 힘들어하는 학습내용의 한 부분이 '사회윤리'이다. 수능에서도 1등급을 판가름하는 문항으로 롤스, 노직, 왈처 등의 정의 이론 관련 사상가들의 논쟁을 자주 출제한다. 이번 '양극화 문제 탐구 PBL 학습'은 이와 같은 사회 정의 개념을 코로나19 사태로 비롯된 다양한 논쟁과 연계하여 토론함으로써 학생들의 분배 정의에 관한 사회현상 인식에 한 발 더 다가갈 수 있는 기회가 되었다.

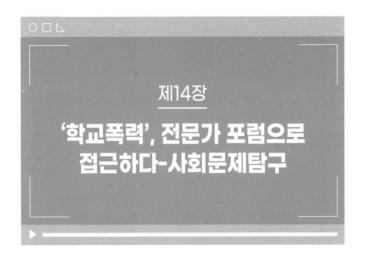

제14장
'학교폭력', 전문가 포럼으로
접근하다-사회문제탐구

학교폭력 문제를 어떻게 해결할까

학교폭력은 사회 전반적 차원에서의 수많은 노력에도 불구하고 여전히 근절되지 않은 심각한 사회문제이다. 학생들이 살아가는 삶의 공간에 지속적으로 존재하는 문제로 학생들의 삶의 맥락과 밀접한 실재성을 가진 문제이며, 학교생활을 근간으로 복잡하게 얽혀 있는, 복합적 성격을 가진 문제이다.

'학교폭력'을 어떻게 해결할까?', '학생들이 학교폭력 문제를 연구하는 전문가의 입장에서 학교폭력의 원인과 해결 방안을 탐구해 보면 어떨까?' 이러한 문제의식에서 학생들이 학교폭력 문제 해결 전문가의 입장이 되어 학교폭력 문제에 대한 연구 결과를 전문가 포럼에서 발표한다는 시나리오를 구성하여, '학교폭력의 실태, 원인, 해결 방안'을 탐구하는 블렌디드 러닝 기반 PBL 수업을 진행하였다.

I 수업 설계

📝 교육과정 재구성

1. 단원: Ⅲ. 학교폭력
2. 성취기준

> [12사탐03-02] 학교 공동체에서 발생하는 폭력 문제의 심각성을 인식하고, 사회문제 탐구 절차를 적용하여 학교폭력 문제에 대한 탐구 계획을 수립한다.
> [12사탐03-03] 학교폭력의 원인에 대한 다양한 관점을 확인하고, 토의 등을 통해 학교폭력의 해결 방안을 도출한다.

3. 학습주제

성취기준과 학생들의 흥미와 관심사를 종합적으로 고려하여 블렌디드 러닝 기반 PBL 수업 진행을 위해 [주제 1, 2]를 선정했다. 학교폭력의 심각성 인식 및 학교폭력 문제의 탐구 계획 수립하기, 학교폭력의 원인에 대한 다양한 관점의 확인 및 활동과 학교폭력 문제 해결 방안 도출을 주제로 선정하였다. 그리고 [주제 1, 2]를 포괄하는 PBL 문제를 개발하여 시나리오로 구성하였다.

학습주제 1	학교폭력의 심각성 인식 및 학교폭력 문제 탐구 계획 수립하기
학습주제 2	학교폭력의 원인에 대한 다양한 관점 확인 및 문제 해결 방안 도출하기

📝 PBL 문제 개발

1. PBL 문제 시나리오 구성을 위한 아이디어

배경	• 학교폭력 미투 운동으로 사회적 이슈화됨 • 학교폭력의 지속성으로 인한 심각한 사회 문제
상황	• 학교폭력의 잔혹성, 저연령화, 집단화에 대한 대책 마련 필요 • 학교폭력 관련 기관을 중심으로 학교폭력의 실태, 원인, 해결 방안 모색 필요
주인공의 해결과제	• 학교폭력 탐구를 위한 사례 선정 및 탐구 계획 수립하기 • 연구 방법을 활용하여 학교폭력 실태, 원인, 해결 방안 탐색 • 학교폭력 사례탐구 결과를 전문가 포럼에서 발표 및 토론하기
제한점	• 학교폭력 실태 파악은 양적 연구 및 질적 연구를 위한 다양한 연구방법을 적용하는 것이 효과적이지만, 제한된 수업 시간 내에 과제를 완수하기 위해 활용 가능한 자료수집 방법을 중심으로 연구를 진행함.

2. PBL 문제 시나리오 구성하기

학교폭력 문제 사례탐구를 위한 PBL 문제 개발에서 중요하게 고려한 것은 '학교폭력 문제를 어떻게 해결할까?'와 '어떤 방법으로 학교폭력 문제를 연구할까?'이다. 전자의 입장에서는 학생이 전문가 포럼에 초대된 학교폭력 문제 연구자의 입장이 되어 학교폭력의 실태, 원인, 해결 방안을 탐구한다. 후자의 입장에서는 사회문제탐구 방법을 활용하여 연구주제, 연구문제, 자료수집 방법, 연구 결과 분석 및 결론을 중심으로 탐구 활동 결과 보고서를 작성하여 전문가 포럼에서 발표한다. 이들 입장을 반영하여 다음과 같이 PBL 시나리오로 구성하였다.

PBL 문제

학교폭력 문제를 어떻게 해결할 수 있을까?

♣ 학교폭력 문제 해결을 위한 전문가 포럼 개최 안내 ♣

안녕하세요?

학교폭력 미투 운동이 지속되고 있는 상황 속에서 본 [학교폭력 근절을 위한 범국민운동 본부]에서는 학교폭력 관련 전문기관에서 학교폭력 문제를 깊이 연구해 온 분야별 전문 가를 초대해서 [학교폭력 문제 해결을 위한 전문가 포럼]을 개최하고자 합니다.

본 전문가 포럼을 개최하는 이유는 최근에 보도된 ○○동 서당 폭력을 보고 학교폭력의 심각성이 도를 넘었다는 문제의식에 의해서이며, 차후 학교폭력 근절을 위한 노력을 사 회적 차원에서 범국민운동으로 이어 가고자 함입니다. 스포츠계와 연예인을 중심으로 시 작된 학교폭력 미투 운동은 변호사, 경찰 등으로 그 범위가 확대되고 있습니다. 교육부가 2021년 1월 21일에 발표한 '2020년 학교폭력 실태조사' 결과에 따르면, 초·중·고등학 교 학생 100명 중 한 명은 학교폭력 피해를 경험한 것으로 나타났습니다. 학교폭력 피해 경험은 0.9%로 전년도보다 약간 줄었지만, 사이버 폭력, 집단따돌림 피해 비중은 증가한 것으로 조사됐습니다.

2004년 「학교폭력예방 및 대책에 관한 법률」이 제정되고, 학교폭력 문제 해결을 위해 교 육부와 정부 및 관련 기관들이 많은 노력을 했음에도 불구하고 학교폭력 문제는 근절되 지 않고 있습니다. "왜 학교폭력 문제가 근절되지 않을까요? 가해자가 사과하고 반성하 고, 때로는 법적 처벌을 받기도 하는데 왜 나아지지 않을까요? 왜 피해자는 지속적으로 생겨날까요?" 이러한 문제를 풀기 위해서 본 포럼을 개최하고자 합니다.

여러분은 학교폭력 관련 전문기관에서 학교폭력 근절 방안을 오랫동안 고민하고 문제 해 결을 위해서 연구해 온 전문 연구원으로서 자신의 기관을 대표하여 전문가 포럼에 발표 자로 선정되었습니다. 여러분은 학교폭력 문제 해결 전문기관 구성원으로서 동료들과 협 업을 통해서 학교폭력 중에서 가장 심각하다고 생각하는 사례를 선정하여 그 실태, 원인, 해결 방안을 탐구해서 전문가 포럼에서 발표할 [학교폭력 사례탐구 보고서]를 작성하여 발표문을 준비하시면 되겠습니다. 보고서는 다음에 제시된 조건을 참고로 해서 작성해 주세요.

1. 학교폭력 사례 중에서 심각하다고 생각하는 사례를 선정하여 탐구 계획을 세우세요.
2. 탐구 계획은 연구주제, 연구문제, 연구방법, 자료수집 방법을 중심으로 세우세요.
3. 선정한 학교폭력 사례의 실태, 원인, 해결 방안을 중심으로 연구 보고서를 작성해 주세요.

아무쪼록 학교폭력 해결을 위한 멋진 발표가 되길 기대하겠습니다.

2022. ○. ○.
학교폭력 문제 근절을 위한 범국민운동 본부장 박 ○ ○ 드림

PBL 교수 · 학습과정안 설계

1. 블렌디드 러닝 기반 PBL 수업의 흐름

개념학습		문제 제시 및 문제 확인		문제 해결 및 탐색 활동		문제 해결안 도출		발표 및 성찰
학교폭력의 의미	▷	학교폭력 상황 및 시나리오 이해	▷	학교폭력 사례의 탐구 계획 수립	▷	학교폭력 사례 탐구 보고서 작성	▷	전문가 포럼 발표 및 성찰
강의 및 발표		구글 클래스룸 구글 잼보드		구글 문서 행아웃 미팅		패들렛 프레젠테이션		패들렛 프레젠테이션
온/오프라인		온/오프라인		온/오프라인		온/오프라인		온/오프라인

2. 블렌디드 러닝 기반 PBL 수업 실행 과정 개요

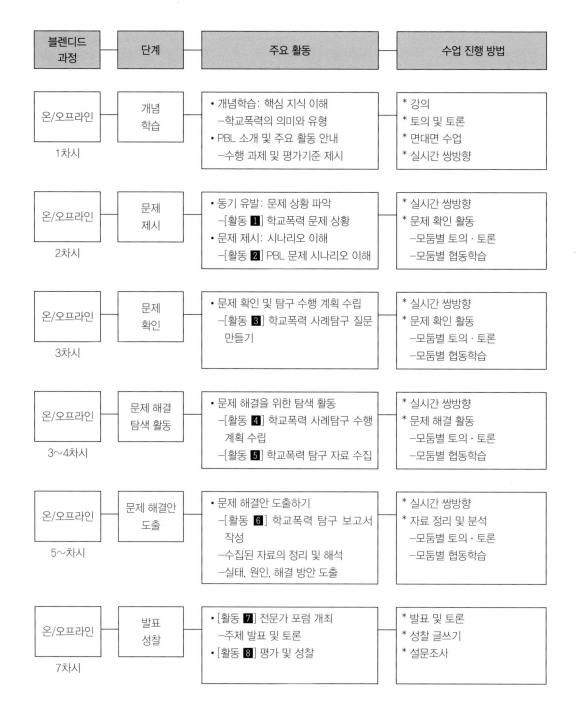

블렌디드 과정	단계	주요 활동	수업 진행 방법
온/오프라인 1차시	개념 학습	• 개념학습: 핵심 지식 이해 −학교폭력의 의미와 유형 • PBL 소개 및 주요 활동 안내 −수행 과제 및 평가기준 제시	* 강의 * 토의 및 토론 * 면대면 수업 * 실시간 쌍방향
온/오프라인 2차시	문제 제시	• 동기 유발: 문제 상황 파악 −[활동 1] 학교폭력 문제 상황 • 문제 제시: 시나리오 이해 −[활동 2] PBL 문제 시나리오 이해	* 실시간 쌍방향 * 문제 확인 활동 −모둠별 토의 · 토론 −모둠별 협동학습
온/오프라인 3차시	문제 확인	• 문제 확인 및 탐구 수행 계획 수립 −[활동 3] 학교폭력 사례탐구 질문 만들기	* 실시간 쌍방향 * 문제 확인 활동 −모둠별 토의 · 토론 −모둠별 협동학습
온/오프라인 3~4차시	문제 해결 탐색 활동	• 문제 해결을 위한 탐색 활동 −[활동 4] 학교폭력 사례탐구 수행 계획 수립 −[활동 5] 학교폭력 탐구 자료 수집	* 실시간 쌍방향 * 문제 해결 활동 −모둠별 토의 · 토론 −모둠별 협동학습
온/오프라인 5~차시	문제 해결안 도출	• 문제 해결안 도출하기 −[활동 6] 학교폭력 탐구 보고서 작성 −수집된 자료의 정리 및 해석 −실태, 원인, 해결 방안 도출	* 실시간 쌍방향 * 자료 정리 및 분석 −모둠별 토의 · 토론 −모둠별 협동학습
온/오프라인 7차시	발표 성찰	• [활동 7] 전문가 포럼 개최 −주제 발표 및 토론 • [활동 8] 평가 및 성찰	* 발표 및 토론 * 성찰 글쓰기 * 설문조사

3. 교수 · 학습과정안 개요

문제	학교폭력 문제를 어떻게 해결할까?		총 7차시	
학습 목표	1. 사회문제 탐구 절차를 활용하여 학교폭력 문제에 대한 탐구계획을 세울 수 있다. 2. 학교폭력 문제 탐구 결과를 실태, 원인, 해결 방안 중심의 보고서를 작성할 수 있다. 3. 학교폭력 문제 탐구 결과를 전문가 포럼에서 발표하고 토론을 통해 성찰의 기회를 갖는다.			
성취 기준	[12사탐03-02], [12사탐03-03]			
핵심 역량	비판적 사고력	✓	의사소통 능력	✓
	문제 해결력	✓	정보처리 능력	✓
	창의융합 능력(비판적 사고)	✓	협업 능력	✓

단계	문제 해결 활동 내용
개념 학습	• 학교폭력의 의미와 유형 파악 • PBL의 전반적인 진행 소개 및 모둠 구성, 역할, 규칙 정하기, 수행평가 기준 제시
문제 제시	• 동기 유발: 학교폭력 상황 관련 동영상을 통해 학교폭력의 심각성 인식하기 • 문제 상황: 학교폭력 해결을 위한 PBL 문제 시나리오의 내용과 해결 과제 파악 및 역할 이해
문제 확인	• 학교폭력 사례탐구 질문 만들기: 학교폭력 문제 해결을 위해서 꼭 필요한 내용 파악하기 • 학교폭력 사례탐구 계획서 수립: 학교폭력 문제 해결을 위해서 수행해야 할 과제 확인
문제 해결 탐색 활동	• 학교폭력 사례탐구 질문 만들기: 학교폭력 실태조사 결과를 참고로 탐구 질문 만들기 • 학교폭력 사례탐구 계획 수립: 주제, 가설/연구문제, 자료수집 방법, 질문 문항 만들기 • 학교폭력 문제 해결을 위한 자료 수집: 학교폭력 사례탐구 계획에 따른 구체적 자료 수집
문제 해결안 도출 및 보고서 작성	• 학교폭력 문제 해결안 도출하기: 자료 수집을 바탕으로 문제 해결안 도출하여 내용 정리 • 학교폭력 사례탐구 결과 보고서 작성하기: 연구주제, 연구문제, 자료수집 방법, 연구 결과 분석, 결론의 순으로 보고서 작성하기
전문가 포럼 및 평가	• 전문가 포럼 실시: 학교폭력 사례탐구 결과를 바탕으로 사회자의 주도로 전문가 포럼 진행 • 전문가 포럼 토론: 전문가의 발표에 대한 토론자의 토론 및 질의, 응답의 시간 갖기 • 성찰일지 공유: 학교폭력 사례탐구 활동 과정에 대한 자신의 참여 및 태도에 대해서 평가

4. 차시 운영 및 평가 계획

차시	단계	주요 산출물	필수평가 항목	기대 역량
1~2 차시	문제 제시	활동 **1** 학교폭력 문제 상황 파악 활동 **2** PBL 문제 시나리오 이해	문제 이해의 정확성	문제 해결 역량
2~3 차시	문제 확인	활동 **3** 학교폭력 사례탐구 질문 만들기 활동 **4** 학교폭력 사례탐구 계획서 수립	학교폭력 탐구 과제 수행 계획의 적설성	비판적 사고력 문제 해결 역량
3~4 차시	문제 해결 탐색 활동	활동 **5** 학교폭력 문제 해결을 위한 탐색 활동(과제수행 과정)	과제수행 내용의 정확성과 충실성	정보처리 역량 협업 능력
5~6 차시	문제 해결안 도출 및 보고서 작성	활동 **6** 학교폭력 사례탐구 결과 보고서 작성	탐구 내용의 적합성과 충실성	문제 해결 역량
7차시	전문가 포럼 및 평가	활동 **7** 전문가 포럼 진행 및 토론	발표의 전달력 토론 내용의 구체성	문제 해결 역량 메타인지 능력

블렌디드 환경 조성

온라인 수업 진행을 위해 활용한 플랫폼은 구글 클래스룸이다. 이 플랫폼은 행아웃 미팅을 통해서 실시간 쌍방향 수업을 진행할 수 있으며, 구글 문서, 프레젠테이션, 스프레드시트, 드로잉, 설문지 등의 다양한 도구를 활용하여 모둠별로 이루어지는 협업 활동을 공유하여 작업을 진행할 수 있게 한다. 또한 모둠 방을 중심으로 패들렛, 잼보드 등의 도구의 활용을 통해 딥협업 역량을 강화하는 활동에 보다 용이하게 활용할 수 있다. 본 수업에서 활용한 플랫폼과 에듀테크는 다음과 같다.

〈표 14-1〉 활용 에듀테크

에듀테크	용도
행아웃 미팅	온라인 쌍방향 수업, 모둠별 협업을 위한 소통 공간
구글 클래스룸	온라인 수업 및 관리, 모둠 활동방 활용 팀 협업

잼보드	PBL 동기 유발: 동영상을 통해서 알게 된 사실 기록
구글 문서 및 프레젠테이션	PBL 문제 해결을 위한 탐구 계획서 수립, 보고서 산출물 작성
패들렛	PBL 문제 해결안으로 작성한 보고서의 탑재 및 공유
구글 설문지	PBL 문제 해결을 위한 자료수집 방법으로 설문조사

행아웃 미팅은 쌍방향 수업을 진행하기 위한 도구로 활용하였고, 필요한 경우에 모둠별 협업 활동을 위한 소통의 도구로 활용했다. 구글 클래스룸은 학생들이 구글 문서를 이용하여 질문지를 작성하거나 잼보드를 활용해서 학교폭력에 대해서 알게 된 내용들을 작성하게 하였다. 구글 프레젠테이션은 학교폭력 사례탐구 계획서와 보고서를 완성하는 활동에서 주로 활용되었다. 패들렛은 학생들이 모둠별로 작성한 학교폭력 사례탐구 보고서를 탑재해서 전체 학생들이 함께 공유하는 도구로 활용했다. 학교폭력 관련 자료 수집과 학생들의 역량을 살펴보기 위해서 구글 설문지를 활용하였다. 물론, 이 수업이 오프라인으로 진행된다면 행아웃 미팅을 활용하여 쌍방향 수업을 진행할 필요는 없다.

Ⅱ 수업 실행

📝 문제 제시 및 문제 확인

학교폭력 사례탐구를 위한 블렌디드 러닝 기반 PBL 수업을 진행하기 전에 학교폭력의 의미, 원인, 현황, 해결 방안에 대한 기본학습을 교육과정 운영 계획에 따라 진행한다. 이들 교과 내용의 기본학습을 토대로 하여 '학교폭력'의 핵심 개념을 정리하면서 학습자들에게 PBL 활동을 안내하고, PBL 문제 상황과 시나리오를 파악하게 하는 데 두 시간이 소요되었다. 'PBL 수업을 계획한 의도는 무엇인가? 어떻게 PBL 수업이 진행되는가? 평가는 어떻게 하는가?' 등을 중심으로 PBL 수업의 설계

의도와 실행, 평가에 대해 안내한다. 무엇보다 PBL 수업에서 가장 중요한 것은 학생들이 학교폭력 문제의 심각성을 심정적으로 공감하는 것임을 강조한다. 학교폭력의 심각성에 대한 공감은 학교폭력 문제를 학생들이 스스로 해결하고자 하는 강한 의지를 이끌어 내는 데에 기여한다. 심정적인 공감대가 형성되었다고 생각하면 학생들이 학교폭력 문제 해결 전문가의 입장이 되어 학교폭력의 원인과 해결 방안에 대해 탐구할 것을 기대한다고 설명하면서 본격적인 수업에 들어간다.

1. 동기 유발

동기 유발은 '2020년 학교폭력 실태조사 결과'(교육부, 2021. 1. 21.)를 보도한 뉴스 영상을 활용했다. 뉴스를 통해서 알게 된 내용을 잼보드에 기록하고 발표하는 [활동 **1**]을 통해서 학교폭력의 심각성을 인식하게 했다. 동영상에 따르면, 학교폭력 피해 경험은 전년도보다 약간 줄었지만, 사이버 폭력, 집단따돌림 피해 비중은 증가했다. 학교폭력 피해 유형별로 보면 언어폭력이 33.6%로 가장 높고, 집단따돌림, 사이버 폭력이 뒤를 이었다. 특히, 비대면 수업이 늘면서 SNS를 이용한 사이버 폭력이 늘었고, 수위도 높아졌으며, 시간과 공간의 제약이 없는 데다 삽시간에 전파되고, 기록으로 남아 각인되어 더 깊은 상처를 초래한다는 점에서 그 심각성이 컸다.

[활동 **1**] 학교폭력 문제 상황 파악: 학습 자료 및 학생 활동 결과

[그림 14-2] 학교폭력 실태조사 결과 발표 뉴스 동영상
[그래픽뉴스] 학교폭력/연합뉴스TV(YonhapnewsTV)

[그림 14-3] 학생 활동 결과: 잼보드 기록

[활동 **1**]의 결과로 학생들이 동영상을 통해서 알게 된 내용은 잼보드에 기록하게 했다. 학생들의 반응을 보면, '떼카, 카톡 유령, 방폭 등 여러 사이버 폭력 유형이 늘어나고 있으며, 이에 대한 대책으로 학교폭력에 대한 사법 수단을 강구해야 한다(2학년, 문○○)'는 등의 반응이 있었다. 학생들이 기록한 잼보드 내용을 보면서 학교폭력이 얼마나 심각하며, 지속적으로 근절되지 않고 있다는 사실에 공감하고 있었다.

2. PBL 문제 제시 및 문제 확인

PBL 문제는 [활동 **2**] 시나리오로 제시하여, 학생들이 학교폭력 문제 해결 전문가 포럼에 초대된 전문 연구자로서 수행해야 할 과제가 무엇인지에 대해 묻고 답하는 과정을 Q&A로 진행했다. 이 과정을 통해 학교폭력 사례탐구 계획서 수립, 학교폭력 사례탐구 결과 보고서 작성에 이르기까지 수행해야 할 과제에 대해서 충분히 인지하도록 했다. 201~203쪽에 실린 문제 시나리오를 제시하여 구체적인 설명을 통해 시나리오 내용을 파악하도록 했다.

[활동 **2**] PBL 문제 시나리오 이해

PBL 문제

학교폭력 문제를 어떻게 해결할 수 있을까?

[보고서 작성의 조건]

1. 학교폭력 사례 중에서 심각하다고 생각하는 사례를 선정하여 탐구 계획을 세워 주세요.
2. 탐구 계획은 연구주제, 연구문제, 연구방법, 자료수집 방법을 중심으로 세워 주세요.
3. 선정한 학교폭력 사례의 실태, 원인, 해결 방안을 중심으로 연구 보고서를 작성해 주세요.

　　[활동 2]의 결과 학생들은 학교폭력 문제 전문가의 입장이 되어서 수행해야 할 과제를 파악하도록 했다. 자신들이 수행해야 할 가장 큰 과제는 '학교폭력 문제 해결 탐구 계획서 수립'과 '학교폭력 문제 탐구 결과 보고서를 작성'하는 것임을 파악하도록 하였다.

📝 문제 해결을 위한 탐색 활동

　　학교폭력 문제 해결을 위한 탐색 활동은 크게 '학교폭력 사례탐구를 위한 질문 만들기, 학교폭력 사례탐구 계획서 수립, 학교폭력 문제 해결을 위한 자료 수집' 활동을 중심으로 진행하였다.

1. 학교폭력 사례탐구 질문 만들기

　　학교폭력 사례탐구 질문 만들기 [활동 3]은 '학교폭력 실태조사 결과'를 보여 준 뉴스 동영상을 참고로 작성하였다. 더 나아가 학교에서 진행하고 있는 학교폭력 예방교육과 사이버범죄 예방교육, 그리고 수업에서 진행한 학교폭력의 의미, 유형, 원인, 해결 방안을 참고하게 하였다. 질문이 추상적인 경우에는 학교폭력의 문제를 구체적으로 접근하는 데에 어려움이 있다. 질문은 구체적이면서 실질적으로 의미 있는 것으로 개인별로 5개씩 만들게 하였다. 그리고 모둠별 토의를 거쳐 모둠에서 탐구하고자 하는 하나의 질문을 최종적으로 선정하고, 질문은 선정한 이유를 적도록 했다. 질문 만들기는 구글 문서로 작성하도록 하였는데, 질문 만들기 활동 안내와 이에 대한 결과는 다음과 같다.

[활동 **3**] 학교폭력 사례탐구 질문 만들기 안내 및 학생 활동 결과

	예시) 학교폭력이 근절되지 않고 있는 이유는 무엇인가?
질문 5개 만들기	①
	②
	③
	④
	⑤
탐구 질문 및 선정 이유	질문
	선정 이유

[학생 활동 결과] 모둠별 질문 만들기 사례(C반 2모둠)

1. 사이버 폭력이 늘어나게 되면서 수위도 높아지고 있다는데 그 원인은 무엇일까? (서경)
2. 신체적·물리적 폭력보다 언어적·관계적 폭력이 더 많은 비중을 차지하는 이유는 무엇인가? (다원)
3. 사이버 폭력이 늘고 있고, 수위도 높아지고 있는 상황에서 현재 잘 대처되고 있을까? (지혜)
4. 학교폭력을 가볍게 보는 사람들의 인식을 어떻게 바꿀 수 있을까? (지현)
5. 학교폭력 가해자의 처벌은 어느 정도이며 처벌을 받은 이후 다시 학교폭력을 가하는 학생이 몇 % 정도 될까? (정민)
6. 학교폭력 가해자의 심리는 무엇일까? (수미)

탐구 질문: 물리적 폭력보다 언어적 폭력이 더 많은 비중을 차지하는 이유는 무엇인가?

선정 이유: 평소 학교폭력을 떠올리면 언어적 폭력보다 물리적 폭력이 더 많을 것이라고 예상했었는데 예상과 달리 언어적 폭력이 더 빈번하게 발생하고 있다는 결과가 나와서 그 원인과 실태를 탐구해 보고 싶기 때문입니다(C반, 2모둠).

[활동 **3**]의 결과, 모둠별로 만든 질문의 내용은 구체적이면서, 실질적으로 탐구할 수 있는 내용으로 구성되었다. 질문이 구체성을 띠고 있는 이유는 학교폭력이 자신들의 삶의 문제와 밀접하게 관련되어 있으며, 질문 만들기 사전 활동에서 개인별

로 학교폭력의 사례를 선정하여 사례의 내용을 분석해 보는 활동을 진행했기 때문이다.

2. 학교폭력 사례탐구 계획 수립하기

학교폭력 사례탐구 계획서는 [활동 **4**]로 진행했다. [활동 **4**]는 사회문제 탐구방법론을 적용하여 [1. 연구주제 선정 및 연구가설/연구문제 선정 → 2. 자료수집 방법 → 3. 연구내용]의 기본 틀을 제시하여 모둠 토의 및 토론을 거쳐 구체적으로 세우도록 했다. 이들 [활동 **4**]의 활동 결과는 다음과 같다.

[활동 4] 학교폭력 사례탐구 계획 수립: 모둠 활동 결과(구글 문서 작성)

1. 주제와 연구문제

주제	사이버 폭력의 실태 및 대응 방안에 대한 연구
연구문제	사이버 폭력의 실태는 어떠한가? 사이버 폭력의 피해 유형과 원인은 무엇인가? 사이버 폭력의 대응 방안은 어떠한가?

2. 자료 수집 방법

문헌연구	사이버 폭력의 실태와 원인, 대응 방안
질문지법	질문 내용: 사이버 폭력에 대한 인식 질문 대상: 연제고 재학생

3. 연구 내용

문헌연구	사이버 폭력의 실태와 원인, 피해 유형과 대응 방안
	사이버 폭력이 실태 원인 피해 유형 대응 방안
질문 문항 1	사이버 폭력은 심각하다고 생각합니까?
	매우 그렇다. 그렇다. 보통이다. 그렇지 않다. 전혀 그렇지 않다.
질문 문항 2	당신은 사이버 폭력을 보거나 당하거나 한 적이 있습니까?
	1. 예 아니요

질문 문항 3	[질문 2] '예'를 선택했을 때 어떤 유형의 폭력과 같이 일어났는가?
	언어 폭력 집단 따돌림 성폭력 기타
질문 문항 4	[질문 2] '예'를 선택했다면 사이버 폭력은 주로 어디에서 일어나는가?
	페이스북 혹은 페이스북 메신저 카카오톡 인스타그램 혹은 인스타그램 메신저 게임 내 기타
질문 문항 5	사이버 폭력의 급증 원인은 무엇이라 생각하는가?
	SNS의 발전 코로나19 바이러스 여러 사이트의 익명성 증가 기타
질문 문항 6	폭력의 대응 방안 중 효과적인 것은?
	사이버 폭력 예방 교육 117 상담 선생님 및 주변 지인에게 도움을 청하기 기타
질문 문항 7	사이버 폭력 피해자를 보호하기 위해서 필요한 제도는 무엇이라고 생각하나요?)없는 제도라도 괜찮습니다. 피해자에게 도움이 될 것 같다고 생각하는 법안을 생각해 주세요.)
	(주관식)

C반 6모둠, '사이버 폭력의 실태와 대응 방안에 대한 연구'를 위한 [학교폭력 사례탐구 계획서]

수업에 참여한 전체 4개 반, 24개 모둠에서 작성한 학교폭력 사례탐구 계획서를 학교폭력의 유형, 대상, 연구방법과 관련해서 분석해 보았다. 학교폭력의 유형별 분석에서는 사이버 폭력, 언어폭력, 신체폭력을 연구주제로 대부분 선정했다. 학교폭력 대상과 관련해서는 학교폭력 피해자 지원 방안, 가해자의 처벌과 재범률의 원인과 해결 방안, 방관자의 발생 원인과 해결 방안을 연구주제로 선정했다. 연구방법과 관련해서 보면, 대부분 문헌 연구법을 기본으로 하고 질문지법을 활용하였으며, 여중생 폭행 사건 등의 특정 사례를 중심으로 한 사례연구, 다문화 학생의 학교폭력 실태 등과 같은 심층 면접법을 진행한 연구도 있었다.

3. 학교폭력 문제 해결을 위한 자료 수집

학교폭력 문제 해결을 위한 자료 수집을 진행하는 [활동 5]는 문헌연구법, 질문지법, 면접법을 중심으로 수립된 학교폭력 사례탐구 계획에 따라 학교폭력 문제 해결을 위한 자료 수집에 돌입했다. 자료수집 방법은 문헌연구법, 질문지법, 인터뷰의 방법을 혼용해서 활용했다. 이들 중에서 문헌연구는 학술진흥재단에서 제공하는 논문 검색 사이트를 활용할 수 있도록 안내했다. 그리고 질문지법은 자신의 모둠에서 정한 주제와 관련해서 선행 설문조사 문항이 있으면 수정 · 보완해서 활용하도록 했다. 사회문제탐구 수업을 수강한 네 개 반 중에서 A반의 질문지법 중심의 자료 수집 목록은 다음과 같다.

[활동 **5**] 학교폭력 문제 해결을 위한 자료 수집

학반	모둠	모둠장	연구 주제	자료수집 방법	설문 URL 주소
A	1	김○○	○○ 여중생 폭행 사건을 중심으로 본 촉법소년 나이 하향 조정에 대한 연구	문헌연구법/사례연구/질문지법	https://forms.gle/VeJHFMaHTHw9YF129
	2	조○○	○○ 여중생 폭행 사건을 통해 본 성매매의 실태 및 대처 방안에 관한 연구	문헌연구법/질문지법	https://forms.gle/vZ23tbSFjM1P6hMU6
	3	김△△	다문화 학생의 학교폭력 피해 실태 및 인권 보호 방안	문헌연구법/질문지법	다문화 학생의 심층면접
	4	강○○	소년법 필요성 및 개선 방향에 대한 연구	문헌연구법/질문지법/면접법	https://docs.google.com/forms/d/1QVUS3S_2NxurblRamHV6F8xzMrbCIvd1I7IftuwGF04/viewform?edit_requested=true
	5	김□□	초등학교 학교폭력의 실태와 대처 방안에 대한 연구	문헌연구법/질문지법	https://forms.gle/qCuzs8beDb6HiUQ1A
	6	최○○	신체적 폭력의 실태 및 대처 방안에 대한 연구	문헌연구법/질문지법	https://docs.google.com/forms/d/e/1FAIpQLSfcE31MEPGup1th3MKgjEUh-X_hliqH59szDkw7lblgje6qUQ/viewform?usp=sf_link

4개 반 24개 모둠별로 [활동 **5**]를 진행하기 위해서 사전에 진행된 [활동 **4**]에서 학교폭력 사례탐구 계획서를 검토하고 피드백을 하는 데는 많은 시간과 인내가 필요했다. 질문지법에 따라 정확한 연구를 진행하기 위해서는 연구 대상의 모집단을 전제하고, 모집단의 특성을 대표할 수 있는 표본을 추출해야 하는 것이 옳은 방법이다. 하지만 제한된 시간 내에서 질문지를 돌리고 회수하려고 하니, 편의상 [사회문제탐구] 수업을 듣는 학생을 대상으로 한 점에서 본 연구의 한계가 있다.

문제 해결안 도출 및 보고서 작성하기

문제 해결안은 [학교폭력 사례탐구 계획]에 따른 자료수집 결과를 분석하여 도출하고, 이를 바탕으로 [학교폭력 사례탐구 결과 보고서]를 작성하는 활동 **6**을 진행했다.

1. 학교폭력 문제 해결안 도출하기

온라인 수업과 오프라인 수업이 반복되는 동안에 질문지법을 활용한 자료 수집은 사회문제탐구 수업을 수강하는 4개 반을 대상으로 1, 2, 3차에 걸쳐 실시하였다. 그리고 80명 이상의 응답을 받은 모둠은 질문지 회수를 중지하고 질문 결과를 분석하도록 했다. 오프라인 수업이 지속되는 상황이라면 질문지는 학생 개인이 가지고 있는 크롬북이나 스마트폰을 활용하여 수업 중에 바로 응답할 수 있다. 그리고 질문 결과 분석도 실시간 모둠별 토의와 토론을 통해서 진행할 수 있다. 온라인으로 수업이 진행되는 상황에서 모둠별 행아웃 미팅 창을 열고 모둠별 토의와 토론을 통해서 질문 결과에 대한 자료 해석을 하도록 했다. 자료 해석은 통계 자료 해석 [예시] 자료를 구글 클래스룸의 자료방에 탑재하여 참고 자료로 활용하도록 했다. 다음은 학생들이 질문 결과를 바탕으로 문제 해결안을 도출하는 모둠 활동을 진행하는 장면이다.

[그림 14-4] 설문조사 결과 자료 해석하는 모둠별 행아웃 협업 장면

교사는 모둠별 행아웃 미팅 창을 모두 열고 각 모둠에서 질문 결과를 분석하는 과
정을 지켜보면서 필요한 경우에 적절한 피드백을 제공한다. 피드백은 필요한 부분
에 댓글로 달거나 행아웃 미팅 창으로 해당 모둠에게 직접 조언한다. 이러한 모둠
활동은 온라인 수업에서만 진행되는 활동은 아니다. 오프라인 수업에서 교실에서
진행되는 모둠 활동도 동일하게 진행할 수 있다. 교실에서 진행할 경우 모둠별 소통
이 더 원활할 수 있으며, 교사는 각 모둠 활동의 진행을 행아웃 미팅 창을 통해서 확
인하고, 모둠별 피드백을 하면 된다.

2. 학교폭력 사례탐구 결과 보고서 작성하기

학교폭력 사례탐구 결과 보고서를 작성하는 [활동 6]은 이미 진행된 [활동 4]와
[활동 5]를 토대로 정리하기 때문에 생각보다 속도가 빨리 진행되었다. 연구 활동
결과 보고서는 다음과 같은 순서로 진행한다.

[연구주제 → 연구의 필요성 → 연구문제 → 자료수집 방법 → 문헌연구 내용 정리 → 연구 결
과 분석(질문 결과 분석, 면접 결과 분석) → 결론 → 참고문헌 → 모둠원의 역할 → 배우고 느낀
점(성찰일지) → 참고문헌]

보고서 작성은 모둠 활동 방에 공유 링크를 걸어 모둠별 협업 활동으로 진행했다.
원그래프, 막대그래프, 도넛의 형태로 표현된 설문 결과를 구글 프레젠테이션으로
가져와 자료를 해석하고 정리하는 과정에서, 자신들이 진행한 연구 결과에 대해서
흥분과 뿌듯함을 느끼는 감동적인 모습이 감지되기도 했다. 다음은 [활동 6] 학교
폭력 사례탐구 결과 보고서 사례이다.

[활동 **6**] 학교폭력 사례탐구 결과 보고서

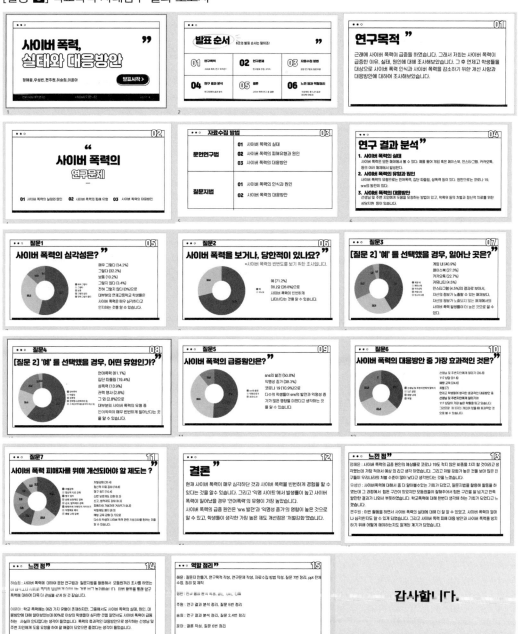

[그림 14-5] 학교폭력 사례탐구 활동 결과 보고서

📝 문제 해결안 발표(전문가 포럼 개최)

전문가 포럼은 사회자, 발표자, 토론자를 선정하여 온라인 수업, 오프라인 수업, 공개 수업의 세 유형으로 진행했다. A반은 오프라인 수업으로 두 시간에 걸쳐 진행했고, 다른 세 반은 온라인 수업으로 진행했다. C반은 공개 수업으로 진행했다. 물론, 세 유형의 수업 중에서 가장 효과적인 수업은 오프라인으로 진행한 수업이었다. 전문가 포럼 진행에 앞서 학교폭력 사례탐구 결과 보고서를 패들렛에 탑재하여 다른 모둠과 활동 결과를 공유했다. 다음은 패들렛에 게시된 C반의 모둠 활동 결과 보고서이다.

[그림 14-6] 패들렛에 게시된 학교폭력 사례탐구 결과 보고서

온라인으로 진행된 C반의 전문가 포럼 [활동 **7**]은 '사이버 폭력의 실태와 해결 방안, 방관자 발생의 원인과 해결 방안, 학교폭력 예방교육의 문제점과 해결 방안'의 세 주제를 중심으로 진행되었다. 교사는 다음 슬라이드 순서로 수업을 진행했으며, 전문가 포럼은 사회자의 안내에 따라 진행했다.

[활동 **7**] 전문가 포럼 개최 수업 진행 순서 및 사회자 진행 멘트

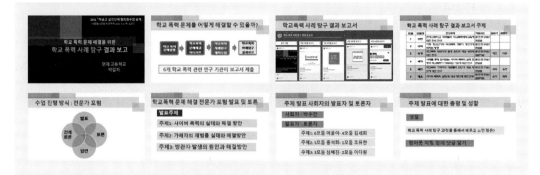

[사회자의 전문가 포럼 진행 멘트]

지금부터 제1차 학교폭력 문제 해결을 위한 전문가 포럼을 시작하겠습니다.

오늘 포럼에 초대된 전문가는 학교폭력 문제를 오랫동안 연구해 온 학교폭력 연구자입니다. 이분들이 그동안 진행해 온 학교폭력 사례탐구 결과를 발표하겠습니다. 전문가 포럼 진행은 세분의 전문가께서 주제 발표를 진행하고, 발표가 끝나면, 이어서 토론자가 토론을 제기하고 발표자가 토론에 대해 답변하는 순서로 진행하겠습니다. 발표자 발언은 4분, 토론자 토론은 2분, 발표자의 답변은 2분으로 하겠습니다.

사회자: [발표자 1, 2, 3], [토론자 1, 2, 3 소개]

[주제 발표 1, 2, 3 발표 진행], [토론자 1, 2, 3 토론 진행], [토론에 대한 발표자 답변 진행]

사회자: 마무리 멘트

전문가 포럼이 온라인으로 진행된 C반의 경우는 실질적으로 대면적인 관계에서 이루어진 A반의 전문가 포럼과는 달리 그 효과를 살리는 데에는 어느 정도 한계가 있다. 비대면이라는 점이 연구 결과보고 내용을 효과적으로 전달하려는 데에 급급하기 때문에 역동성과 활발한 상호작용이 다소 부족했다. 다음은 오프라인에서 진행된 전문가 포럼의 장면이다.

[그림 14-7] 오프라인 수업에서 진행한 전문가 포럼 장면

여러 가지 어려운 여건에도 불구하고, 전문가 포럼에서 학생들은 전문가의 입장에서 실제로 연구한 내용을 발표하고, 토론자는 연구 내용에 대한 날카로운 질문을 제기하기도 하였다. 이러한 과정에서 학교폭력의 실태, 원인, 해결 방안을 자신들이 직접 실시한 문헌연구와 설문조사 및 면접을 바탕으로 진행한 연구 결과를 발표하는 과정에서 근거에 입각해서 지식을 구성하는 딥러닝이 일어나고 있음을 알 수 있었다. 그리고 토론자가 발표 결과에 대해서 깊고 예리한 질문을 던질 수 있었던 것도 직접 경험을 통해서 습득한 지식을 토대로 문제를 분석할 수 있었기 때문에 가능했다. 전문가의 입장에서 깊이 있는 발표와 비판적인 토론을 제기하고, 진지하게 답변하는 장면을 통해 학생들이 실제로 학교폭력 전문가가 된 듯한 경험을 통해 문제해결 역량들이 강화되고 있음을 알 수 있었다.

평가 및 기록

1. 평가

블렌디드 러닝 기반 PBL 수업으로 진행한 학교폭력 사례탐구 활동은 학기 초 평가 계획에 따라 과정중심 수행평가로 실시했다. 과정중심 수행평가는 학생들의 '활동 과정에 대한 평가'와 '활동 결과인 산출물에 대한 평가', '성찰일지'를 중심으로 실시하였다. '활동 과정에 대한 평가'는 학교폭력 사례탐구 계획서 수립, 결과 보고서 작성, 전문가 포럼에서 발표 및 토론, 질의응답에 이르기까지 모둠 활동에서 자신의 역할을 얼마나 충실하게 수행했는지를 중심으로 '모둠 활동 참여도'를 평가하였다. 그리고 '성찰일지'에 대한 평가는 활동의 전 과정에서 자신이 배우고 느낀 바를 구체적으로 표현하고 있는지를 중심으로 평가하였다. 이들 평가의 기준은 〈표 14-3〉의 하단에 제시하였다.

'활동 결과인 산출물에 대한 평가'는 학교폭력 사례탐구 활동 계획서를 포괄하고 있는 '학교폭력 사례탐구 결과 보고서'와 '전문가 포럼: 학교폭력 사례탐구 결과 보고회'의 진행 내용을 중심으로 실시하였다. 이들 평가는 사전에 공지된 평가기준에 따라 진행하였다. 평가기준은 활동이 진행되는 과정에서 학생 활동의 방향성을 명확히 설정하여 활동 결과 보고서의 질을 높이는 데에 기여한다는 점에서 중요한 의의가 있다. 이들 '활동 결과인 산출물에 대한 평가'에 대한 평가기준은 다음 〈표 14-2〉, 〈표 14-3〉과 같다.

〈표 14-2〉 학교폭력 사례탐구 결과 보고서

평가 요소	배점	평가기준
주제 및 연구문제 선정의 적합성	20	• 학교폭력의 사례탐구를 진행하기 위해 선정한 주제는 적합한가? • 학교폭력의 원인, 실태, 해결 방안을 탐구하기 위한 연구문제 선정은 적합한가?
이론적 배경의 충실성	20	• 선정 주제를 이해하는 데에 필요한 이론적인 배경은 잘 정리되어 있는가? • 선정 연구문제를 탐구하는 데에 필요한 원인, 실태, 해결 방안에 도움을 주는가?
질문 문항 작성 및 질문 분석의 타당성	30	• 학교폭력 사례탐구를 위한 연구문제를 반영하여 질문 문항을 구성했는가? • 질문 결과 분석은 학교폭력의 원인, 실태, 해결 방안을 타당하게 이끌어 내는가?
연구 결론 도출의 논리성	30	• 연구주제, 연구문제, 이론적 배경, 질문 결과의 분석을 토대로 결론을 논리적으로 이끌어 내었는가?

〈표 14-3〉 전문가 포럼: 학교폭력 사례탐구 결과 보고회

평가 요소	배점	평가기준
프레젠테이션 구성력	30	• 학교폭력의 사례탐구의 전반적인 내용을 프레젠테이션으로 충실하게 표현하고 있는가? • 학교폭력의 원인, 실태, 해결 방안을 프레젠테이션에 충실하게 담아내고 있는가?
포럼 진행의 적절성	20	• 학교폭력 전문가의 입장에서 사례탐구 결과를 설득력 있게 발표하고 있는가? • 학교폭력 사례탐구 결과에 대한 발표가 역동적으로 진행되었는가?
토론 및 질의 응답	20	• 전문가 포럼에서 토론자의 토론 주제 및 내용에 대한 이해를 잘하고 있는가? • 토론자 및 다른 연구자의 입장에서 제기한 질문에 대해 응답을 잘하고 있는가?
모둠 활동 참여도	20	• 학교폭력 사례탐구의 전 과정에서 모둠원으로서 과제수행 활동에 충실히 참여했는가?
성찰일지	10	• 학교폭력 사례탐구의 전 과정에서 배우고 느낀 바를 성찰일지에 구체적으로 표현하고 있는가?

이들 평가를 통해서 학생들의 문제 해결력, 비판적 사고력, 의사소통 능력, 정보처리 능력, 메타인지 능력 등의 학생 역량을 살펴보고자 하였다.

2. 기록

과정중심 수행평가의 내용을 기반으로 학생 성장의 과정과 결과를 기록하였다. 기록은 다음과 같이 학생들이 활동 과정에서 수행한 역할을 중심으로 모든 학생을 대상으로 기록하였다.

A 학생	'학교폭력 방관자의 발생 원인과 해결 방안'을 주제로 문헌연구, 질문지법, 면접법을 활용하여 학교폭력 방관자 발생의 원인, 문제점, 해결 방안에 대한 연구 계획서 수립과 연구 결과 보고서를 작성하여 전문가 포럼에서 발표하는 '학교폭력 사례탐구 프로젝트' 활동 과정에서 문헌연구 및 결과 분석, 질문지 작성 및 결과 분석, 인터뷰 실시 및 결과 분석을 중심으로 내용을 체계적으로 정리하여 탁월한 정보처리 역량을 보임. 또한, 전문가 포럼에서 발표자로서 연구 결과를 설득력 있게 제시하여 탁월한 의사소통 역량을 보임.
C 학생	'Y고등학교 학생들의 학교폭력 예방교육 인식에 관한 연구'를 주제로 문헌연구, 질문지법을 활용하여 학교폭력 예방교육에 대한 인식, 문제점과 해결 방안에 대한 연구 계획서 수립과 연구 결과 보고서를 작성하여 발표하는 '학교폭력 사례탐구 프로젝트'에서 연구 주제 및 연구가설을 설정하고, 질문지를 작성하여 분석 및 해석하는 활동을 수행하여 보고서를 체계적으로 정리하였으며, 전문가 포럼에서 사회자로서 참여하여 토론을 원활하게 이끎.

III 수업 성찰

1. 성찰일지를 통해서 드러난 학생의 역량 강화

PBL 수업에 대한 학생들의 성장은 [성찰일지]를 통해서 엿볼 수 있었다.

현재 학교폭력 재범률 또한 늘어나고 있다는 것을 알고 그 이유와 해결 방안에 대하여 조사하면서 재범에 대한 심각성도 같이 인지하게 되는 좋은 기회가 되었던 것 같다. 확실히 알아야 할 것은 재범은 단순히 생각할 문제가 아니며, 그 이유는 조사 도중 알아낸 충격적이고 소름 돋는 부분에서 알 수 있었다. 어느 한 인터뷰 영상에서 말하기를, 초범인 아이와 재범인 아이의 표정부터가 다르다는 것이다. 초범인 아이는 울기라도 하지만 재범인 아이는 표정에 변화조차 없다고 한다. 이를 통해 예상할 수 있는 사실은 처벌을 받는다 한들 자신에게 별 영향을 끼칠 만큼이 아니라는 것인데, 여기에 대한 문제는 조사 중 발견한 한 신문기사의 인터뷰에서 자세히 알 수 있었다.

그 내용에서 한 부분은 발췌해 보자면, 현재의 형사사법 시스템은 국가가 피해자를 대신해서 가해자에게 벌을 내린다. 학교 내에서 개최되는 학교폭력대책자치위원회도 유사한 체계이다. 피해자는 여전히 고통받고 있지만 가해자는 처벌만 받고 끝난다. 아무도 치유되지 않고 아무것도 고쳐지지 않는 것이 처벌만 하는 시스템의 한계이다. 이 제도는 가해자에게 진지한 반성을 요구하지 않으며, 이들은 합의금을 주거나 죗값을 받으면 끝이라고 생각한다. 처벌만 받은 가해자는 재범의 요인을 그대로 안고 다시 학교로 돌아간다. 따라서 학교폭력 문제는 관계 회복을 중심으로 풀어 가야 한다. 경미한 사안일수록 회복적 사법의 방식으로 해결하는 것이 대안이다. 가해자와 피해자 그리고 그들을 둘러싼 지역사회가 함께 문제를 해결해야 한다. 주변 학생들의 역할도 중요하다. 주변에서 피해자가 회복할 수 있도록 도와줘야 하고 가해자가 약속을 지키는지를 잘 감시해야 한다. 즉, 우리는 이를 보고 경각심을 가지고 개선해 나가야 할 의무가 있다는 것으로 생각된다(C반 유○○, '학교폭력 재범률의 원인과 해결 방안'에 대한 연구 모둠).

위의 '학교폭력의 재범률의 원인과 해결 방안에 대한 연구'를 진행하면서 작성한 성찰일지를 살펴보면, 블렌디드 러닝 기반 PBL 수업을 통해 성장한 학생들의 여러 역량이 잘 드러난다. 활동 과정에서 배우고 느낀 것이 무엇인지를 인지하는 능력, 자신의 경험을 객관화하여 분석하고 문제 해결을 위해서 필요한 것이 무엇인지를 분석할 수 있는 비판적 사고력, 문제를 객관적으로 인지할 수 있는 메타인지 능력이 강화되었음을 보여 준다. 그러한 학생들의 역량 강화는 학생 전체를 대상으로 한 설문조사를 통해서 더 자세히 엿볼 수 있다.

2. 설문조사를 통해서 본 학생의 역량 강화

블렌디드 러닝 기반 PBL 수업을 통해 성장한 학생들의 역량을 살펴보기 위해서 수업이 끝난 후에 학생들을 대상으로 설문조사를 실시했다. 설문 문항과 설문 결과를 간단하게 분석하여 다음에 제시해 본다.

설문 안내	이번에 실시한 [학교폭력 사례탐구 프로젝트]에 관한 설문입니다. 본 설문의 목적은 여러분이 프로젝트 활동에서 배우고, 느낀 점을 분석하여 이후에 진행되는 수업에 반영하는 데 있습니다. [학교폭력 사례탐구 프로젝트]는 두 가지로 진행했습니다. 첫 번째는 [학교폭력 사례탐구 계획 수립]에서 학교폭력 사례탐구를 위한 주제, 연구문제, 자료수집 방법, 연구내용에 대한 계획을 세웠습니다. 두 번째는 [학교폭력 사례탐구 결과 보고서 발표]를 전문가 포럼으로 실시하였습니다. 이들 활동에 대한 설문 문항에 솔직히 대답해 주시면 감사하겠습니다.	
설문 문항	1. 자신은 위 활동에 만족하나요? 2. 자신은 팀원들과 함께 맡은 역할을 충실히 했나요? 3. 본 프로젝트는 우리가 학교폭력 문제의 심각성을 인식하는 데 도움이 되었나요? 3-1. [3]에서 [그렇다]고 대답했다면 그 이유는 무엇인가? 3-2. [3]에서 [그렇지 않다]고 대답했다면 그 이유는 무엇인가?	4. 본 프로젝트는 나에게 어떤 역량을 키워 주었다고 생각하는가? 5. 본 프로젝트는 학교폭력 문제를 주체적으로 인식하는 데 도움이 되었는가? 6. 본 프로젝트 활동에서 가장 좋았던 점은? 7. 본 프로젝트 활동에서 가장 어려웠던 점은? 8. 학교에서 실시하는 학교폭력 예방교육은 효과적이라고 생각하는가? 자신의 생각을 적고, 해결방안이 있으면 제시해 주세요. 9. 본 프로젝트를 통해서 배우고 느낀 점이 있으면 적어 주세요.

[설문 문항 1, 2]에 대해서 학생들의 모둠 활동 만족도를 묻는 문항에는 66%가 긍정적인 반응을 보였으며, 85.5%가 자신은 역할에 충실했다고 응답했다.

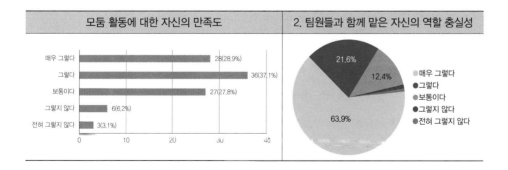

[설문 문항 3] '본 프로젝트 활동이 학교폭력 문제의 심각성을 인식하는 데 도움이 되었다'는 항목에는 92.8%가 그렇다고 응답했다.

[설문 문항 4] 본 프로젝트 활동이 자신에게 미친 영향으로 중 '정보처리 역량 증대'가 43.3%로 가장 높았으며, 문제 해결력 40.2%, 협업 능력 37.1%, 비판적 사고력 32%, 의사결정 능력 11.3%, 창의적 사고 7.2%의 순으로 나타났다. [설문 문항 5]에서 학교폭력 문제를 주체적으로 인식하게 되었다는 항목에 80.4%가 긍정적인 답을 했다.

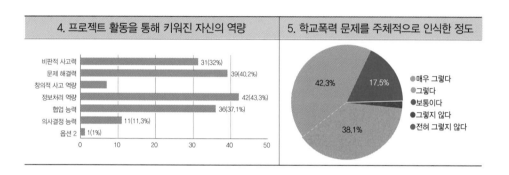

[설문 문항 6] 본 프로젝트 활동에서 좋았던 점은 자료조사, 모둠 활동, 사례연구, 면접법, 직접 조사하면서 실태 파악 가능, 여러 논문을 접해 본 것, 주도적인 탐구 활동, 프레젠테이션으로 협업하기, 전문가 포럼에서 발표한 것, 결과물이 나왔을 때 기쁨, 직접 설문지 만들고 돌린 것, 역할 배분과 협업, 학교폭력에 대한 재인식 기회, 아무나 아는 학교폭력 내용이 아닌 전문적인 지식을 알게 된 점, 주제가 매우 흥미로운 점 등을 들었다.

[설문 문항 7]에서 본 프로젝트 활동에서 어려웠던 점은 해결 방안 찾기, 처음 해 보는 발표, 연구문제 선정, 과제 해결에 난이도가 높고 손이 많이 가는 점, 문헌연구하고 PPT 만드는 것, 모둠끼리 계속 수정하기, 연구주제 선정, 설문 돌리기, 모둠 의견을 모으는 과정, 문헌연구 자료 정리, 가설의 근거 마련, 결론 도출, 가장 큰 어려움은 온라인 수업으로 인한 소통의 어려움이었다.

[설문 문항 8]에서 '학교폭력 예방교육이 효과적이라고 생각하는가'에 대한 반응은 대부분 부정적이었다. 학생들은 예방교육을 해도 학교폭력을 할 애들은 하며, 매번 같은 내용으로 교육이 진행되고, 실질적으로 피해 학생에게는 도움이 되지 않는

점 등을 들고 있다. 대안으로 가해자의 중심 교육, 방송이 아닌 학생 참여형 교육, 1일 교도소 체험 등의 실습 등의 다양한 교육이 필요하다고 했다.

[설문 문항 9]에서 본 프로젝트 활동을 통해서 배우고 느낀 점은 사회문제를 해결하는 절차, 자료수집 방법을 직접 실행해 보는 과정, 친구들이 함께 협력하면서 사이가 돈독해진 점, 학창 시절에 아주 유익한 활동을 할 수 있었던 것, 학교폭력 문제의 심각성에 대한 재인식 등을 보였다. 학생들은 프로젝트 전 과정이 힘든 만큼 완성한 후의 뿌듯함을 느꼈다고 응답하였고, 학교폭력을 목격한 방관자라면 적극적으로 개입을 할 수 있다는 인식의 전환도 보였다.

3. PBL 수업을 통해서 본 교사의 반성적 성찰

학교폭력 미투 운동으로 촉발된 학교폭력 문제의 심각성을 인식하고, '어떻게 하면 학교폭력 문제를 해결할 수 있을까?'라는 고민을 학생들과 함께 풀어 보기 위해서 블렌디드 러닝 기반 PBL 수업을 설계하고 실행해 보았다. 그 과정은 '학교폭력 공감을 위한 상황극하기, PBL 문제 시나리오 이해, 학교폭력 문제 해결을 위한 탐구 질문하기, 탐구 활동 계획 세우기, 탐구 결과 보고서 작성하기, 전문가 포럼 개최' 순으로 진행되었다. 수업 설계와 실행 과정에서 여러 가지 시행착오도 겪었지만 학생들의 역량도 그만큼 성장해 갔다는 것을 알 수 있었다.

학생들의 역량 강화는 성찰일지와 설문조사를 통해서 잘 드러났다. 학생들은 학교폭력 사례탐구 과정을 통해서 사회문제 탐구방법의 중요한 절차를 직접 체험하면서 연구주제 및 연구문제의 선정, 자료수집 방법 및 자료해석 방법, 결론을 도출하는 방법을 직접 익히게 되었다. 물론 그러한 과정은 학생들의 입장에서 쉽지 않은 경험이었으나, 정보처리 역량, 문제 해결력, 협업 능력, 비판적 사고력, 의사결정 능력, 창의적 사고력 등 다양한 역량이 강화되는 유의미한 경험이 되었다. 그리고 다양한 학교폭력 문제의 실태, 원인, 해결 방안을 전문가적인 입장에서 탐구함으로써 딥러닝과 딥협업 역량도 강화되는 모습을 볼 수 있었다.

이상의 블렌디드 러닝 기반 PBL 수업은 수업 설계에서 실행에 이르기까지 교사가 정말 치밀하지 않으면 많은 어려움에 직면할 수 있는 수업이기도 하다. 그리고 학생들이 온라인상에서 질문지를 만들고 질문지를 돌려서 회수한 후에 질문 결과를 해석하고, 해석 결과를 토대로 학교폭력의 원인, 실태, 해결 방안을 도출하기까지는 정말 많은 노력과 시간 그리고 인내가 요구되는 과정이기도 했다. 그러나 그러한 수업의 결과가 학생들의 역량 강화에 도움이 되었다고 생각하니 가슴 뿌듯함이 느껴졌다. 물론 이런 수업이 오프라인 수업에서 진행되었다면 교사와 학생의 원활한 상호작용으로 더 적은 시간과 더 적은 노력으로 더 큰 성과를 얻을 수 있었을 것이라 생각한다. 이러한 경험은 다음 PBL 수업을 시도할 때 좀 더 합리적인 수업 설계와 실행에 도움을 줄 것이라 생각한다.

제15장

'코로나 블루', 메타버스로 탈출하다-미술

미술 수업으로 '코로나 블루' 문제를 해결할 수 있을까

전 세계적으로 '코로나 펜데믹' 상황을 겪으면서 우리의 일상생활에서도 많은 변화를 가져오게 되었다. 학교의 수업환경 또한 변화의 물결을 피할 수 없었다. 다양한 에듀테크와 함께 온라인과 오프라인 수업이 혼합된 블렌디드 러닝에 대한 관심이 커지면서 학교 수업은 전통적인 방식에서 차츰 벗어나게 되었다. 미술 수업 또한 기존의 전통적인 실기 중심의 표현하기 수업 방식에서 벗어나 디지털 매체를 활용한 감상과 체험 수업 등 다양한 수업들이 시도되었으며, 미술 수업의 형식과 틀을 바꾸고 새롭게 확장해 나가는 계기가 되기도 했다.

'코로나 19'가 발생했던 초기의 온라인 미술 수업은 영상 자료 중심의 미술 감상 수업에 의존하는 경향이 강했다. 하지만 실기 표현이 어려운 여건임에도 여전히 표현 중심 수업의 틀에서 벗어나지 못한 교사들은 집에서 간단하게 사용할 수 있는 미술 재료를 활용해 다양한 실기 수업을 시도하기도 했다.

이처럼 코로나 상황 속에서 이루어진 다양한 미술 수업 사례 중에 '코로나19'와 관련된 수업 사례들을 찾아본 결과, 방역을 위해 힘쓰는 의료진에게 감사의 마음을 표현하는 그림 그리기와 사회적 거리 두기 실천을 강조하는 포스터 그리기 수업이 많았다. 하지만 '코로나 블루'라는 사회적 문제를 깊이 고민하고 해결하기 위한 수업은 찾아보기 어려웠다.

이에 코로나로 전시회가 연기되거나 취소되는 등 미술계에 불어닥친 위기 상황을 극복하고, 사람들이 안전하게 전시회를 관람하며 우울감을 해소할 수 있는 미술 수업 방안을 생각하게 되었다. 이 수업은 미술을 통해 '코로나19'로 처하게 된 어려운 상황을 어떻게 극복할 것인지, 이를 친구들과 함께 해결해 나가면서 문제 해결력과 협업 능력을 어떻게 길러 줄 것인지에 대한 고민에서 출발하게 되었다.

먼저 '코로나 블루'라는 사회적 문제를 미술을 통해 해결하기 위한 수업 모형으로 문제중심학습(Problem Based Learning) 모형이 적합해 보였다. 학생들 스스로 문제를 분석하고 해결 방안을 모색하는 과정에서 문제 해결력과 협업 능력을 기를 수 있을 것이라는 생각이 들었기 때문이다. 아울러 안전한 전시회 관람이라는 문제를 해결하기 위해 가상현실 기술을 어떻게 수업에 연결할 것인지에 대한 고민이 필요했다.

I 수업 설계

교육과정 재구성

1. 단원: 미술의 사회적 기능
2. 성취기준

[09미03-04] 미술 작품, 관람자, 전시 장소 등의 특징을 고려하여 다양한 방식의 전시를 기획할 수 있다.
[12미01-03] 현대의 사회 현상과 문제를 이해하고 미술을 통한 참여 방안을 모색할 수 있다.

3. 학습주제

현재 중·고등학교 미술 교과 교육과정 중 '미술을 통한 사회적 문제 해결' 및 '전시회 개최'와 관련된 성취기준에 근거하여 다음과 같이 학습 주제 두 가지를 설정했다.

학습주제 1	미술을 통한 사회 문제 인식 및 참여 방안 모색하기
학습주제 2	비대면 상황 속에서 전시회 개최 방안 도출 및 구현하기

PBL 문제 개발

1. PBL 문제 시나리오 구성을 위한 아이디어

배경	• '코로나19' 감염병으로 '사회적 거리 두기' 이슈 • 공연 · 전시 취소 및 연기로 인한 예술문화 활동 침체
상황	• 감염병 팬데믹 상황 속에서 안전한 시각예술 문화 향유에 대한 대책 마련 필요 • 문화예술 기관을 중심으로 공연 · 전시 실태, 원인, 해결 방안 모색 필요
팀의 해결 과제	• 안전한 시각예술 문화 향유를 위한 전시회 개최 계획 수립하기 • VR 저작 도구를 활용하여 가상현실 속 전시 공간 구축 및 작품 설치하기 • 가상 전시회 개최 의도를 설명하고 VR 미술관 관람 시연하기
제한점	• 미술 감상은 미술관에 직접 방문하여 실제 작품을 감상하는 것이 가장 효과적이지만, 감염병 상황에서 미술관 방문이 현실적으로 어려운 점이 있음. • 가상현실 공간에서 원작을 디지털 이미지로 복제하여 간접적으로 감상하는 활동이라 원작의 감흥을 100% 느끼기에는 제한점이 있으나 감염병 상황에서 안전한 문화예술 향유 활동을 위한 새로운 경험을 제공할 수 있음. • 무료로 사용할 수 있는 베이직 버전에서 VR 저작 도구의 기능을 활용하여 가상현실 공간을 창의적으로 구성하는 데 제한 사항이 있음. • 전시용 미술 작품 이미지 사용에 대한 저작권을 침해하지 않도록 유의해야 함.

2. PBL 문제 시나리오 구성하기

'코로나 블루'라는 사회적 문제를 해결하기 위한 PBL 문제와 시나리오를 미술 수업에서 어떠한 방법으로 제시할 수 있을지 생각해 보았다. 우선 '코로나 블루' 현상이 일어난 사회적 배경과 상황을 분석해 본 결과, 오랜 기간 '사회적 거리 두기'로 문화예술 활동이 위축되면서 많은 사람에게 전시회를 감상할 기회가 줄어들었다는 사실을 알 수 있었다.

이에 '코로나19' 상황이지만 사람들이 안전하게 전시회를 감상할 기회를 확대한다면 '코로나로 인해 고통받는 사람들에게 조금이라도 위안을 줄 수 있을 것이다.'라는 생각을 바탕으로 비구조화된 PBL 문제와 시나리오를 개발해 나갔다. 실제로 부산에서는 2년마다 한 번씩 '부산학생비엔날레'라는 전시회를 개최하는데 2020년도에는 행사가 취소되어 열리지 못했다. 이러한 상황을 PBL 시나리오에 다음과 같이 담아 보았다.

PBL 문제

비대면 상황 속에서 작품 전시회를 어떻게 개최할 수 있을까?

♣ '부산학생비엔날레' 메타버스 전시회 개최 공모 안내 ♣

안녕하십니까?

부산광역시교육청에서는 미술 수업과 연계하여, 학생들이 창의적인 작품들을 선보일 수 있도록 '부산학생비엔날레' 행사를 2014년부터 2년마다 한 번씩 개최하고 있습니다. '부산학생비엔날레'는 학생들의 상상·창의·소통을 위한 비엔날레로 시작하여 부산의 학생뿐만 아니라 외국의 학생들까지 참여하는 전국에서 유일한 학생 중심 비엔날레로 자리 매김을 해 왔습니다. 하지만 2020년 '부산학생비엔날레' 행사는 전 세계적으로 유행한 '코로나19' 사태로 인해 아쉽게도 열리지 못했습니다.

여러분도 알다시피 '코로나19' 사태는 전 세계 모든 나라의 경제활동을 마비시키고 사람들의 이동을 어렵게 했습니다. 특히, '사회적 거리 두기'로 인해 공연, 전시 등의 행사가 연기되거나 취소되면서 문화·예술계에 종사하는 예술가들의 생존이 위협받게 되었으며, 일반 시민들도 계속되는 사회 문화적 소통의 단절로 인해 정서적으로 우울감을 호소하는 '코로나 블루' 현상이 나타나고 있습니다. 이처럼 '사회적 거리 두기'와 '비대면' 상황이 일상화되면서 문화·예술계는 기존의 전통적인 작업과 전시 방식에서 벗어나, 가상현실과 증강현실 등의 다양한 메타버스 기술을 활용하여 비대면이지만 실재감과 몰입감을 느끼며 관람할 수 있는 새로운 전시 형태를 선보이고 있습니다.

이에 부산광역시교육청에는 '코로나19'로 인해 열리지 못했던 '부산학생비엔날레' 행사를 메타버스 플랫폼을 이용해 '비대면'으로 개최하려고 합니다. 학생 여러분들이 큐레이터가 되어 '코로나19'로 지쳐 있는 사람들에게 위안과 희망을 줄 수 있는 학생작품 전시회를 기획하고, 관람객들이 비대면이지만 전시회를 실감 나게 관람할 수 있도록, 가상현실 공간에 VR 미술관을 만들어 작품을 전시해 주시기 바랍니다. 학생 여러분들의 적극적인 참여를 기다리겠습니다.

2022. ○. ○.
부산학생비엔날레 운영위원장 드림

PBL 교수 · 학습과정안 설계

1. 블렌디드 러닝 기반 PBL 수업의 흐름

개념학습	문제 제시 및 문제 확인	문제 해결 및 탐색 활동	문제 해결안 도출	발표 및 성찰
미술의 사회적 기능 이해	문제 상황 시나리오 제시, 모둠 구성 및 역할 분담 토의	문제의 진술, 정보 수집 및 문제점 진단 (전시회 기획)	문제점 진단에 따른 해결 방안 작성 (VR 미술관 구축)	해결 방안 발표 (전시회 시연 및 기획 의도 발표)
강의 및 퀴즈	마인드맵, 잼보드	구글 슬라이드	코스페이시스	프리즘 라이브
온/오프라인	온/오프라인	온/오프라인	온/오프라인	온/오프라인

2. 블렌디드 러닝 기반 PBL 수업 실행 과정 개요

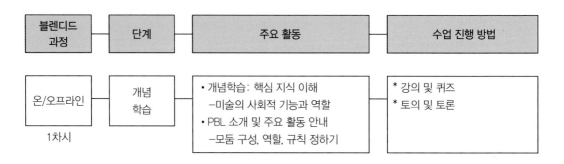

블렌디드 과정	단계	주요 활동	수업 진행 방법
온/오프라인 1차시	개념 학습	• 개념학습: 핵심 지식 이해 　－미술의 사회적 기능과 역할 • PBL 소개 및 주요 활동 안내 　－모둠 구성, 역할, 규칙 정하기	* 강의 및 퀴즈 * 토의 및 토론

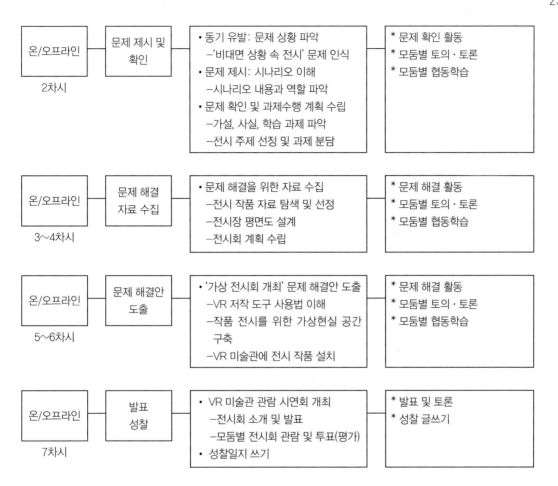

온/오프라인 2차시	문제 제시 및 확인	• 동기 유발: 문제 상황 파악 　–'비대면 상황 속 전시' 문제 인식 • 문제 제시: 시나리오 이해 　–시나리오 내용과 역할 파악 • 문제 확인 및 과제수행 계획 수립 　–가설, 사실, 학습 과제 파악 　–전시 주제 선정 및 과제 분담	* 문제 확인 활동 * 모둠별 토의 · 토론 * 모둠별 협동학습
온/오프라인 3~4차시	문제 해결 자료 수집	• 문제 해결을 위한 자료 수집 　–전시 작품 자료 탐색 및 선정 　–전시장 평면도 설계 　–전시회 계획 수립	* 문제 해결 활동 * 모둠별 토의 · 토론 * 모둠별 협동학습
온/오프라인 5~6차시	문제 해결안 도출	• '가상 전시회 개최' 문제 해결안 도출 　–VR 저작 도구 사용법 이해 　–작품 전시를 위한 가상현실 공간 구축 　–VR 미술관에 전시 작품 설치	* 문제 해결 활동 * 모둠별 토의 · 토론 * 모둠별 협동학습
온/오프라인 7차시	발표 성찰	• VR 미술관 관람 시연회 개최 　–전시회 소개 및 발표 　–모둠별 전시회 관람 및 투표(평가) • 성찰일지 쓰기	* 발표 및 토론 * 성찰 글쓰기

3. 교수 · 학습과정안 개요

문제	비대면 상황 속에서 작품 전시회를 어떻게 개최할 수 있을까?	총 7차시
학습 목표	1. 미술의 사회적 기능을 이해하고 비대면 상황 속의 작품 전시회를 기획할 수 있다. 2. VR 저작 도구를 이용하여 가상현실 공간을 구축하고 미술 작품을 전시할 수 있다. 3. VR 미술관 시연을 통해 전시회 기획 의도를 설명하고 작품을 소개할 수 있다.	
성취 기준	[09미03-04] 미술 작품, 관람자, 전시 장소 등의 특징을 고려하여 다양한 방식의 전시를 기획할 수 있다. [12미01-03] 현대의 사회 현상과 문제를 이해하고 미술을 통한 참여 방안을 모색할 수 있다.	

핵심 역량	비판적 사고력	✓	의사소통 능력	✓
	문제 해결력	✓	정보처리 능력	✓
	창의융합 능력(비판적 사고)	✓	협업 능력	✓

단계	문제 해결 활동 내용
개념 학습	• 미술의 사회적 기능 및 역할 이해하기 • PBL의 전반적인 진행 소개 및 모둠 구성, 역할, 규칙 정하기
문제 제시	• 동기 유발: 코로나 펜더믹 상황 속 문화예술계 동향 뉴스 • 문제 상황: '비대면' 상황 속 작품 전시회 개최를 위한 문제 시나리오 제시 • 문제 파악: 문제 시나리오의 내용과 해결 과제 파악 및 역할 이해
문제 확인	• 생각(가설): 비대면 상황에서 가능한 전시회 관람에 필요하다고 생각되는 다양한 생각 • 사실: 제시된 문제 해결에 필요한 사실, 문제 해결과 관련해 학습자가 알고 있는 것 • 학습 과제: 문제 해결을 위해 알아야 할 내용 선정 • 수행 과제: 문제 해결을 위해 학습자가 해야 할 일 또는 실천 계획 수립
문제 해결 자료 수집	• 온라인 및 오프라인 수업 시간에 개별 과제수행을 통해서 전시회 개최에 필요한 전시 작품 정보와 자료를 탐색하여 공유
문제 해결안 도출	• 가상 전시회 기획: 개별 수행 과제 통합 및 모둠별 토의·토론을 통해서 전시회 개최에 필요한 정보를 정리 및 보완하여 전시회 개최 계획서 작성 • VR 미술관 구축: VR 저작 도구를 이용해 모둠원과 협력하여 가상현실 공간에 미술관을 구축하고 전시 작품 설치
발표 및 평가	• 모둠별 전시 기획 의도 설명 및 VR 미술관 시연 형식으로 발표 진행 • VR 미술관 모둠 발표 평가 및 활동 과정에 대한 자신의 태도 평가하기 • 큐레이터로서 VR 미술관 설계 및 전시회 개최 과정에 대한 성찰 및 정리하기

4. 차시 운영 및 평가 계획

차시	단계	주요 산출물	필수평가 항목	기대 역량
1차시	개념학습	온라인 퀴즈	선개념 이해도	개념이해 능력
2차시	문제 제시 및 확인	PBL 시나리오 마인드맵	문제 이해의 정확성 과제수행 계획의 적설성	비판적 사고력 문제 해결 역량

3~4차시	문제 해결 탐색 활동	전시회 개최 계획서 전시장 평면도, 전시 작품 자료	과제수행 내용의 정확성과 충실성	정보처리 역량 협업 능력 문제 해결 역량
5~6차시	문제 해결안 도출	VR 미술관 콘텐츠	내용의 적합성과 충실성	
7차시	발표 및 평가	자기/동료 평가지 성찰일지	발표의 전달력 의미 표현의 구체성	문제 해결 역량 메타인지 능력

블렌디드 러닝 환경 설계

처음 온라인 수업을 위해 구축된 플랫폼은 면대면 수업의 임시방편으로 도입되었기 때문에 여러 가지 교육적 효과성이 검증되지 않은 상황이라 학교마다 매우 혼란스러워했다. 하지만 필자는 코로나19 이전부터 네이버 밴드를 이용해 온·오프라인이 혼합된 다양한 미술 수업을 실행한 경험이 있었기에 네이버 밴드를 기본 플랫폼으로 정하여 온라인 수업을 실시했다. 밴드는 수업 방을 만들기가 매우 간단하며 사용자들이 쉽게 접근할 수 있어 관리가 편리하다는 장점이 있다.

또 화상회의 도구로 밴드에서 기본적으로 제공하는 '비디오콜'을 사용하여, 온라인 수업이지만 학생들과 실시간 쌍방향으로 소통을 하며 최대한 교실 수업과 같은 효과를 높였다. 그리고 필요에 따라 마인드맵, 잼보드, 구글 프레젠테이션 등의 온라인 협업 도구들과, 가상현실 공간에 미술관을 만들 수 있는 활동을 지원하기 위한 '코스페이시스 에듀'라는 VR 저작 도구 등 수업에 필요한 다양한 에듀테크들을 수업 안내용 학급별 밴드에 공유하여 다음과 같이 온라인 수업환경을 조성했다.

〈표 15-1〉 활용 에듀테크

플랫폼 및 애플리케이션	용도
네이버 밴드	온·오프라인 수업 안내 및 관리 플랫폼 차시별 학습 과제 및 활동 방법 제시 출결 확인 및 수업 소감문 쓰기
밴드 비디오콜	실시간 쌍방향 화상수업 및 그룹별 의사소통
플로어플래너	전시장 평면도 그리기
마인드마이스터	마인드맵으로 PBL 시나리오 분석하기
잼보드	역할 분담, 전시회 주제 선정 브레인스토밍
구글 프레젠테이션	전시 기획서 및 보고서 작성
코스페이시스 에듀	VR 갤러리 구축 및 가상 전시회 구현
프리즘 라이브	전시회 설명을 위한 도슨트 영상 제작

II 수업 실행

문제 제시 및 문제 확인

1. 동기 유발

먼저 코로나19로 미술계에 불어닥친 위기 상황과 이러한 위기를 극복하기 위해 예술가들이 기울이는 노력 등에 대한 예술계 전시 동향 뉴스를 함께 시청함으로써 학습자들의 문제의식과 학습 동기를 일깨웠다.

[그림 15-1] 코로나 관련 미술계 동향 뉴스[1]

2. PBL 문제 제시

뉴스 영상 시청을 마친 후 메타버스 기술을 활용한 '부산학생비엔날레' 전시 기획 공모전 시나리오를 학생들에게 제시하고, 마인드맵으로 '이미 알고 있는 것', '알아야 할 것', '해야 할 것', '전시 주제'를 정리해 보게 함으로써 학습할 문제를 스스로 분석해 보도록 했다.

가상현실 공간에 전시회를 개최하는 활동은 모둠원들의 협업을 통한 협동학습으로 진행되지만, 학생 개개인의 학습 동기를 북돋고 학습 문제를 정확히 인식시키기 위해 마인드맵 작성 활동은 각자 개별적으로 수행하게 했다. 온라인으로 수업에 참여하는 학생은 '마인드맵' 도구를 이용해 컴퓨터로 작성할 수 있도록 하고, 등교 수업에서는 손 그림으로 그리도록 했다.

학생들은 마인드맵을 그리는 과정에서 앞으로 진행될 학습에 대해 미리 생각해 보며, 어떤 주제의 전시를 개최해 볼지 고민하는 등 학습 전반에 대한 호기심을 보였다. 특히, 가상현실 공간에 전시회를 개최해 볼 수 있다는 새로운 경험에 대해 기대감을 보이는 학생들이 많았다.

---

1) 출처: 연합뉴스(2020. 2 .28.), 휴관에 온라인 전시투어⋯⋯ 코로나에 미술계도 휴업 / YTN(2020. 8. 30.), "코로나 우울감 치유해드립니다"⋯⋯ 미술 작품으로 위로.

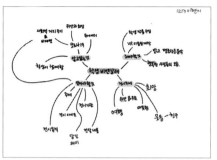

[그림 15-2] 컴퓨터로 그린 마인드맵과 손 그림으로 그린 마인드맵

문제 해결을 위한 탐색 활동

1. '잼보드'로 역할 분담과 전시 주제 토의하기

본격적인 협동학습을 위해 구글에서 제공하는 '잼보드'를 활용해 토의 활동을 진행했다. 앞서 마인드맵 활동을 통해 전시회 개최를 위해 필요한 역할과 해야 할 일들을 정한 다음, 교사가 모둠별 토의 게시판을 '잼보드'에 개설해 수업용 플랫폼에 공유했다. 모둠원들은 자기 모둠의 토의 게시판에 함께 접속하여 서로 토의하면서 각자 역할을 분담하여 표시하고 자신의 의견을 적어 나갔다. 처음에는 온라인에서 함께 활동하는 것에 신기해하며 낙서를 하는 학생도 있었지만 이내 모둠원 간의 소통을 통해 정리되어 가는 모습을 보였다. 등교 수업 시에도 '사회적 거리 두기' 때문에 학생들이 서로 머리를 맞대고 토의할 수 있는 상황이 아니라서 컴퓨터실로 이동하여 수업을 진행했다. 학생들은 모두 컴퓨터실이라는 물리적인 공간에 함께 있었지만 서로 대화를 자제하며 온라인 수업처럼 문자와 텍스트를 활용해 소통하도록 했다. 같은 공간에서 텍스트를 활용해 소통하느라 답답함을 표현하는 학생도 있었으나 문자에 익숙한 학생들은 다양한 방법으로 소통하며 즐겁게 수업에 참여하는 모습을 보였다.

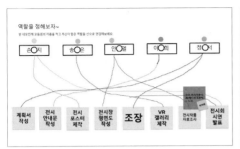

[그림 15-3] 역할 분담 보드 및 주제 토의 보드

'잼보드'는 컴퓨터 앱뿐만 아니라 스마트폰 앱으로도 지원하고 있으나 컴퓨터에서 지원되는 기능 중 일부가 스마트폰에서 지원되지 않아서 스마트폰으로 온라인 수업에 참여하는 학생은 컴퓨터로 참여하는 학생과 소통이 어려웠다. 할 수 없이 온라인 수업으로 참여하는 학급은 스마트폰 앱에서 지원하는 기능만 활용하도록 하였는데 이 점이 다소 아쉬웠다.

2. '구글 프레젠테이션'으로 전시회 기획서 작성하기

모둠원의 역할 분담과 전시 주제 토의 활동을 마친 다음에는 구글 프레젠테이션을 활용해 모둠별 전시 기획서를 작성하는 활동을 진행했다. 모둠원이 전시 기획서를 함께 작성하면서 전시회 기획 의도를 구체화시키고, 어떤 작품을 전시할 것인지, 미술관은 어떤 구조로 만들 것인지를 생각해 보도록 한 것이다.

먼저 작업의 효율성을 높이기 위해 교사가 구글 프레젠테이션을 활용해 전시 기획서 기본 서식을 학급의 모둠 수만큼 만들어 블렌디드 수업 플랫폼에 공유시켰다. 각 모둠의 모둠원들은 전시 기획서에 함께 접속하여 각자 맡은 역할대로 자신이 조사한 전시할 작품의 사진과 정보를 슬라이드에 추가하면서 기획서를 완성해 나갔다.

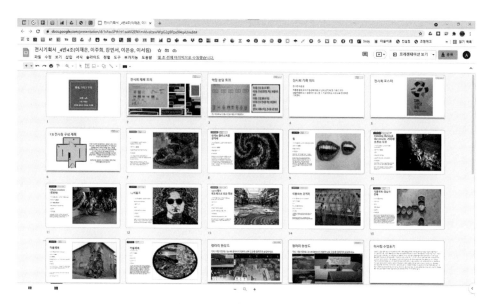

[그림 15-4] 팀별 전시회 기획서

3. '플로어플래너'로 전시장 평면도 설계하기

자신들이 구상한 전시장 구조를 먼저 플로어플래너(floorplanner) 사이트에서 그려 보게 한 다음, 완성된 3차원 평면도를 전시회 기획서 슬라이드에 추가하도록 했다. 플로어플래너 도구는 건물의 벽면을 어떻게 구성할지 평면에 선만 그리면 자동

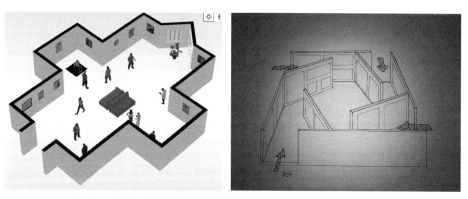

[그림 15-5] 플로어플래너로 만든 전시장 평면도와 손으로 그린 전시장 평면도

으로 3차원의 입체적인 투시도를 만들어 주기 때문에 전시장을 어떻게 만들지 미리 구상하는 데 도움을 받을 수 있다. 컴퓨터 사용이 어려운 학생은 손 그림으로 전시장 아이디어 스케치를 그려 보도록 했다.

4. 전시작품 자료 조사하기

전시할 대상 작품을 선정할 때, 가급적 기성 작가의 작품이 아닌 학생들의 작품 중에서 전시 기획 의도에 맞는 작품을 찾아 전시하도록 권했다. 혹은 가능하다면 학생 본인이 직접 그리거나 제작한 작품을 전시하도록 했다.

자신들이 기획한 전시 주제에 어울리는 학생 작품들을 찾는 일이 쉽지 않을 것 같았기에 몇 년 동안 우리 지역에서 실시했던 '사제동행아트쇼', '학생앙데팡당전', '부산학생비엔날레', '부산미술수업축제' 등에 출품되었던 작품들을 볼 수 있는 인터넷 사이트 주소를 정리하여 다음과 같이 제공했다.

-2020사제동행아트쇼 http://gg.gg/2020artshow
-2020학생앙데팡당전 https://www.youtube.com/watch?v=kx541H27DD4
-부산학생미술축제 https://band.us/@bsartfestival
-사제동행아트쇼(15~19) https://band.us/@201519artshow
-학생앙데팡당전(17~19) https://band.us/@201719angdepangdang

문제 해결안 도출

1. '코스페이시스 에듀'로 VR 미술관 만들기

앞서 기획한 모둠별 전시회를 본격적으로 가상현실 공간에 구현하기 위해 '코스페이시스 에듀(CoSpaces Edu)'를 활용한 미술관 만들기 활동을 진행했다.

'코스페이시스 에듀'는 독일에서 개발한 온라인 기반 가상현실 저작 도구로 비교적 사용 방법이 간단하여 학생들이 쉽고 재미있게 가상현실 공간을 친구들과 함께 꾸밀 수 있는 프로그램이다.

학생들이 가상현실 공간에서 작업을 할 수 있도록 하려면 먼저 교사가 코스페이시스 계정에 등록한 다음 필요한 학급을 개설하고 학급 내에 모둠별 작업 공간(과제)을 만들어야 한다.

가상현실 공간은 그림과 같이 학급당 4개의 그룹을 만들어 모둠원들이 함께 작업할 수 있도록 했다.

[그림 15-6] 코스페이시스 모둠별 공간 및 작업 화면

무료 계정은 1개의 계정당 모둠을 4개까지 만들 수 있으며, 접속할 수 있는 인원은 30명이다. 그리고 소리 포함하여 이미지 파일은 10개까지 올릴 수 있는 등 사용 기능에 일부 제한이 있다. 기능 제한으로 인해 모둠별로 전시할 수 있는 작품이 10점 이내였던 것이 아쉬웠다.

코스페이시스 에듀에 모둠별 작업 공간을 만들었으면 학생들을 학급에 가입시키고 그룹에 배정해 주어야 한다. 학생들이 모두 계정 가입을 완료하고 자기 모둠의 가상공간에 들어오면 먼저 코스페이시스 에듀의 작업 환경과 작업 도구에 대한 설명을 간단하게 해 주고 스스로 기능을 연습하면서 익히도록 안내했다. 처음에는 익숙하지 않은 환경 때문에 어려워하는 학생들이 일부 있었으나 사용법이 비교적 간단한 편이라 점차 쉽게 적응을 해 나가는 모습을 보였다. 사용법을 잘 이해하지 못하는 학생들을 위해 따로 사용법 동영상을 수업 플랫폼에 공유해 주었다.

어느 정도 사용법에 익숙해지면 이제 자신들이 생각한 미술관 건물의 벽을 세우고 준비한 작품을 벽에 붙여 설치하도록 했다. 스마트폰에 'CoSpaces Edu' 앱을 설치하면 스마트폰으로도 작업을 할 수 있으나 컴퓨터에서처럼 정교한 작업을 하기에는 다소 불편한 점이 있다. 하지만 완성된 결과물을 확인할 때는 스마트폰에서 쉽게 접속할 수 있어 편리할 뿐만 아니라 VR 안경을 활용하여 가상현실을 체험할 수 있는 장점이 있다.

코스페이시스 에듀에서는 이미지뿐만 아니라 소리, 영상 등도 삽입할 수 있으며, 코딩을 통해 상호작용을 구현할 수도 있다. 프로그램에 대한 적응력이 뛰어난 학생들은 스스로 기능을 터득하여 작품을 터치하면 설명문이 나타나게 하거나, 특정한 방에 들어가면 영상과 음악이 실행되는 미디어 아트룸을 만드는 등 기대 이상의 작품을 선보였다. 교사는 단지 학생들이 가상현실 공간에 들어올 수 있도록 공간을 마련하고 사용 도구만 알려 주었을 뿐인데 이를 수행한 학생들의 창의력과 상상력은 무한하다는 것을 느낄 수 있었다.

문제 해결안 발표

마지막으로, 완성된 VR 미술관의 전시회를 소개하는 발표 활동을 진행했다. 비록 가상현실 공간이지만 마치 미술관의 도슨트처럼 미술관 내부를 이동하며 전시된 작품들을 설명하는 것이다. 처음엔 모둠별로 대표 학생이 오프라인 공간에서(온라인 수업 시에는 화상회의 화면에 공유시켜서) VR 미술관을 컴퓨터로 시연하며 발표할 생각이었다. 하지만 일부 학생만 발표하는 것보다는 모든 학생에게 발표의 경험을 갖게 하는 것이 좋을 것 같아서 '프리즘 라이브' 앱을 활용해 라이브 방송 형태로 발표하게 했다.

'프리즘 라이브' 앱은 스마트폰의 화면을 라이브 방송으로 송출할 수 있으며 녹화도 가능하다. 코스페이시스 에듀에 접속하여 완성된 VR 미술관을 실행시킨 후 미술관 내부를 이동하며 설명하는 장면을 녹화하도록 지도했다.

다음은 학생들이 완성한 VR 미술관 작품과 가상공간에서 학생들이 자신이 만든 전시회를 소개하는 도슨트 활동 영상이다. QR 코드를 읽으면 영상을 확인할 수 있다.

https://edu.cospaces.io/XCJ-DCQ

[그림 15-7] VR 미술관 완성 작품 및 QR코드

https://youtu.be/Ju0alWzutaQ

[그림 15-8] VR 미술관 도슨트 시연 영상

📝 평가 및 기록

본 수업의 취지는 '코로나 블루'라는 사회적 문제를 해결하기 위해 팀원들과 함께 협력하여 가상현실 공간에 미술관을 만들고 전시회를 개최하는 과정을 통해 학습자들의 문제 해결력과 협업 능력을 길러 주고자 하는 것이었다. 따라서 본 수업의 평가는 학생 개개인의 성취도를 양적인 평가기준에 따르기보다, 학생들이 매 시간 활동을 수행하고 난 후 배우고 느낀 점을 서술한 소감문을 통해 질적으로 평가하는 것이 더욱 수업의 취지에 적합할 것이라는 생각이 들었다. 소감문을 종합적으로 분석해 본 결과, 학생들은 PBL 수업 방식으로 인해 미술 수업에 대한 흥미도가 높아졌으며, 특히 가상공간에 미술관을 만들어 동료들과 함께 문제를 해결하는 것에 대해 매우 큰 호기심과 성취감을 느낄 수 있었다고 서술했다. 다음은 이번 수업을 마친 학생들의 소감문 중 일부이다.

◆ [문제 인식 및 분석 단계] 소감문

코로나19 때문에 많은 사람들이 우울감을 느끼게 되고 미술관에 가서 작품을 관람하지 못하여 사회 문화적 소통이 단절되는 문제들의 심각성을 느낄 수 있었다. 그리고 예술가들의 생존까지 위협받는다는 안타까운 사실도 알 수 있어서 슬펐다. 작품 전시와 기획하는 활동이 처음이라서 어렵겠지만 의미 있고 재미있는 활동인 것 같다. 멋지고 좋은 작품 전시를 해야겠다는 생각이 들고 기대된다. 마인드맵을 통해 구체적인 계획을 세울 수 있어서 좋았다.

◆ [문제 해결을 위한 전시 기획 단계] 소감문

모둠을 정하여 앞으로 만들 VR 전시회에 어떤 주제로 전시를 진행할 것인지, 또 우리가 전시할 전시의 제목은 무엇인지를 함께 정하고, 전시회의 도면을 살펴보며 전시회가 열리는 과정에 참여를 했다. 언제나 내가 전시회를 관람하는 입장이었는데, 이번 기회에 VR 전시를 기획하기 위한 첫걸음을 딛으면서 많은 정보를 얻을 수 있었고, 작년에 열린 '사제동행 아트쇼'의 작품들을 살펴보며 작품에 담긴 여러 관점들을 알 수 있는 계기가 되었다. 평소 전시회에 관심이 많은데 이번 수업을 하며 전시회도 살펴보고 과정까지 알게 되어서 흥미로웠다.

◆ [VR 갤러리 설계 및 전시 자료 탐색 단계] 소감문

수업을 듣다 보니 VR 갤러리에 대해 주제에 적합하고 유의미한 작품을 선정하는 것도 중요하지만 갤러리의 공간 환경도 작품을 감상하는 데 영향을 미친다는 생각이 들었다. 그래서 전시관의 형태는 주제 탐구에서 작성한 것처럼 공간적인 특성을 활용해 봐야겠다고 생각했다. 관람 순서나 방향을 다르게 설정할 수 있다면 전시가 좀 더 색다르지 않을까? 조원들 모두의 의견이 반영되어 최대한 양질의 VR 전시관이 구현되도록 적극적으로 참여해야겠다.

◆ [VR 갤러리 제작 단계] 소감문

'코스페이시스 에듀'라는 앱을 처음 사용해 보아서 어려울 것 같았는데 영상으로 익히고 계속 만들어 보니 점점 쉬워졌고 재미있었다. 모둠 친구들과 실시간으로 한 공간에 있는 듯한 느낌이 들어서 더 재미있었던 것 같다. 앞으로 멋지게 만들 생각을 하니 기대되고 다음 시간이 기다려진다. 친구들과 협력해서 아주 멋진 VR 전시회를 만들 것이다. 친구들이 늦게 들어와서 조금 밖에 못 만들었다는 점이 아쉽지만 다 같이 만드니 즐거웠다. 주제에 맞는 멋진 작품도 계속 조사해 봐야겠다.

◆ [프로젝트 발표 및 성찰 단계] 소감문

코로나19는 우리들의 일상뿐 아니라 예술계에도 영향을 미쳐, 전시회 관람이나 기획 전시들이 취소되거나 연기되는 등의 위기를 맞이했다. 하지만 예술계는 그 자구책으로 온라인 전시회를 열어 관람객들에게 작품 감상을 할 수 있는 기회를 마련했다. 어쩌면 이런 상황으로 인해 불행인지 행운인지 우리에게 가상 전시회를 기획, 체험해 보는 기회가 주어졌는지도 모르겠다. 내가 직접 정보를 수집하고 분석해서 전시 주제를 잡고, 계획서를 작성해서 주제에 맞는 전시 자료도 찾아보고, VR 저작 도구로 가상현실 공간을 만들어 보기도 하고, 내가 만든 공간에 작품 설치까지. 거기다 내가 직접 큐레이터가 되어 도슨트까지 해 보는 경험을 하다니, 그저 놀랍기만 하다. 초반에 주제 의도를 벗어나 자료 수집하는 데 실수도 했으나, 항상 생각하는 거지만 이런 과제를 하면서 수많은 시행착오 속에서 내가 분명히 깨닫고 배우는 게 있었기 때문에 지금의 내가 있다는 생각이 든다. 그리고 그 속에서 조금씩 발전하는 나를 느낀다.

III 수업 성찰

코로나19 팬데믹을 겪으면서 재택근무를 도입하는 기업들이 늘어났다고 한다. 또한 단순 재택근무를 넘어 아예 실제 사무실을 없애고, 가상공간으로 출근하는 완전 재택근무를 도입하는 기업도 생겨났다고 한다. 메타버스(metaverse; 3차원 가상세계) 기술을 접목한 가상 사무 공간에서 사람들을 만나 일을 하는 것이다. 이처럼 가상공간에 구현된 또 다른 세계에서 현실과 같은 일상을 보내는 메타버스 기술은 우리들의 삶의 방식에 많은 영향을 줄 것으로 예상된다. 코로나19로 인해 예전처럼 예술 문화생활을 자유롭게 즐길 수 없는 사람들의 '코로나 블루' 문제를 해결하기 위해 도입했던 본 수업은 어쩌면 학생들에게 앞으로 다가올 메타버스 시대를 미리 경험해 볼 수 있는 좋은 기회가 되었던 것 같다.

미래학자들은 4차 산업혁명 시대를 맞아 급격히 변화하는 미래 사회를 이끌어 가기 위해서는 의사소통 능력, 협업 능력, 비판적 사고 능력, 창의력을 갖춘 인재를 길러내야 한다고 말하고 있다. 또 교육부는 인공지능(AI) 시대의 디지털 전환과 학령인구 감소로 인한 인재 부족에 대응하기 위해 미래 교육 비전을 달성하기 위한 새로운 2022 교육과정을 준비하고 있다. PBL 수업은 학생들에게 이러한 미래 역량을 길러 줄 수 있는 좋은 방법이라고 생각한다. 미래 사회를 주도할 주체성과 미래 역량을 강화하기 위한 교육을 실현하는 데 있어 이번 'VR 미술관 만들기' PBL 수업 사례는 충분히 의미 있는 시사점을 줄 수 있을 것이다. 다른 교실에서도 이번 사례가 미래 교육을 달성하는 데 도움이 되기를 기대해 본다.

제4부

블렌디드 러닝 기반 수업 실현 에듀테크

코로나 팬데믹을 거치면서 블렌디드 러닝 수업을 돕기 위해 수많은 에듀테크들이 도입되었다. 블렌디드 러닝 기반 수업에 필요한 에듀테크의 종류를 기능별로 분류해보고 에듀테크를 실제 수업에 어떻게 활용하고 있는지 이 책에서 소개하고 있는 교사들의 사례를 정리하여 살펴보고자 한다.

제16장

기능별 에듀테크의 종류

코로나19 이후 오프라인 교육이 온라인 교육으로 이동되면서 교육과 기술이 결합된 다양한 에듀테크 플랫폼이 쏟아져 나오고 있다. 그동안 교육은 교실이라는 물리적 환경에서 철저하게 학생들과 마주 보며 수업하는 대면 수업에 의존하고 있었으나 언택트 시대가 강제로 시작되면서 대면 수업과 온라인 수업을 병행할 수 있는 블렌디드 러닝을 위한 온라인 수업 플랫폼을 구축하기에 이르렀다. 이러한 에듀테크 플랫폼을 기능별로 크게 분류해 보면 학급관리, 화상 수업, 협업 문서 작성 및 발표, 평가 및 설문 피드백 기능 등으로 나누어 볼 수 있다.

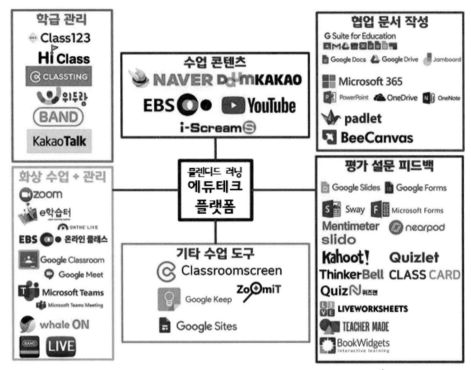

[그림 16-1] 블렌디드 러닝 실현을 위한 에듀테크 플랫폼 서비스 분석도[1]

1. 학급관리 플랫폼

학급관리 플랫폼에는 공지 사항 전달, 통신문, 설문, 학습콘텐츠 안내, 과제 배부 및 수집 등의 서비스 기능이 포함되어 있다. 이러한 학급관리용 플랫폼은 이러닝의 활성화를 위해 이미 학교 현장에서 일부 활용되고 있었으나 온라인 수업이 본격화되면서 학급관리 외에 다양한 기능이 포함된 플랫폼으로 발전되고 있다.

---

1) 출처: https://m.blog.naver.com/erke2000/222172133798

〈표 16-1〉 학급관리용 플랫폼의 종류와 기능

서비스 명칭	내용	사이트 주소 URL
클래스123	온라인 칭찬카드를 이용해 학생과 소통하고 다양한 수업 도구를 갖춘 온라인 학급 경영 서비스	https://class123.ac
아이엠티처	설문지 작성, 가정통신문 회신, 방과후학교 수강 신청 및 만족도 조사 제공 등 교사용 학급관리 서비스	https://teacheriamservice.net
클래스팅	교과 수업, 학급관리, 블렌디드 러닝, 프로젝트 학습, 일대일 수업 등 수업 유형에 따라 유연하게 활용할 수 있는 맞춤형 온라인 수업 도구. 인공지능 튜터	https://www.classting.com
위두랑	교육부 운영 교실 수업 기반 온라인 학습 커뮤니티 및 SNS 플랫폼	https://rang.edunet.net
밴드	학교, 학급, 교과 그룹별 교육용으로 사용 가능한 폐쇄형 소셜 네트워크 서비스	https://band.us
카카오톡	그룹 채팅과 오픈 채팅 기능으로 학급 구성원을 모아 학급관리 및 콘텐츠 제공 가능	https://www.kakaocorp.com/service/KakaoTalk

2. 수업관리(LMS 학습관리 시스템) 플랫폼

수업관리(LMS 학습관리 시스템) 플랫폼에는 교수자 수업 설계 및 학습관리, 수업 지원도구 학습플랫폼 데이터 연계, 플랫폼 관리, 수업 구성, 학습 참여 데이터 수집, 학습 시간 트래킹, 학습 결과 통계 관리 기능을 포함하고 있다.

〈표 16-2〉 수업관리용 플랫폼의 종류와 기능

서비스 명칭	내용	사이트 주소 URL
구글 클래스룸	교실에서 사용할 수 있도록 구성된 구글의 온라인 교육용 공동 작업 및 생산성 도구	https://classroom.google.com
MS 팀즈	생산성 클라우드를 활용한 마이크로소프트의 공동 작업용 도구	https://teams.microsoft.com

| e학습터 | 17개 시도 통합 초·중등 온라인 학습 서비스 | https://cls.edunet.net |
| EBS 온라인 클래스 | EBS 학습 영상 교육 서비스 | https://www.ebsoc.co.kr |

3. 화상수업 플랫폼

영상 및 음성을 이용하여 실시간 쌍방향으로 수업을 진행하기 위한 화상수업 플랫폼은 수업 영상 녹화, 강의, 화면 공유, 영상 화면 분할, 그룹 토론방 개설 등의 기능을 포함하고 있다. 온라인 수업 초기에는 주로 줌(Zoom)과 같은 웹캠을 활용한 영상 기반 화상 수업이 주를 이루었으나, 화상수업에 대한 피로감이 커지면서 게더타운, 모질라 허브, 스페이셜, 스팟 등과 같이 아바타와 웹캠이 결합된 메타버스(3차원 가상세계) 기술이 주목받고 있다.

〈표 16-3〉 화상수업용 플랫폼의 종류와 기능

서비스 명칭	내용	사이트 주소 URL
줌	학생 가입 없이 100명 이하 40분간 무료 수업이 가능한 접근성 좋은 화상회의 온라인 수업 플랫폼. 그룹토의 소회의실 기능 가능	https://zoom.us
구글 미트	구글 계정만 있으면 사용 가능한 화상회의 솔루션. 그룹토의 소규모 회의실 확장앱 사용 가능	https://meet.google.com
MS 팀즈 미팅	마이크로소프트 팀즈의 미팅 기능 수업 활용 가능. 마이크로소프트365 가입 시 모임 개설 가능. 그룹토의 소회의실 기능 가능	https://www.microsoft.com/ko-kr/microsoft-teams/online-meetings
e학습터 화상수업	e학습터 교사 학급 개설 후 화상수업 강좌 추가 가능. 모둠 구성 가능	https://cls.edunet.net
EBS 온라인 클래스 화상수업	온라인 클래스 화상수업 추가 기능	https://www.ebsoc.co.kr

밴드 비디오콜	최대 50명까지 참여 가능한 밴드 플랫폼 사용자들에게 편리한 화상회의 도구	https://band.us/band/62396709/post/167
웨일온	네이버 웨일 브라우저를 기반으로 최대 500명까지 별도 애플리케이션 설치 없이 사용할 수 있는 온라인 화상회의 서비스	https://help.whale.naver.com/desktop
게더타운	게더타운은 현실과 유사한 경험을 할 수 있는 가상공간에서 사용자들이 아바타를 이용해 서로 만나 커뮤니케이션과 협업할 수 있도록 지원하는 온라인 플랫폼. 아바타가 서로 가까이 근접하면 화상회의 자동 연결	https://www.gather.town
젭	네이버에서 만든 젭은 게더타운과 유사한 인터페이스와 기능을 제공하고 있음. 게더타운에서 볼 수 없는 OX 퀴즈 등 다양한 기능이 업데이트되고 있음	https://zep.us
모질라 허브	파이어폭스에서 만든 웹 기반 메타버스 플랫폼. 3D 가상공간에서 아바타를 이용하여 의사소통 및 협업할 수 있음	https://hubs.mozilla.com
스페이셜	3D 가상공간에 자신의 아바타를 생성하여 사용자들과 화상회의를 할 수 있는 VR 애플리케이션	https://spatial.io
이프렌드	SK텔레콤이 제공하는 온라인 모임에 특화한 개방형 메타버스 플랫폼. 현재 모바일 환경만 지원함	https://ifland.io
스팟	3D 공간에서 아바타를 통해 소통하는 메타버스 플랫폼. 사용자가 만든 공간 속에 화면 공유, 텍스트, 이미지, 동영상, 웹 사이트 등을 연결할 수 있으며 다양한 아바타 리액션을 제공하고 있음	https://spotvirtual.com

4. 협업 문서 작성 및 발표 플랫폼

팀 프로젝트 수업에서 다수 인원이 동시에 접속하여 문서를 편집하는 클라우드 기반 협업 플랫폼은 텍스트, 동영상, 이미지, 소리 등 멀티미디어 자료 공유, 문서 편집 및 판서 기능, 댓글 및 피드백 기능 등이 포함되어 있다.

〈표 16-4〉 협업 문서 작성용 플랫폼의 종류와 기능

서비스 명칭	내용	사이트 주소 URL
구글 문서 도구	구글 웹 기반 클라우드 문서 도구	https://docs.google.com
구글 프레젠테이션	구글 웹 기반 프레젠테이션 발표 공동 작업	https://docs.google.com/presentation
구글 드라이브	클라우드 기반 협업 도구 파일저장 공유 서비스	https://drive.google.com
잼보드	공동작업 대화형 디지털 화이트보드	https://jamboard.google.com
스웨이	마이크로소프트 제공 웹 기반 대화형 보고서, 프레젠테이션, 개인 스토리 등을 쉽게 만들고 발표하기 위한 디지털 스토리텔링 툴	https://sway.office.com
MS365 파워포인트	웹 기반 프레젠테이션	https://www.office.com
원드라이브	클라우드 기반 협업 도구 파일 저장 공유 서비스	
원노트	공동작업 디지털 메모 협업 앱	
패들렛	공유 및 공동작업이 쉬운 메모 붙임 방식의 디지털 캔버스	https://ko.padlet.com
알로	회의실 화이트보드를 온라인으로 옮긴 실시간 비대면 캔버스 협업 도구	https://allo.io
북크리에이터	웹 기반 디지털 책을 사용자들과 협업을 통해 만들 수 있는 플랫폼	https://bookcreator.com
코스페이시스 에듀	웹에서 사용자들과 협력하여 VR과 AR을 만들 수 있는 플랫폼	https://cospaces.io/edu

5. 평가, 설문, 피드백 플랫폼

설문, 퀴즈 등을 통해 학습자 성취도를 피드백하는 플랫폼으로 학습 결과 분석 데이터, 개인별 피드백 기능이 포함되어 있다.

⟨표 16-5⟩ **평가, 설문, 피드백용 플랫폼의 종류와 기능**

서비스 명칭	내용	사이트 주소 URL
구글 폼즈	구글 제공 클라우드 기반 설문, 평가, 데이터, 차트 공동작업	https://docs.google.com/forms
MS 폼즈	MS 제공 설문, 통계를 위한 클라우드 소프트웨어	https://forms.microsoft.com
니어팟	실시간 피드백 인터렉티브 대화형 수업 구성	https://nearpod.com
멘티미터	발표, 설문, 퀴즈, 통계를 위한 클라우드 소프트웨어	https://www.mentimeter.com
슬라이도	라이브 화상회의, 설문, 투표, 질문 플랫폼	https://www.sli.do
카훗	퀴즈게임 기반 학습 플랫폼	https://kahoot.com
퀴즈렛	대화형 퀴즈게임 기반 낱말카드 학습 도구	https://quizlet.com/ko
땡커벨	실시간 퀴즈게임, 토의, 토론 수업 도구	https://www.tkbell.co.kr
클래스카드	단어장, 퀴즈배틀, 단어암기, 문장학습 서비스	https://www.classcard.net
퀴즈앤	실시간 퀴즈 게임 프로그램	https://www.quizn.show
라이브워크시트	오프라인 학습지를 온라인 대화형 학습지로 만들 수 있는 사이트	https://www.liveworksheets.com
티처메이드	오프라인 학습지를 인터렉티브한 온라인 학습지로 만들고 자동 채점	https://teachermade.com
북위젯	대화형 연습문제, 학습지를 만들고 자동 채점, 통계 작성	https://www.bookwidgets.com

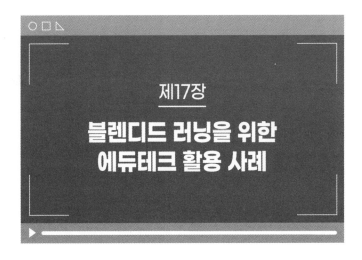

제17장

**블렌디드 러닝을 위한
에듀테크 활용 사례**

　4차 산업혁명을 대비해 미래 핵심 역량을 키워 줄 에듀테크는 교육에서 더 이상 선택의 문제가 아니라 필수적인 요소로 자리매김을 하고 있다. 특히, 코로나 팬데믹을 거치면서 교육 현장에 수많은 에듀테크가 도입되고 있다. '에듀테크'는 교육과 기술이 결합된 용어지만 '에듀'라는 교육이 우선이고, '테크'라는 기술은 교육을 지원하는 수단에 불과하다.[1] 에듀테크 기술을 적용할 때 교수·학습 목표 달성이라는 수업의 본질보다 새로운 기술에 대한 호기심을 충족시키기 위한 단순히 흥미 위주의 수업이 되지 않도록 해야 할 것이다. 여기서는 블렌디드 러닝을 위해 실제 수업에서 에듀테크를 어떻게 활용하고 있는지 이 책에서 소개하고 있는 교사들의 사례를 살펴보고자 한다.

---

1) 홍정민(2021). 에듀테크의 미래.

〈표 17-1〉 교과별 활용 에듀테크 사례

교과	PBL 문제	해결 방안	활용 에듀테크	활용 방법
국어	고전소설 읽기	교육용 게임 시나리오 공모전	디스코드, 카카오톡	게임 시나리오 구성 모둠 토의
			패들렛	소설 단계별 읽고 질문 만들기
			잼보드	소설 갈래의 개념 확인하기
			MS 파워포인트	다변수 서사에 따른 시나리오 Scene 작성
영어	학교생활 (학교급식, 학생청소)	생활영어로 아이디어 공모	줌 소회의실	팀별 아이디어 토론
			구글 문서	생활영어 문장 이어 쓰기
수학	수포자 문제	미적분 수업 아이디어 공모전	구글 클래스룸	Meet 및 잼보드 연동 원격 온라인 수업 베이스 플랫폼으로 차시별 활동 자료 탑재, 공지 사항 전달, 설문조사 기능
			미트, 줌	실시간 화상수업 및 토론
			Google meet Breakout Rooms	Meet 소회의실 기능 보완 프로그램
			잼보드	팀별 실시간 온라인 회의
			구글 프레젠테이션	온라인 프레젠테이션 자료 제작
			구글 폼즈	만족도 설문지 작성 및 통계 처리
			MS 파워포인트	오프라인 프레젠테이션 자료 제작
			한컴 한글	팀별 보관용 최종 보고서, 학생 성찰록 작성
과학	자발적 탐구실험	과학 체험존 아이디어 공모전	MS 팀즈	실시간 쌍방향 화상 수업 및 그룹별 의사소통
			북크리에이터	과학 체험관 실험 ZONE 아이디어 제안서 작성
윤리	양극화 문제	전문가 포럼	구글 클래스룸	교과 수업 자료 공유 및 소통
			구글 문서	PBL 문제 해결을 위한 모둠 토의 과정 기록
			클래스123	랜덤으로 모둠 구성하기
			구글프레젠테이션	양극화 문제 모둠별 주제 탐구 활동 보고서 작성 및 발표
			패들렛	도덕 원리 타당성 검토 토론 진행
			MS 파워포인트	PBL 문제 제시

사회	학교폭력 문제	전문가 포럼	구글 클래스룸	온라인 실시간 수업 진행 및 학생 모둠 활동 누적 관리, 학생 진행 상황 파악
			구글 프레젠테이션	자료 수집 및 과제수행 계획 활동 결과지 탑재
			구글폼즈	설문지 조사 및 결과 분석
			패들렛	모둠별 활동 보고서 및 발표 자료 공유
			잼보드	PBL 문제 도출을 위한 동영상 시청 후 알게 된 사실에 대한 개인별 기록
			MS 파워포인트	모둠별 활동 결과 보고서 작성
미술	코로나 블루	VR 가상 전시회 개최	밴드	차시별 학습 과제 및 활동 방법 제시, 출결 확인, 수업 소감문 쓰기
			밴드 비디오콜	실시간 쌍방향 화상수업 및 그룹별 의사소통
			플로어플래너	전시장 평면도 그리기
			마인드마이스터	마인드맵으로 PBL 시나리오 분석하기
			잼보드	역할 분담, 전시회 주제 선정 브레인스토밍
			구글 프레젠테이션	전시 기획서 및 보고서 작성
			코스페이시스 에듀	VR 갤러리 구축 및 가상 전시회 구현
			프리즘 라이브	전시회 설명을 위한 도슨트 영상 제작

1. SNS 기반 온라인 메신저

최근 디지털 매체가 빠르게 발전하면서 의사소통 방식에 많은 변화를 가져오고 있다. 문자와 이모티콘으로 소통하는 SNS 기반 온라인 메신저는 일상생활의 한 부분을 차지하고 있다. 특히, 온라인 수업이 확대되면서 정보 전달 및 토론 활동에 온라인 메신저가 많이 활용되고 있다.

국어 교과에서는 모둠별 게임 시나리오를 작성하기 위한 모둠 토의에 디스코드, 카카오톡 등의 메신저를 활용하였으며, 미술 교과에서는 VR 갤러리를 제작하는 과정에서 밴드의 보이스콜과 비디오콜을 이용해 모둠원들과 음성 채팅을 통해 작업을 조율하는 모습을 보여 주었다.

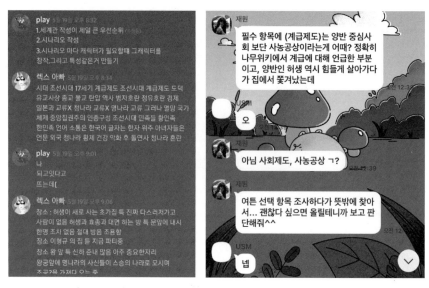

[그림 17-1] 온라인 메신저를 활용한 국어과 시나리오 작성 모둠 토의

2. 잼보드

잼보드는 구글 클라우드 기반 화이트보드로 학생들의 학습과 공동작업을 지원해 주는 도구이다. PC는 물론 태블릿, 모바일 기기를 이용해 공동으로 그림, 스티커 메모로 자신의 의견을 표시할 수 있어 모둠 활동 시 좋은 도구로 활용할 수 있다.

국어 교과에서는 소설 지식을 학습하기 위해 학습자들이 소설 내용 중에서 자기가 특별히 관심이 가거나 의문을 제기하는 부분을 스티커 메모로 작성하여 친구들과 함께 공유하고 해결하는 방식의 소설 수업을 진행하는 데 활용하였으며, 미술 교과에서는 모둠 활동의 역할 분담과 전시회 주제를 토의하는 활동을 위해 잼보드를 활용했다.

또, 사회 교과에서는 학교폭력 문제의 심각성을 파악하기 위해 뉴스 영상을 시청한 후 동영상에서 알게 된 내용을 기록하고 발표하는 활동에 활용하였으며, 과학 교과에서는 학생들이 과학 탐구의 즐거움을 일깨우기 위해 과학에 대한 정의를 한 문장으로 작성해 보는 데 활용했다.

수학 교과에서는 수행 계획 세우기, 보고서 작성하기, 모의수업 방안 세우기 등 온라인 수업 상황에서 의견을 수렴해야 하는 과정에서 [그림 17-2]와 같이 잼보드를 활용하였다.

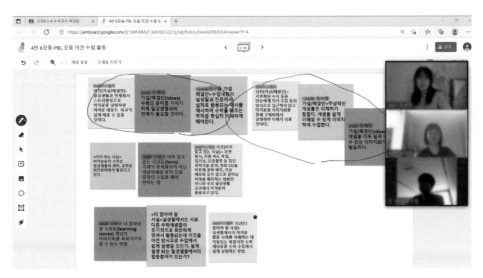

[그림 17-2] 잼보드를 활용한 모둠 토의 장면

3. 구글 문서

구글 문서(Google Docs)는 웹에서 다른 사용자와 함께 문서 작업을 할 수 있도록 도와주는 온라인 워드프로세서이다.

이 책에서 구글 문서를 활용한 사례를 살펴보면 영어 교과에서 학교생활 속에서 급식과 청소 문제에 대한 창의적인 문제 해결 방안을 모둠별 생활 영어로 작성해 보는 것이 있다.

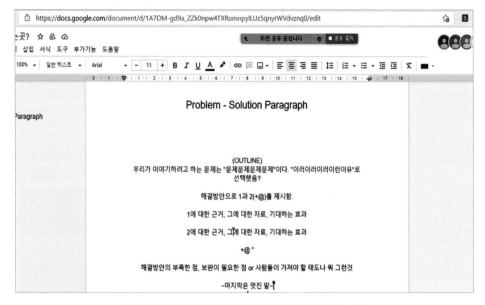

[그림 17-3] 구글 문서를 활용한 영어과 문서 작성 공유 작업

4. 구글 프레젠테이션

구글 프레젠테이션(Google Slides)은 웹 기반 슬라이드 편집 도구로 온라인에서 다른 사용자와 실시간으로 협업할 수 있어 모둠 발표 자료를 작성할 때 많이 활용되고 있다.

이 책에 소개된 교과별 사례를 살펴보면 수학 교과에서는 수포자 문제 해결을 위한 행복한 미적분 수업 방안 발표 자료를 제작하는 데 활용을 하였으며, 사회 교과에서는 학교폭력 사례탐구 보고서를 작성하는 데 사용했다.

윤리 교과에서는 양극화 문제를 9개 이상의 슬라이드를 이용해 카드 뉴스 형식으로 작성하도록 활용하였으며, 미술 교과에서는 코로나 블루 문제를 해결하기 위한 가상 전시회 기획서와 보고서를 슬라이드로 작성하는 데 활용했다.

[그림 17-4] 미술과 가상 전시회 기획서 슬라이드 작성 서식

5. 구글 설문지

구글 설문지(Google Forms)는 설문지나 퀴즈를 온라인으로 만들어 배포할 수 있고 응답 결과를 자동으로 통계 처리를 해 주기 때문에 학습 효과를 분석할 때 사용하면 매우 편리하다. 여기서는 수학 교과와 사회 교과에서 PBL 수업의 만족도 조사를 위해 활용하는 모습을 볼 수 있다.

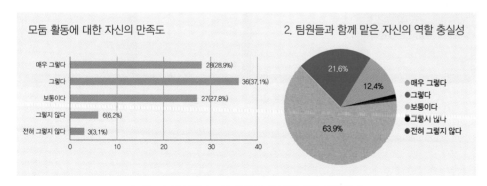

[그림 17-5] 사회과 모둠 활동 결과분석을 위한 설문 통계

6. 패들렛

패들렛(Padlet)은 온라인에서 여러 사용자가 동시에 들어와서 접착식 메모지를 붙이며 의견을 나누거나 생각을 모으는 데 유용하게 사용할 수 있는 플랫폼이다. 서로의 게시물에 '좋아요'를 표시하거나 댓글을 작성할 수 있고 URL만 공유하면 로그인하지 않고도 바로 게시물을 작성할 수 있어서 편리하게 사용할 수 있다.

국어 교과에서는 소설의 내용 이해도를 높이기 위해 문답식 댓글 기능을 이용한 사례를 보여 주고 있으며, 윤리 교과에서는 도덕 원리의 타당성 검토를 위한 토론 수업에 활용하는 모습을 볼 수 있다.

사회 교과에서는 모둠별 학교폭력 사례탐구 결과 보고서를 공유하기 위한 목적으로 활용하고 있다.

[그림 17-6] 패들렛을 활용한 사회과 모둠별 보고서 공유

7. 북 크리에이터

북 크리에이터(Book Creator)는 온라인에서 여러 사용자가 함께 협업하여 디지털 책을 쉽게 만들 수 있는 플랫폼이다. 책 만들기 활동은 학생들이 수업 중 배운 내용을 자연스럽게 정리하고 창작할 수 있는 경험을 얻을 수 있어 학습 효과를 높이는 데 매우 유용한 도구가 될 수 있다.

이 책에서는 과학 교과에서 PBL 수업의 산출물로 제출하는 과학 체험관 실험 존 아이디어 제안서를 온라인 전자책 형식으로 작성하게 함으로써 한 권의 책을 출판했다는 뿌듯함과 성취감을 느낄 수 있도록 했다.

[그림 17-7] 북크리에이터를 활용한 과학과 아이디어 제안서 전자책

8. 코스페이시스 에듀

코스페이시스 에듀(Cospaces Edu)는 사용자들이 쉽게 VR(가상현실)과 AR(증강현실)을 직접 만들고 경험할 수 있도록 환경을 제공하는 웹 기반 플랫폼이다. 다양한 오브젝트와 캐릭터를 이용해 학생들은 자신만의 이야기를 상상하여 가상현실을 꾸미고, 코딩으로 오브젝트들의 움직임을 구현할 수 있어서 소프트웨어 교육과 메이커 교육을 구현하는데 매우 유용한 도구이다. 코스페이시스 에듀에서는 교사가 클

래스를 개설하여 학생들을 관리하고 과제를 제시할 수 있다. 과세는 개인뿐만 아니라 그룹 과제로 제시할 수 있어 팀별 협동 작업이 가능하다.

이 책에서는 미술 교과에서 코스페이시스 에듀를 활용해 가상 전시회 개최를 위한 팀별 갤러리를 만들고 가상현실 공간에 작품을 전시하는 활동을 선보이고 있다.

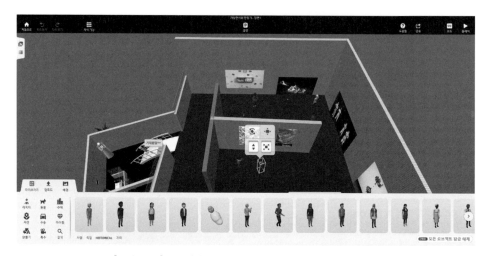

[그림 17-8] 코스페이시스 에듀를 이용한 미술과 VR 갤러리 제작

| 에필로그 |

PBL 수업, 과정은 어려우나 그 열매는 달다

PBL의 온라인 수업, 새로운 것이 아니다

코로나19 사태가 가져온 가장 큰 화두는 전국적인 차원에서 실시한 온라인 원격 수업이 아닐까 싶다. 초기의 공황 상태에서 벗어나 점차 원격 온라인 수업이 정착되어 갔지만, 학생들의 학력 저하와 수업의 질 문제 해결을 위한 노력이 새롭게 사회적 이슈가 되기도 하였다. 그래서 학생 참여형 수업이 더 절실히 요구되었고, PBL 수업에 대한 관심도 커져 갔다.

PBL의 온라인 수업은 비단 어제, 오늘의 문제가 아니다. 인터넷의 역사만큼 온라인 PBL의 역사 또한 오래되었다고 볼 수 있다. 단지 새롭게 느껴지는 것은 코로나 팬데믹이라는 특수한 상황에서 이루어진다는 것 때문이다. PBL의 주요 특성 중 하나는 활동이 팀 중심으로 이루어지는 것이다. 이는 협동학습, 토의·토론 학습, 프로젝트 학습 등 학생 참여형 수업을 강조하고 있는 2015 개정 과정의 교수·학습 방안과 잘 어울린다고 볼 수 있다. 그러나 코로나 팬데믹이라는 특수한 상황으로 상위 기관에서는 단위 학교 교육 활동 중 교실 내 모둠 활동을 지양하도록 권고하고 있고, 이로 인하여 교실 내 모둠 활동은 찾아보기 어려울 정도로 극도로 위축되었다. 이런 상황에서 원격 온라인 수업은 모둠 중심, 소통 중심의 수업을 지향하는 교사에게 가뭄에 단비와 같다고 볼 수 있다. 이는 대부분의 원격 온라인 화상수업 도구에서 직간접적으로 제공하는 소회의실 기능을 이용한다면 코로나19 감염 우려에서 벗어나 자유롭게 모둠 활동을 할 수 있기 때문이다. 물론 오프라인 수업에서의 팀 활동만큼 원활한 소통을 기대할 수는 없지만, 오프라인 수업에서 기대할 수 없는 온라인 수업의 장점을 활용할 수 있다는 점은 분명히 매력이 있다. 참고로 Zoom이나 MS 팀즈의 경우는 기본적으로 쌍방향 수업을 실시할 수 있는 시스템을 제공하고 있고, Google Meet의 경우는 확장 프로그램 형태로 소회의실 기능을 이용할 수 있다.

학교 출석 수업에서 수업 시간 내내 혼자 열강하는 교사와 눈만 끔벅이며 앉아 있는 학생들을 생각해 볼 때, 온라인 환경과 오프라인 수업을 결합한 블렌디드 러닝 기반 PBL 수업은 분명히 학생과 교사 모두에게 큰 활력소가 될 수 있음을 확신한다.

PBL 수업에 융통성을 부여하자

PBL이 학생들의 소통과 협력을 바탕으로 하는 매우 훌륭한 수업 모형이기는 하지만, PBL의 취지를 충분히 살리는 수업을 계획하고 적용한다는 것은 결코 쉬운 일이 아니다. 성공적인 PBL 수업을 위한 요건 중 그 첫째는 PBL 문제 설정에 있다. 즉, PBL 문제가 학생들의 열린 사고를 얼마나 자극할 수 있느냐에 따라 성공 여부가 판가름되는 것이다. 그런데 이러한 열린 사고를 요구하는 정도는 교과마다 큰 차이를 보인다. 사회 교과와 같이 다양한 해결책이 존재하는 사회 문제를 쉽게 PBL 문제로 전환할 수 있는 교과가 있는 반면, 일반계 고등학교 수학 교과와 같이 늘 정답이 정해져 있는 문제의 해결을 주된 목적으로 하는 교과도 있다. 수학 교과라고 해서 오직 하나의 문제 해결 방법만을 고집하여 가르치는 것은 아니지만, 그 방법 또한 옳고 그름이 지극히 분명한 문제의 정답을 찾는 길을 탐구할 뿐이다. 게다가 성취기준에 충실해야 한다는 생각에 이르면 그 한계에 대한 부담감은 배가 된다.

따라서 PBL 문제 설정에 좀 더 너그러움이 요구된다. PBL의 취지를 고려하되 교과의 특성도 함께 고려해야 하며, 교사 교육과정의 차원에서 새로운 성취기준의 설정에도 관대한 시선이 필요하다. 지금 우리에게 필요한 것은 "PBL의 원리를 얼마나 잘 알고 적용하였는가?"가 아니다. 잠들어 있는 학생들의 창의성을 깨우고, 서로 협력하며 상생의 길로 가는 길이 옳다는 것을 학생들 스스로 느낄 수 있도록 그 기회를 수업을 통해 제공할 수 있어야 한다. 무엇보다 교사가 먼저 이러한 수업의 필요성에 대한 확신과 함께 이러한 수업을 실행할 용기를 갖추어 가야 할 것이다.

과정은 어려우나 그 열매는 달다

PBL 수업을 처음 접하는 교사라면 예외 없이 어느 정도의 부담감은 있지 않을까 싶다. 여러 가지 참고 서적을 통하여 PBL의 이론은 익혔지만, 실제 수업을 계획하고 진행하는 과정에는 많은 애로 사항이 있었다. PBL의 취지에 부합하는 PBL 문제를 설정하는 것이 무엇보다도 어려웠다. 빠듯한 시수를 할애하여 PBL 수업 시수를 확보한 것, 사회 문제와 적당히 타협을 보는 선에서 PBL 문제를 설정한 것, 설계하고 고민하다가 다시 변경하는 일을 되풀이하다가 PBL 수업 시기를 놓쳐 버린 것, 온라인 수업 도구 사용법을 이해시키는 데 예상보다 많은 시간이 소요되는 바람에 학생들의 활동 시간이 줄어든 것, 팀 활동 시간이 부족하여 본의 아니게 수업 내 수행해야 할 과제가 수업 후 과제가 되어 버린 것 등 돌이켜보면 많은 것이 부족한 PBL 수업이었다.

그런데도 학생들의 만족도는 대단히 높았고, 교사 또한 그들의 반응에 새로운 힘을 얻는다. 새로운 형태의 살아 있는 수업에 학생들은 신이 났다. 어쩌면 학생들 역시 교사 혼자 열강하는 강의와 눈만 끔벅이는 그들 스스로부터 벗어나고 싶었는지 모르겠다.

특히, 교사 혼자 설계하고 진행하는 PBL 수업은 힘이 들고 외롭다. 수학 교과의 경우 사회 교과와 융합하여 진행한다면 훨씬 만족도 높은 성공적인 PBL이 되지 않을까 싶다.

코로나19로부터 자유로워지는 포스트 코로나 시기에는 좀 더 다양한 교과의 교사가 함께 협력하여 만들어 가는 PBL 수업이 유행하기를 기대한다.

블렌디드 수업, 새로운 교육을 준비하는 방법

블렌디드 수업과 교육 상황의 변화

코로나19라는 특별한 상황에서 대면 수업과 비대면 수업이 번갈아 진행되었다. 이런 상황에서 교사는 더욱 바빠지게 되었다. 새로운 기기의 사용법을 익혀야 하고, 새로운 프로그램의 사용법을 익혀야 한다. 학생들은 똑같은 문제인데도 교과서에 적힌 문제보다는 학습지에 적힌 문제를 풀기 선호하고, 같은 원리로 똑같은 문제인데도 새로운 기법(프로그램)을 사용해서 풀이하면 멋있고 실력 있는 선생님으로 생각하는 경향이 있다.

더구나 새로운 기법(프로그램)으로 사용한 수업이 실제적인 효과가 있었는지에 대한 냉철한 분석도 없이, 그저 새로운 기법이 대단한 효과를 나타낼 것으로 예상하여 이를 무조건적으로 권장하는 교육계와 사회의 압박이 있다. 대표적으로 '메타버스(metaverse)'는 예전의 홈페이지나 채팅창에서 아바타를 이용한 놀이와 별 차이가 없지만, 인공지능(AI)의 새로운 세계로 소개되는 경향도 있다. 인공지능에 관한 정확한 정의도 없이 특정 프로그램을 사용한 수업이 인공지능을 이용한 대단한 수업으로 포장되는 사례를 자주 볼 수 있다.

교육 상황 변화에 대한 교사의 대처

이런 상황에서 교사는 예전의 수업 방식만을 고집할 수도 없게 되었으며, 새로운 수업 방법에 대하여 투자 비용을 고려한 수업 효과를 따져서 자신의 수업에 대한 가성비를 분석해야 하는 새로운 부담을 떠안게 되었다. 혼란의 시대에 교사에게 더욱 필요한 것은 다음과 같은 두 가지일 것이다. 하나는 확고한 수업 철학을 가지는 것이고, 또 하나는 새로운 도구의 사용에 대하여 개방적인 마음을 가지는 것이다.

수업 철학에서는 교사와 학생, 자기가 속한 공동체의 기대와 요구를 반영해야 하고, 수업 도구는 그 시대의 과학적 수준과 학생들의 기호를 반영해야 한다. 이 모든 작업을 교사 혼자서 할 수는 없을 것이다. 더구나 단위학교 교사들의 연대만으로 사회와 학생들의 요구를 정확하게 파악하는 것도 한계가 있다. 그렇다면 단위학교를 벗어나 교사의 연대와 교과를 초월한 교사의 연대를 통한 지식과 지혜의 공유가 더욱 필요한 시기이다. 동시에 코로나19 시기에 이루어진 수업에 대한 기록과 경험을 공유하여 코로나 이후의 시기로 연결하는 작업도 매우 중요할 것이다.

우리가 만든 책이 코로나19라는 특수한 상황에서 시도되었지만 포스트 코로나 시대에는 더욱 활성화되길 바란다. 다양한 시각을 가진 교사가 서로 교류하기 위해서는 통일성보다는 차이를 인정하는 방향으로 나가야 한다. 새로운 수업을 추구하면 항상 부족한 점도 따르고 미숙한 점도 따를 수밖에 없다. 그렇지만 조금씩 개선해 가다 보면 어느새 자신의 수업 스타일이 완성되어 가고 있을 것이다.

동시에 완전한 수업이라는 것은 없다는 사실도 인정해야 한다. 수업의 완결성이 없다는 것은, 수업은 꾸준히 변화 발전하는 대상으로서 자신의 수업이 어느 정도 완성되었다고 해도 계속해서 수정·보완해 가야 한다는 의미이다. 이 책이 이런 점에 조금이라도 도움이 되었으면 한다. 또한, 그 변화가 획기적인 것이 아님도 인식해야 한다. 어떤 교사의 수업이 획기적으로 변하지는 않더라도 수업에 관한 새로운 정보를 계속해서 획득하는 것이 수업 개선의 기초가 됨은 분명하다.

학습자들은 끊임없이 새로운 문화를 만들어 내고 있으며, 이에 따라 새로운 도구(IT 활용 기기)의 사용으로 인한 새로운 문화가 만들어질 것이다. 1990년대 후반에는 삐삐를 사용하는 문화가 핸드폰, 스마트폰, 이제는 크롬북 등으로 변화했고, 유튜브를 이용하는 세대에서 틱톡을 사용하는 세대로, 최근에는 메타버스 등을 사용하는 세대로 변해 가고 있다. 미래에는 어떤 프로그램을 사용하게 될지 누구도 쉽게 예측할 수 없다.

새로운 교육을 준비하는 방법

이런 변화를 냉철히 분석하면서 학생들의 관심을 충족시키면서도 교육 본래의 목적에 충실하고, 그것이 지속 가능한 발전으로 이어질 수 있는지를 교사가 판단하기 위해 교사들의 자체적인 연수가 더욱 필요한 시점이다.

그렇지만 학교들이 사회의 새로운 요구로 인한 다양한 교육들(안전교육, 생명 존중 교육, 성인지 감수성 교육, 개인정보 보호, 청렴 교육, 감염병 예방 활동 등)을 타 기관이 떠맡아야 하는 내용임에도 떠안게 되었다. 이러한 상황으로 인해 정작 학교 내에서 교육의 본질에 관한 토론과 논의의 시간이 부족해지는 현실은 늘 아쉬운 부분이다. 교사들 본연의 임무에 충실한 시간을 확보하고, 본연의 임무를 분명히 인식하게 하는 활동으로 교사들의 저작 활동은 강조되어야 하지만, 이러한 현실이 녹록하지 않은 것은 앞으로 교육에서 시급히 개선되어야 할 지점이다.

협업 활동, 이를 담아낼 수 있는 교육 시스템을 바라며

고등학교의 온라인 수업 운영

고등학교에서 온라인 수업은 학생 선택권의 확대 및 실질적 운영, 미래 교육을 위한 대응 등으로 등장한 교과교실제와 스마트교육에서 부각되기 시작했다. 교과교실제는 2007년 시범 운영으로 시작되었으며, 2011년 당시 교육과학기술부는 2014년까지 전면 시행을 목표로 제시하기도 했다. 그리고 고교학점제 시행과 더불어 교과교실제는 고교 교육과정에서 학점제 도입을 위한 기초 작업의 일환이 되었다. 특히,

학생 선택과목의 실질적 운영과 관련한 공동 교육과정 운영은 온라인 교실 운영이 필수적으로 포함된다. 그리고 교육 패러다임의 전환을 추구하는 스마트교육의 5가지 핵심 전략은 디지털 교과서 개발 및 적용, 온라인 수업·평가 활성화, 교육콘텐츠 자유 이용 및 안전한 이용환경 조성, 교원 스마트교육 실천 역량 강화, 클라우드 교육 서비스 기반 조성 등이다.

학교의 협업 문화를 이끌어 내다

이처럼 온라인 교육이 새로운 교육 패러다임의 중요한 요소가 되어 갔고, 다양한 에듀테크 수업 도구와 온라인 수업 활용 플랫폼 등이 개발되어 왔지만, 그 본격적인 적용과 활용은 코로나19로 인한 온라인 개학이라는 초유의 사태를 맞이하면서 시작되었다. 전면적 온라인 개학 초기에는 많은 혼돈이 있었지만 이제 학교에서는 블렌디드 수업이라는 교육 방법이 수업과 학습의 중심으로 자리 잡고 있다. 블렌디드 수업 체제를 지원하는 환경 및 에듀테크 플랫폼 등도 빠르게 구축되어 가고 있으며, 교사와 학생의 블렌디드 수업에 대한 적응력도 급속도로 진보하고 있다.

패들렛과 잼보드는 그동안 토의·토론 수업 및 학생참여 중심 수업에서 가장 많이 활용한 수업 교구인 포스트잇과 이젤패드를 대신하여 블렌디드 수업의 중심 도구로 떠올랐다. 교실에서 공동 작업을 통해 만들어 낸 프로젝트 결과물의 종류는 PPT, 보고서, UCC 등이었으나, 이제 비대면 상황의 수업에서는 구글 프레젠테이션, 북크리에터, 코스페이스 등에서 협업을 통해 훌륭하게 창의적인 결과물로 구현되었다. 교사들도 교무실의 대표적인 소통 수단인 쿨메신저 대신 온라인 공유문서로 의사소통하는 빈도가 늘어나기 시작했다. 이러한 도구들은 단순히 업무의 효율성에 기여하는 데에 국한되지 않고 학교 구성원들이 창의적인 협업을 이끌어 내는 기능까지도 하고 있다는 것을 의미한다.

협업 활동을 담아낼 수 있는 교육 시스템을 바라며

그러나 온라인 수업 체제에서 등장했던 가장 큰 사회적 이슈 중 하나는 학습자들 간에 크게 벌어진 학습 격차였다. 2020년 학업성취도 표본조사 결과에서 기초학력 미달 학생이 급격히 증가하였고, 교사들의 대부분이 원격 수업으로 학생 간 학습 격차가 커졌다고 하였으며, 그 이유를 학생의 자기주도 학습능력의 차이로 인한 것이라 언급한다. 이 문제는 교육 격차와 교육 불평등, 나아가 사회 양극화와 직결된다는 점에서 적극적인 대응이 필요하다. 이에 교육부는 학습결손 학생들을 지원하는 '교육회복 종합방안(2021. 7. 29.)'을 발표했다. 하지만 이와 같은 방법은 응급처치 수준에 불과하다. 학습 격차의 문제는 교육 시스템 변화의 필요성 관점에서 살펴볼 필요가 있다.

그 변화의 중요한 방향으로, 경쟁 지향적인 평가 시스템에서 하루빨리 벗어나는 것을 거론할 수 있다. 4차 산업혁명의 인공지능 시대는 경쟁을 뛰어넘는 협업과 공동의 의사소통 과정이 무엇보다 중요하다. 그동안의 온라인 체제에서 적용된 블렌디드 수업에서 가장 효과가 있었던 수업의 도구는 협업 체제였음을 모두가 경험했다. 그런데 '평가의 공정성'으로 표현된 경쟁과 등급제의 평가는 이러한 수업 활동에 많은 제약을 가하고 있다. 아직 고등학교는 등급제의 그늘에서 벗어나지 못하고 있다. 온라인 수업을 통해 익숙해진 블렌디드 수업의 다양한 학습 도구들의 특징이 협업, 동료성, 자율성인데, 고등학교의 평가 및 입시 현실은 아직 상대평가의 경쟁적 틀 속에 있다. 개방성, 창의성, 자율성, 협업 등을 담을 수 있는 평가 체제 지원이 정말 시급하다.

| 참고문헌 |

강인애, 이현민(2015). 융복합수업모형으로서의 PBL(Problem-Based Learning) 대학교양미술 수업사례를 중심으로. 한국콘텐츠학회논문지, 15(11), 635-757.

강인애, 정준환, 정득년(2007). PBL의 실천적 이해. 서울: 문음사.

강호정(2022). 듀이의 반성적 사고에 기초한 디자인 씽킹 교육. 경남대학교 대학원 석사학위논문.

교육부(2015). 교육부 영어과 교육과정.

교육부(2015). 국어과 교육과정. 교육부 고시 제2015-74호 [별책 5]

교육부(2015). 도덕과 교육과정. 교육부 고시 제2015-74호 [별책 6]

교육부(2015). 사회과 교육과정. 교육부고시 제2015-74호 [별책 7]

교육부(2018). 2015 개정 교육과정 평가기준 고등학교 과학과.

교육부(2020). 2015 개정 수학과 교육과정. 교육부고시 제2020-236호 [별책 8], 73쪽.

교육부(2020). 교과 세부 능력 특기사항 기재 도움 자료(사회교과).

교육부(2021). 그린스마트 미래학교 종합 추진 계획. 교육부 보도 자료(2021. 03. 40.).

권태근, 박길자, 박해원, 박해진, 배성만, 성숙자, 장난심, 장재혁(2019). 나도 할 수 있어요!. 과정중심 프로젝트 수업. 서울: 펌프킨.

김경애, 김진숙, 박성철, 박희진, 손찬희, 양희준, 이상은, 정바울, 최수진(2020). 코로나 시대, 학교의 탄생. 서울: 학이시습.

김정태(2007). 학교폭력 피해자이 지원방안. 피해자학연구, 15(1), 175-2001.

김규태, 방경곤, 이병환, 윤혜영, 우원재, 김태연, 이용진(2013). 학교폭력의 예방과 대책. 경기: 양서원.

김도헌, 최우재(2003). Blended Learning을 통한 리더십 훈력 프로그램의 개발 및 평가 연구. 교육정보미디어연구, 제9권 4호, 147-176.

김도훈, 최은실 공역(2016). 블렌디드 러닝 이론과 실제(제러드 스타인, 찰스 그레이엄 공저). 서울: 한국문화사.

김란(2021). 도덕과 블렌디드 러닝 교수설계 방안. 한국도덕윤리교육학회 학술자료집, 987-1018.

김상균(2021). 디지털 지구, 뜨는 것들의 세상 메타버스. 플랜비디자인.

김성봉, 홍효정(2010). 공학설계 수업에서의 PBL 모형 개발 및 효과 분석. 한국산학기술학회논문, 11(110), 4310-4319.

김성숙(2021). [토론문] 글쓰기 블렌디드 러닝 수업 사례와 학습자 반응 연구. 한국사고와표현학회 학술대회 논문집, 92-94.

김영선 역(2020). 교실이 없는 시대가 온다(존 가우치, 제이슨 공저). 서울: 어크로스.

김영희(2016). 대학 교양 영어 인버트 블렌디드 통합수업 교수모형 개발. 영어영문학, 21(3), 151-173.

김정남, 김정현(2007). FOR FUN 게임 시나리오. 서울: 지&선.

김정애(2021). 청소년의 학교폭력 경험이 사이버폭력에 미치는 영향-인권감수성과 또래 동조성의 다중 매개 효과를 중심으로. 한국콘텐츠학회논문지, 21(5), 446-464.

김종백(2004). 구성주의에 근거한 문제중심학습의 실천적 과제와 대안의 모색. 교육심리연구, 제18권 제1호, 59-74.

김현섭(2020). 블렌디드 러닝 수업과 평가의 변화. 서울교육.

김현진(2020). 원격교육과 교육공학의 과제. 교육공학, 제36권 3호, 619-643.

남창우, 이민효(2021). 대학교육에서 블렌디드 러닝 기반 비교과 교육과정을 위한 교수설계 모형 개발. 평생학습사회, 17(2), 111-137.

도중진, 정영훈(2016). 학교폭력 피해자의 인권제고 실효화 방안. 피해자학연구, 24(2), 235-260.

류은수(2018). Blended PBL을 위한 문제 해결형 온라인 교육시스템 설계 및 개발. 교육정보미디어연구, 24(2), 223-253.

문종길, 김상범(2019). 생활과 윤리 20개 주제로 더 넓고 깊게 읽기. 서울: 책과 나무.

민혜리, 서윤경, 윤희정, 이상훈, 김경이(2021). 온라인 수업 · 강의 A2Z. 서울: 학이시습.

박기석, 정극일, 전상학(2007). 식물로부터 유전물질을 추출하는 방법에 관한 연구. 현장과학교육, 1(2), pp. 81-91. (2007년 11월)

박수홍, 정주영(2014). 술술 풀리는 PBL과 액션러닝. 서울: 학지사.

박안수, 임송본, 안병만, 이낭희, 강정한, 강호영, 김중수, 신승은, 이규연, 이석중, 이성수, 이영발(2017). 고등학교 국어. 서울: 비상교육.

박영민, 박소영, 조현숙, 김미란, 김동우, 이화욱(2021). 블렌디드 수업 디자인. 경기: 프리렉.

박은숙(2008). 블렌디드 러닝 학습모형 개발 : R2D2와 학습양식을 중심으로. 교육정보미디어
　　연구, 제14권 4호, 85-110.

박찬, 김병석, 박정민(2018). 코딩으로 제어하는 가상현실 프로젝트. 서울: 다빈치북스.

박찬구(2016). 생활 속의 응용윤리. 서울: 세창출판사.

박찬욱(2017). 블렌디드 방식의 중국어 회화 수업에 대한 재고, 중국어문학논집, 104, 107-
　　125.

박하나(2020). 사회과 블렌디드 PBL 수업모형 설계와 개발-온라인 프로그램을 활용하는 경
　　제 수업 구상. 시민교육연구, 제52권 2호, 197-227.

배은숙(2017). 역사과목에서 문제중심학습(Problem-Based Learning)의 문제 개발과 적용 사
　　례연구. 교양교육연구, 11(4), 389-420.

서울교육정책연구소(2020). 코로나19가 교사의 수업, 학생의 학습 및 가정생활에 미친 영향.
　　서교연 2020-59, 연구 요약 I쪽, 11-15.

서정돈, 안병헌 공역(2005). 문제중심학습법(하워드 배로우스 저). 서울: 성균관대학교 출판부.

성기선(2019). 수업과 연계한 과정중심 수행평가 어떻게 할까요?. 충북: 한국교육과정평가원.

손혜숙(2021). 블렌디드 러닝을 활용한 독서 교육방안 연구. 리터러시연구, 12(1), 163-190.

신을진(2020). 온라인 수업, 교사 실재감이 답이다. 서울: 우리학교.

안윤지(2020). 2020년 2학기 전공 IC-PBL 교과목 포트폴리오. 한양대학교 ERICA IC-PBL 센
　　터, 50쪽, 7-20.

우종정, 김보나, 이옥형(2009). 대학에서 면대면 수업 대안으로서의 블렌디드 러닝에 대한 연
　　구. 한국정보기술학회논문지, 7(2), 219-225.

우진하 역(2020). 축의 전환(마우로 기엔 저). 서울: 리더스북.

유수연(2020). 효과적인 블렌디드 인식을 위한 교사의 자질. 독일언어문학, 87호, 91-110.

이덕난(2021). 학교폭력 피해학생 보호 법제의 현황 및 입법적 · 정책적 개선과제 연구. 이화
　　젠더법학, 13(2), 55-85.

이미영, 장은기(2015). 학교폭력 가해자가 경험한 학교폭력 맥락에 관한 질적 연구. 한국심리
　　학회지, 28(3), 115-140.

이연(2014). 세포에서 DNA 추출하기. 한국과학창의재단 제1회 명인 과학교사의 명품 과학
　　수업.

이연화(2013). 대학 교양 영어 수업에서의 블렌디드 러닝 활용 방안: 프로젝트학습을 중심으

로. 외국학연구, 25, 35-59.

이재홍(2011). 게임 스토리텔링: 게임 기획과 게임 시나리오의 ABC. 서울: 생각의 나무.

이지경(2007). 고등학교사회과 정치교육에서 문제중심을 적용한 통일교육 교수설계 방안 연구. 사회과학연구, 제18호, 93-130.

이지은, 이지혜, 이지현, 김태련, 정다빈(2020). Blended Learning 모형을 적용한 온·오프라인 연계 체험형 AR 학습교구를 사용한 박물관 교육 콘텐츠 개발 연구. 한국디자인학회 학술발표대회 논문집, 162-167.

임정훈, 김미화, 이세현(2021). 코로나 일상 시대의 대학 비대면 수업을 위한 온라인 수업설계 모형 개발. 교육정보미디어연구, 27(1), 281-311.

임정훈, 임병노, 최성희(2004). 초, 중등학교에서 교실수업과 웹기반 학습을 연계한 커뮤니티 기반 프로젝트 학습모형 개발 연구. 교육공학연구, 20(3), 103-135.

임진숙(2021). 블렌디드 러닝을 적용한 시사 한국어 수업 사례 연구-플립러닝과 PBL의 절충 교수법을 중심으로. 교양교육연구, 15(2), 219-231.

장혁, 백경영 공역(2017). 블렌디드(마이클 혼, 헤더 스테이커 공저). 서울: 에듀니티.

정주영(2014). Smart 교육 환경에서의 Blended PBL 수업 모형 개발. 사고개발, 10(1), 145-162.

조다우, 남창우(2021). 대학교육에서 블렌디드 러닝 교수설계를 위한 튜터의 역량 및 수업지원 전략 탐색. 평생학습사회, 제7권 제4호, 111-145.

조연순(2017). 문제중심학습의 이론과 실제(2판). 서울: 학지사.

조연순, 구성혜, 박지윤, 박혜영(2005). 문제중심학습의 교수학습과정연구: 초등과학수업에서의 적용 사례를 중심으로. 초등교육연구, 18(1), 61-87.

조연순, 이명자(2017). 문제중심 학습의 이론과 실제. 서울: 학지사.

조연순, 체제숙, 백은주, 임현화(2004). 초등학교 수업을 위한 문제중심학습(PBL)의 교수학습 과정모형 연구. 교육방법연구, 16(2), 1-28.

조은순(2020). 포스트 코로나시대 비대면 수업을위한 교육공학의 역할과 과제. 교육공학, 제36권 3호, 693-713.

창의콘텐츠연구소(2020). 코스페이시스 스타터. 서울: 해람북스.

최선경, 장밝은, 김병식 공역(2017). 프로젝트 수업 어떻게 할 것인가?(존 라머, 존 머겐달러, 수지 보스 공저). 서울: 지식프레임.

최수진(2020). 학생을 다시 보다. 코로나 시대 학교의 재탄생. 서울: 학이시습.

최은실, 김도훈(2016). 프로젝트 번역 학습을 위한 블렌디드 러닝 설계, 통번역교육연구, 제14권

1호.

최정임, 장경원(2022). PBL로 수업하기(2판). 서울: 학지사.

한국교육과정평가원(2021). 학교 교육에서의 블렌디드 러닝(Blended Learning) 실행 방안 탐색. 연구보고 RRI 2021-2.

함규진 역(2020). 공정하다는 착각(마이클 샌델 저). 서울: 와이즈베리.

홍정민(2021). 에듀테크의 미래. 서울: 책밥.

홍효정, 이재경(2016). 블렌디드 러닝을 위한 대학 교수자의 교수역량 도출. 교육공학연구, 제32권 2호, 391-425.

Barrows, H. S. (1994). *Practice-based learning: Problem-based learning applied to medical education*. Springfield, IL: Southern Illinois University School of Medicine.

Barrows, H. S., & Myers, A. C. (1993). *Problem-Based Learning in Secondary Schools*. Unpublished monograph. Springfield, IL: Problem-Based Learning Institute, Lanphier High School and Southern Illinois University Medical School.

Barrows, H. S., & Tamblyn, R. M. (1980). *Problem-Based Learning: An approach to medical education*. New York: Springer Publishing Company.

Couch, J., & Towne, J. (2018). *Rewiring Education*. 김영선 역(2020). 교실이 없는 시대가 온다. 서울: 어크로스.

Delisle, R. (1997). *How to use Problem-Based Learning in the classroom*. Alexandria, VA: Association for supervision and Curriculum, Houston Doctoral Dissertation Abstract(AAG9803567)

Dewey, J. (1910). How We Think. In *John Dewey: The Middle Works, Vol. 6*. Carbondale and Edwardsville: Southern Illinois University Press, 1978. 정회욱 역(2014). 하우 위 싱크. 서울: 학이시습.

Dewey, J. (1916). Democracy and Education. In *John Dewey: The Middle Works, Vol. 14*. Carbondale and Edwardsville: Southern Illinois University Press, 1982. 이홍우 역(1996) 민주주의와 교육, 서울: 교육과학사.

Fogarty, R. (1997). *Problem-Based Learning & other curriculum models for the multiple intelligences classroom*. Arlington heights, IL: IRI SkyLight.

Hsu, Y. (1999). *Evaluation theory in problem based learning approach*. Papers Presented at the National Convention of the Association for Educational Communications and

Technology.

Stein, J., & Graham, C. R. (2014). *Essential for Blended Learning: A Standards-Based Guide*. 김도훈, 최은실 공역(2016). 블렌디드 러닝의 이론과 실제. 서울: 한국문화사.

〈인터넷 활용 자료〉

10대 울리는 수학 교육, YTN, https://youtu.be/AIYClZZjwZo

EBS(2020). 미래교육 플러스-수업의 새로운 진화, 블렌디드 러닝 1부-학습 공간을 전환하라! https://www.youtube.com/watch?v=qOIKmDcXKRw

고연석(2014). 감열지의 보존과 기록. 기록물 보존복원 제7호, 15쪽. 19쪽. https://en.wikipedia.org/wiki/Thermal_paper

교육부(2021). 국민서포터즈: 블렌디드 러닝이 뭔지, 함께 알아블렌? https://if-blog.tistory.com/12486

교육부(2021. 1. 21.). 2020년 학교폭력 실태조사 결과. [그래픽뉴스] 학교 폭력/연합뉴스TV(YonhapnewsTV) https://www.youtube.com/watch?v=BRKmDIhl5SY

김현섭(2020). 한국형 블렌디드 러닝 모형을 찾아라. 교육이야기. https://eduhope88.tistory.com/422

수포자의 현실, EBS, https://youtu.be/gXjGj45cykY

아시아 경제(2018. 11. 16.). [과학을 읽다] 물병째 먹는 '튜브 물병'…… 페트병 대안될까? 오호 물병. https://www.asiae.co.kr/article/2018111516240292749

연합뉴스(2020. 2. 28.). 휴관에 온라인 전시투어…… 코로나에 미술계도 휴업/ https://youtu.be/EJd4swEgKws

조선에듀(2020. 8. 9.). 미래엔 '온라인 수업을 위한 설문'…… 교사 70%, 포스트코로나 맞는 수업 방식 기대. http://edu.chosun.com/site/data/html_dir/2020/08/19/2020081901108.html

학교폭력 결과 보고 동영상(2021. 3. 5.). 연합뉴스TV https://www.youtube.com/watch?v=BRKmDIhl5SY

Jared, S., & Charles, R. G. (2020). 블렌디드 러닝 이론과 실제. 서울: 한국문화사. http://icpbl.hanyang.ac.kr/?act=board&bbs_code=default-1&bbs_mode=view&bbs_seq=446, 한양대 ERICA IC-PBL & IC-PBL+

YTN(2020. 8. 30.). "코로나 우울감 치유해드립니다"…… 미술 작품으로 위로 / https://youtu.be/g8xKuj0FzIo

저자 소개

| 박길자(Park Gil Ja)

부산대학교 사범대학 일반사회교육과 졸업

한국교원대학교 대학원 사회교육학 박사

대구대학교 겸임교수 역임 및 대학 강사 15년

현 연제고등학교 수석교사

〈대표 저서 및 논문〉

한국의 사회와 문화(2013), 한국사회의 이해(2017) 교과서 집필

자유학기제: 미디어를 활용한 진로 탐색(커뮤니케이션북스, 2015)

나도 할 수 있어요! 과정중심 프로젝트 수업(디자인펌킨, 2019)

가짜뉴스 탐구 프로젝트에 관한 실행연구(부산교육 이슈페이퍼 44-1호, 2020)

〈이메일〉 pk0014@hanmail.net

| 정보배(Jeong Bo-Bae)

부산대학교 사범대학 국어교육과 졸업

부산대학교 대학원 교육학 박사

부산광역시 교육청 국어교사 역임

현 부산대학교 국어교육과 조교수

〈대표 논문〉

완판 판소리계 소설의 독자기대 연구(부산대학교 대학원 박사학위논문, 2018)

핵심 역량 함양을 위한 고소설 이본 비교 교육 연구(국어교육학회, 2020)

토끼전 토별문답 대목의 전고활용 양상 연구(한국고소설학회, 2020)

〈이메일〉 jbb2021@pusan.ac.kr

│ 장재혁(Chang Jayhyuck)

고려대학교 영어교육학과 학사

부산대학교 교육학과 박사

사직여자고등학교 연구부장, 3학년 부장, 영어교사 역임

현 부산대학교(교육학과) 및 부경대학교(수해양교육학과) 강사

〈대표 저서 및 논문〉

4차 산업혁명시대의 교육시스템 디자인(공저, iamcoop, 2017)

성취평가제 기반 과정중심 평가모형 개발(부산대학교 대학원 박사학위논문, 2021)

교육평가의 이론과 실제(공저, 2022, 학지사)

교육 & 사회과학 연구방법론(공저, 학지사, 2022)

〈이메일〉 water911@hanmail.net

│ 배성만(Bae Sungmahn)

부산대학교 사범대학 수학교육과 졸업

부산대학교 교육대학원 교육학 석사

전 금곡고등학교 수석교사

〈저서〉 나도 할 수 있어요! 과정중심 프로젝트 수업(디자인펌킨, 2019)

〈이메일〉 injilove@gmail.com

│ 박해진(Park Haejin)

부산대학교 사범대학 교육학과 졸업

부산대학교 교육대학원 교육방법학과 교육학 석사

부산광역시 중등학교 교사 29년, 수석교사 9년 6월

전 구덕고등학교 수석교사

현 한국교육나눔연구소 이사

〈대표 저서 및 논문〉

나도 할 수 있어요! 과정중심 프로젝트 수업(디자인펌킨, 2019)

영재학생들의 사회과 학습의 역동성을 지원하는 협력교수 체제의 구안(영재교육연구 Vol
  15. No 1, 2005, pp. 11-36)
고등학교 생활통계교육 활성화 방안 연구(부산교육 이슈페이퍼 44-1호, 2020)
온라인 수업 시스템에 대한 적응도 및 요구도 분석(부산교육 이슈페이퍼 52호, 2021)
〈이메일〉parkhj78@hanmail.net

| 송혜진(Song Hyejin)
부산대학교 생물교육학과 졸업
현 분포고등학교 수석교사

〈수상 경력 및 저서〉
올해의 과학교사상 수상(한국과학창의재단, 2013)
명품과학수업 선정(한국과학창의재단, 2015)
지역 환경 교과서 '부산의 환경과 미래' 집필(부산시교육청, 2021)
바다로 여는 미래(부산창의융합교육원, 2021)
〈이메일〉haejins@hanmail.net

| 박해원(Park Haewon)
부산대학교 사범대학 미술교육학과 졸업
신라대학교 교육대학원 컴퓨터교육학과 교육학 석사
부산광역시교육청 중등 미술교사 역임
현 한국조형예술고등학교 수석교사

〈대표 저서〉
고등학교 미술문화 교과서(미진사, 2012)
고등학교 미술 교과서(해냄에듀, 2018)
나도 할 수 있어요! 과정중심 프로젝트 수업(디자인펌킨, 2019)
교육에서의 메타버스 MIE(도서출판 어가, 2021)
누구나 할 수 있는 메타버스 활용 수업(도서출판 어가, 2022)
〈이메일〉eduart@naver.com

교사를 위한
블렌디드 러닝 기반
PBL 수업의 이해와 실제
Understanding and Practice of Blended PBL Classes

2023년 2월 10일 1판 1쇄 인쇄
2023년 2월 20일 1판 1쇄 발행

지은이 • 박길자 · 정보배 · 장재혁 · 배성만 · 박해진 · 송혜진 · 박해원
펴낸이 • 김진환
펴낸곳 • (주)**학지사**

04031 서울특별시 마포구 양화로 15길 20 마인드월드빌딩
대표전화 • 02-330-5114   팩스 • 02-324-2345
등록번호 • 제313-2006-000265호

홈페이지 • http://www.hakjisa.co.kr
페이스북 • https://www.facebook.com/hakjisabook

ISBN 978-89-997-2837-2 93370

정가 18,000원

출판미디어기업 **학지사**

간호보건의학출판 **학지사메디컬** www.hakjisamd.co.kr
심리검사연구소 **인싸이트** www.inpsyt.co.kr
학술논문서비스 **뉴논문** www.newnonmun.com
교육연수원 **카운피아** www.counpia.com